佛山市服务贸易和外包协会、佛山商道研究院联合出品

迈入服务利润区

——制造业服务化模式与案例

陈丽娴　杨望成　郝泽林　编　著

中国财富出版社

图书在版编目（CIP）数据

迈入服务利润区：制造业服务化模式与案例 / 陈丽娴，杨望成，郝泽林编著 . —北京：中国财富出版社，2018. 12

ISBN 978 - 7 - 5047 - 6806 - 3

Ⅰ. ①迈… Ⅱ. ①陈… ②杨… ③郝… Ⅲ. ①制造工业—服务经济—研究—中国 Ⅳ. ①F426. 4

中国版本图书馆 CIP 数据核字（2018）第 276033 号

策划编辑 郑欣怡　　**责任编辑** 邢有涛　赵雅馨

责任印制 尚立业　　**责任校对** 孙丽丽　　**责任发行** 敬　东

出版发行 中国财富出版社

社　　址 北京市丰台区南四环西路 188 号 5 区 20 楼　　**邮政编码** 100070

电　　话 010 - 52227588 转 2048/2028（发行部）　　010 - 52227588 转 321（总编室）

010 - 52227588 转 100（读者服务部）　　010 - 52227588 转 305（质检部）

网　　址 http://www. cfpress. com. cn

经　　销 新华书店

印　　刷 北京京都六环印刷厂

书　　号 ISBN 978 - 7 - 5047 - 6806 - 3/F · 2995

开　　本 787mm × 1092mm　1/16　　**版　　次** 2019 年 5 月第 1 版

印　　张 12. 25　　**印　　次** 2019 年 5 月第 1 次印刷

字　　数 268 千字　　**定　　价** 88. 00 元

推荐序一

我高兴地看到陈丽娴、杨望成和郝泽林编著的《迈入服务利润区——制造业服务化模式与案例》即将问世。

《迈入服务利润区——制造业服务化模式与案例》是在系统阐述制造业服务化理论的基础上，对国内外制造业服务化典型案例作提纲挈领介绍的一本好书，值得对制造业服务化有兴趣的专业研究者和实际操作者，特别是试图实现制造业服务化转型的制造业和服务业企业人士阅读。

制造业服务化，在我看来，包括两个方面。一方面是制造业投入服务化，即制造业在生产过程中越来越多地以服务要素（服务型生产资料，亦称生产服务）替代实物要素投入，这也称为生产要素的软化。有研究表明，生产要素的软化能显著提高制造业的生产效率，所以制造业投入服务化成为趋势是有客观原因的。另一方面是制造业产出服务化，即制造业企业由纯粹生产实物产品，变为既生产实物产品，也生产比重越来越多的服务产品。甚至可以说，制造业在某种程度上成为服务供应商。这是由生产资料的软化和消费资料的软化趋势，以及国民经济的软化趋势决定的。既然社会产品中，包括服务型生产资料和服务消费品在内的服务产品比重越来越高，作为企业，自然要适应社会需求的这种变化，生产越来越多的服务产品。现在不仅服务业提供服务产品，制造业企业也利用其资源优势和生产条件，“跨界”生产服务产品，就形成制造业产出服务化。

人们常用制造业服务化和服务型制造来描述这种现象。这其实是同一事情的两种不同说法。制造业或主管工业的国家工业和信息化部偏爱服务型制造概念，有把服务环节纳入制造范畴之意；服务业或主管宏观经济和服务业的国家发展和改革委员会，则通称制造业服务化，有把制造纳入服务范畴之义。万变不离其宗，作为专业研究者，我理解，这两种说法虽不同，但反映的都是在经济实际中，制造业服务化越来越普遍这一个不争的事实。在学术界、决策部门和实业界常用的生产服务业、服务外包、模块化生产等概念，其实都属于与软生产要素密切相关的同类问题的不同角度的表述。投入服务化，就是在一定程度上用生产服务替代实物要素；服务外包，就是生产服务要素从取自内部，变为取自外部；模块化生产，就是将生产过程“切割”成服务型生产要素和实物型生产要素等标准化模块，以便在生产过程中进行计算机插板式的“拼装”。

国内外产业升级的历史和现实表明，制造业服务化是国民经济发展中出现的一个很值得关注的趋势，是我国制造业新一轮发展的重要途径。当前中国经济发展进入新常态和供给侧结构性改革阶段，制造业企业面临环境资源约束、外需萎缩制约、中美贸易摩擦影响和传统增长模式难以为继的问题，制造业企业要重新审视自己的竞争优势，亟须在制造业服务化领域，寻求新的经济增长点。

在此背景下，佛山市服务贸易与外包协会和佛山商道研究院致力于为提高制造业国际竞争力和话语权，对佛山地区制造业服务化企业展开实地调研和深度访谈，掌握充分一手数据与资料，并积极收集国际上成功的制造业服务化案例，撰写出《迈入服务利润区——制造业服务化模式与案例》，颇有现实意义。从政府角度看，有助于有关政府部门深化对制造业服务化的科学认识，为科学指导制造业服务化制定相关产业政策；从企业角度看，为试图实现制造业服务化转型的企业提供了可供选择的标杆企业。

《迈入服务利润区——制造业服务化模式与案例》首先阐述了制造业服务化的理论基础，为后续案例研究和政策建议提供了必要基本知识。对制造业服务化的内涵与外延的界定，对制造业服务化的国内现状的描述统计，在国际背景下进行的对比分析，有助于准确定位中国制造业服务化发展的瓶颈与障碍。其次，指出制造业服务化有投入端服务化、产出端服务化和中间过程服务化三种路径，依据制造业服务化内容，将制造业服务化划分为集成化、定制化、租赁化、智能化和组合模式的五种常见的发展模式，为制造业服务化提供了逻辑线索清晰的概貌。再则，该书按照制造业服务化的常见发展模式，对国际国内典型案例从基本情况、服务化表现与内容、成功因素与经验分析、挑战与风险、启示等方面作扼要归纳总结，有助于为类似制造业企业提供借鉴学习的范本。该书最后在理论分析和案例剖析的基础上，总结了制造业服务化的可行性路径和问题障碍，并从政府和企业角度为制造业服务化发展提供了相关对策建议，提纲挈领，也值得参考。

服务已成为制造业企业获得竞争力和利润的重要手段。有数据显示，发达国家制造业企业的服务业务收入占总营业收入的比重超过30%，部分领先企业如美国通用公司的服务业务收入占比已经高达70%。该书重点突出案例分析部分，从多方面对制造业服务化企业作简明扼要的概述，让试图实现制造业服务化转型的企业有路可寻，有教训可吸取，提高制造业企业服务化转型的成功概率。这将在整体上增加企业附加价值，提高企业综合竞争力，减少对资源能源等实物要素的依赖。制造业服务化转型通过增加服务要素投入和服务业务产出，提高企业经营绩效、全要素生产率和在全球价值链体系中的分工地位，有利于重点突破全球金融危机后发达国家纷纷推行的“再工业化”和最近中美贸易摩擦的影响，增强中国制造业在国际上的话语权和竞争力，实现产业结构转型升级。

李江帆

2018 年 12 月 18 日

（作者系中山大学管理学院教授、博士生导师，中山大学中国第三产业研究中心主任，是第三产业经济学的开创者，2009 年入选“影响中国经济建设 60 周年的 100 位经济学家”，其《第三产业经济学》获中国经济学最高学术奖——孙冶方经济科学著作奖。）

推荐序二

世界潮流，浩浩荡荡，顺之则昌，逆之则亡。随着物质产品的不断丰富和人民消费需求的不断提高，现阶段，服务化已经成为全球经济发展的大势所趋。虽然与世界发达国家还有一定的距离，但是自 2015 年服务业增加值在 GDP 中的比重超过 50% 以来，我国已经进入了一个服务形态快速泛化、服务价值不断提升的时代。近年来，服务业在我国国民经济中的比重和地位不断攀升，这其中既有传统的服务业形态，更有很多新的服务业形态，制造业的服务化就是其中一个主要的方面。

中国是有名的“世界工厂”，但是多年以来在世界生产链条中所创造的价值与所收获的财富却是明显不对等的。为此，我们一直在努力倡导向“微笑曲线”的两端提升，一直在寻求重塑世界产业格局、提高价值链层次的方向，而制造业服务化无疑是一个非常重要的途径。无论是国家所提出的供给侧结构性改革、“中国制造 2025”，还是加大对服务外包、服务贸易发展的重视，制造业服务化都是不可或缺的内容。制造业服务化或者服务业制造化，使得未来制造业与服务业的界限可能将越来越模糊，在其中如何寻找自己的价值定位和供给方式是大到国家顶层设计、小到企业经营运作都需要深入思考的问题，也是我们中国服务外包研究中心、佛山市服务贸易与外包协会等研究机构和行业组织一直关心的。

中国有齐备的制造业门类、扎实的制造业基础，还有很多锐意进取的企业家，而对于制造业服务化的探索才刚刚起步。从 18 世纪第一次工业革命开始至今，人类制造业发展和工业化文明进步已经经历了三百多年的漫长时间，与之相比，制造业服务化是一个非常年轻的产物。因此，了解制造业服务化的基本原理、发展脉络和典型案例，相信将为大家了解和涉足这个成熟行业中的新兴领域提供有益的帮助，希望本书能够在这方面为大家提供一个良好的开端。

梁　杰

2018 年 12 月 20 日

［作者系中国服务外包研究中心副主任、党总支书记，曾任职商务部、驻外使领馆等，长期从事服务贸易研究工作，主持多项服务贸易、服务外包重大课题，主编《中国服务外包发展报告》（2015—2017）。］

前 言

近些年来，世界制造业发生深刻的变革，其中制造业服务化或服务型制造方兴未艾。据世界贸易组织发布的《世界贸易统计报告（2014）》估算，在全球生产链条中，生产制造过程所创造的价值不及整体价值的1/3，而服务所创造的价值占比超过2/3。

我国从战略层面高度重视制造业的创新升级和创新发展。《中国制造2025》明确提出服务化是中国制造业调结构、转方式的基本方向之一，为此出台了一系列相关方针政策，积极鼓励开展试点示范的相关部署，举办中国服务型制造大会等。

广东省佛山市是我国一个普通的地级市，但其地区生产总值长期居于全国大中城市前列，制造业更是名列前茅。2017 年，佛山地区生产总值 9549. 60 亿元，位列广东省第三、全国第十五，在非副省级、非省会城市中，居于第二，仅次于江苏无锡；全年完成工业总产值 2. 24 万亿元，仅次于上海、深圳、苏州、天津、重庆，排全国第六。

多年来，佛山市不遗余力地推动制造业转型升级，并取得明显成效，被列为国家制造业综合改革试点城市。制造业服务化是佛山制造业转型升级的重要方向，也是佛山在国家制造业综合改革试点方面的重要内容。为挖掘佛山制造业服务化的成功实践与经验，同时为进一步促进佛山乃至全国制造业企业的服务化转型以及制造业服务化水平与质量的提升，佛山市服务贸易与外包协会联合佛山商道研究院组织专题研究，探讨制造业服务化基本理论、剖析典型案例并给出相关对策建议。本书呈现的即是该专题研究的成果。全书分为三部分，主要包含以下内容。

第一部分阐明制造业服务化的理论基础。主要内容包括：界定制造业服务化的内涵与外延，分析发达国家制造业服务化的发展浪潮，描述我国制造业投入服务化和制造业产出服务化的发展现状；指出制造业服务化是制造业转型升级的第三条道路，分析制造业服务化的发展动机和演进阶段；归纳总结制造业服务化的一般路径和常见模式。

第二部分研究分析制造业服务化的典型案例。根据制造业服务化五种常见模式，将案例归类为集成化、定制化、租赁化、智能化和组合化五章，每章包括若干案例。

对每个案例，围绕基本情况、服务化表现和内容、成功因素与经验分析、挑战与风险、启示五个方面展开分析。

第三部分提出促进制造业服务化的政策建议。在指出制造业服务化是企业实现转型升级的可行路径基础上，分析了制造业服务化需要克服的障碍，最后从政府和企业层面分别提出相关对策建议。

全书由陈丽娴博士执笔第 1、2、4、7、9、10 章，杨望成博士执笔第 3、8、11 章，郝泽林先生执笔第 5、6 章。佛山市服务贸易与外包协会的黄晴女士协助资料收集和调研洽谈。佛山商道研究院的曹玮先生负责调研执行和后期出版事宜，何双燕女士对书稿进行了细致的校对。感谢他们的辛勤付出！

除大量收集、查阅相关文献资料，本书也得益于广泛实地调研访谈。中国信息技术服务与外包产业联盟秘书长张强先生、广东省服务外包产业促进会秘书长黄燕玲女士、广东东鹏控股股份有限公司董事长兼总裁何新明先生、广东蒙娜丽莎集团股份有限公司总裁萧礼标先生、广东翼卡车联网服务有限公司总经理殷建红先生等在调研中提供了宝贵建议，中软国际有限公司、广东美的集团股份有限公司、金邦达宝嘉控股有限公司、佛山维尚家具制造有限公司、佛山市西伍服饰有限公司、广州广电运通金融电子股份有限公司、广州邦界光伏电子科技股份有限公司、广州博澳斯电器有限公司、南京嘉谷初成通信科技有限公司等给予了相关协助，在此致以诚挚的感谢！

本书的问世，要特别感谢佛山市经济和信息化局、佛山市民政局的鼎力支持，中国电子信息产业发展研究院、佛山市商务局的重要指导！

由于写作时间有限，以及我国制造业企业服务化转型处于初期阶段，加之作者水平有限，书中难免存在一些不足之处，敬请广大读者指正，以便在后续研究中不断完善与改进。

作者

2018 年 11 月

目　录

第一部分　制造业服务化的理论基础

第二部分　制造业服务化经典案例

第三部分 促进制造业服务化的政策建议

第一部分

制造业服务化的理论基础

1 引言：制造业服务化浪潮

1.1 制造业服务化及其相关概念

为振兴制造业，提高制造业的全球竞争力，世界各国（或地区）提出各种口号，如“工业4.0”“再工业化”“中国制造2025”。这些口号诞生的背景是当前制造业面临“内外忧患”发展环境时，各个国家试图通过致力于增加制造业企业在价值链和“微笑曲线”两端的高附加值的服务业务，减少加工和组装的低附加值环节，抢占利润的增值点。概括起来，就是要促使制造业服务化转型，选择服务型制造。那么，制造业服务化和服务型制造的具体内涵是什么？两者又有着怎样的区别？

1.1.1 制造业服务化

制造业服务化是指制造业企业作为主体，突破自身的产业边界向服务业延伸和扩展，具体是指往企业价值链上下游的服务环节进行扩展，包括在上游增加服务要素的投入替代传统制造要素的投入，在下游增加服务业务的产出而减少制造业务的产出。制造业服务化会引起制造业企业朝两个方向发展，一是制造业保留其行业属性，如维尚家具提供定制化家具服务；二是制造业企业逐渐转变为服务业企业，如IBM由传统硬件制造商转型为服务提供商。关于制造业服务化的含义，国内外学者给出各自的见解和看法。

Vandermerwe and Rada（范德美和瑞达，1988）首次提出制造业服务化（servitization）的概念，认为制造业企业由原来提供物品或物品与附加的服务向现在的物品—服务“包”转变，即为服务化。其中，完整的“包”（bundles）包括物品、服务、支持、自我服务和知识，并且服务在整个“包”中居于主导地位，是增加值的主要来源。

White（怀特，1999）指出服务化（servicizing）具体表现为制造业企业提供的物品形式发生实质性变化，由以往提供实体物品转变为提供无形服务。这种服务的出现模糊了制造与传统服务活动的界限，是一种动态的变化过程。

Reiskin et al.（莱茵斯基等，2000）把服务化定义为企业从以生产物品为中心向以提供服务为中心转变。该定义的内涵是把制造业企业界定为服务提供商，而不是产品制造商，因此该定义对企业性质进行了重新界定。

Fishbein et al.（菲什拜因等，2000）和 Makower（马科尔，2001）认为服务化是“卖服务而不是卖物品本身”。而 Toffel（托费尔，2008）认为服务化是一种与传统销售模式相对应的业务模式，该模式有出售产品功能、保留生产产品的所有权、顾客依据物品使用情况向制造商付费、制造业维修不收费的特点。

Szalavetz（绍洛韦茨，2003）对服务化的定义更加具体，他认为制造业服务化包括两层含义：一是内部服务的效率对提升制造业企业竞争力日益重要，这些内部服务主要包括产品和过程开发、设计、物流、后勤、扩展训练、岗前培训、价值链管理、人力资源管理以及会计、法律、金融服务；二是与物品相关的售后服务对企业发展的重要性日益提高，包括维护和管理、系统集成、运输和安装等。

刘继国和李江帆（2007）把制造业服务化划分为投入服务化和产出服务化，投入服务化和产出服务化是指服务要素和服务产出分别在制造业企业的全部要素投入和全部产品产出中所占的比重大小。

方涌和贺国隆（2014）认为随着制造业服务化内涵的不断延伸和发展，其呈现出了如下特征：服务要素是投入的主体、服务产品是产出的主体和交易过程的连续性。

Manzini and Vezolli（曼齐尼和威左利，2003）、Baines et al.（贝恩斯等，2010）认为 PSS（Product - Service Systems，产品服务系统）与制造业服务化行为密切相关，是指经济发展模式从仅关心产品的生产和销售，转变为关注满足顾客需求的产品服务组合，通过产品服务集成的形式为顾客提供产品的使用价值。

中国工程院院士汪应洛教授认为，“制造业服务化”是指在经济全球化、客户需求个性化和现代科学技术与信息化快速发展的条件下，出现的一种全新的商业模式和生产组织方式，是制造与服务相融合的新的产业形式。这种产业形式使企业实现了从单纯产品或者服务供应商向“综合性解决方案”供应商的转变。

本书认为制造业服务化是一个动态过程，包括制造业投入服务化和制造业产出服务化两大类。其中，制造业投入服务化初期阶段只与生产制造的投入要素有关，后期阶段可能与企业最终产品有关。相反，制造业产出服务化与制造业企业的前期投入要素没有必然联系，直接体现在制造业企业的主营业务构成中。具体内涵如下：制造业投入服务化和制造业产出服务化均是制造业企业在面对“内忧外患”的发展环境时，或者为迎合经济发展需求和为谋求自身发展，主动或被动地选择投入服务要素或者开展服务业务。

1.1.2　服务型制造

服务型制造更多强调的是制造，制造业企业的日常经营活动除了加工组装，还会涉及研发、采购、物流、营销、维修等服务性质的活动，这些活动在制造业企业内部进行。因此，虽然制造业服务化和服务型制造都提出了制造业企业要发展服务业务，强调企业要增加服务要素的投入，但两者存在明显的区别。首先，服务型制造是狭义的制造业服务化，其只涵盖了制造业投入服务化部分；其次，制造业服务化刻画的是制造业向服务化转型的过程，是一个动态可持续的发展概念，服务型制造是指这一转型的目标和最终形态。

Drucker（德鲁克，1998）认为未来制造业的方向是将服务和制造相融合，制造企业通过相互提供工艺流程级的制造过程服务，合作完成产品的制造。这种深入的制造和服务的融合模式，被称为"服务型制造"。

国外学者使用 Servitization、Servicizing、PSS 表示制造业服务化概念，国内学者对于制造业服务化、服务型制造的概念均有使用。其中，对于服务型制造概念，国内学者主要以孙林岩为首提出并进行阐述。

孙林岩（2009）指出服务型制造系统是从传统制造模式演变而来的新的先进制造模式，是制造和服务的融合，包括面向中间生产企业（B2B），提供外包和全套解决方案；面向最终消费者（B2C），提供个性化定制、金融服务、全程参与设计。

孙林岩等（2011）进一步提出服务型制造是基于制造的服务和面向服务的制造，是基于物质产品生产的产品经济和基于消费的服务经济的融合。认为服务型制造通过产品生产、服务提供和消费的融合将知识资本、人力资本和产业资本聚合在一起，形成价值增值的聚合体。

何哲等（2010）梳理了不同时期的服务型制造概念的含义，指出与发达国家在 20 世纪 90 年代开始面向服务的制造相对比，2006 年年底，国内学者独立提出了服务型制造的概念，中国企业开始向服务型转型。其还指出了服务型制造作为专有名词、作为动名词、作为一种战略的语义。首先作为专有名词，是基于制造的服务和面向服务的制造；其次作为动名词，是企业面向服务所导致的一系列制造活动所形成的集合；最后是作为一种战略，是以服务转型和服务提供为目的的制造企业发展转型的一种战略导向的名称。

1.1.3 服务业制造化

服务业制造化是指服务业企业向价值链中间环节融合和转型的过程。服务业制造化会引起服务业企业朝两个方向发展，一是服务业保留其行业属性，吸收制造业先进的生产方式为其服务；二是服务业行业属性发生变化，服务业以实体产品为载体，完成向制造业行业的转变。服务业制造化主要是为了提升服务业的运营效益，拉动产业的发展。

肖挺和刘华（2013）指出服务业制造化（Manufacturization）为服务业向制造业方向融合，服务业在生产过程中吸纳制造业，具体是服务业厂商将制造业的现代化生产方式、标准化产品引入到服务业，从而使服务业中具有越来越多制造业的元素。如通信企业提供通信设备，物业公司采用门禁监控系统。

袁博（2016）认为服务业制造化是指服务业企业在发展到一定规模后，凭借自身的核心技术，以实体产品为载体，进入制造业领域，生产相应产品，完成向制造业企业的转变。包括三种新型发展模式：技术密集型服务业主导的纵向嵌入模式、资本密集型服务业主导的横向整合模式和“创业者平台”模式。

1.1.4　产业融合

随着多媒体和互联网技术的快速发展，产业融合出现产业间融合和产业内融合两种方式。产业间融合是指三大产业间的产业边界模糊，尤其是指第二产业和第三产业之间的界限日益模糊，产业之间相互渗透、相互吸收，形成新的产业体系。产业内融合是指产业内部的重组融合，发生在各个产业内部的重组和整合过程，用于提高产业的竞争力，适应市场新需要。产业融合是现代产业发展的新特征、新形态和新趋势，也是中国产业结构高度化的必然产物。

日本学者植草益（1996）最早从产业融合的原因和结果来解释产业融合化的内涵，指出产业融合化是通过技术革新和放宽限制来降低行业间的壁垒，加强行业企业间的竞争关系。

Malhotra（马尔霍特拉，2001）、郑明高（2010）认为产业融合的产生是来自需求方的功能融合和供给方的机构融合的诉求，当两个产业的产品具有替代性或者互补性时为功能融合，当产品之间存在联系而产生或销售两个产业的产品时为机构融合。

1.2　发达国家和地区的制造业服务化浪潮

制造业服务化已经成为全球制造业发展的重要趋势，发达国家将制造业服务化转型作为其提高制造业全球竞争力的重要措施。发达国家的产业结构普遍存在“两个70%”现象，服务业增加值占GDP的比重为70%，生产性服务业占整体服务业的比重达到70%，标志着发达国家从“工业经济时代”进入到“服务经济时代”，服务业成为经济发展的主导力量。大致估算，服务环节所创造的价值占整体价值的2/3，生产所创造的价值仅占1/3。有研究者认为，目前在国际分工比较发达的制造业中，产品在生产过程中停留的时间不到全部循环过程的5%，而处在流通领域的时间要达到95%以上。

当前，服务环节是企业利润的重要来源，也是制造业转型升级和提高竞争力的大好时机。发达国家积极推进产业结构的调整优化，利用服务业优势，促进制造业服务化发展，有利于增强制造业的国际竞争力。发达国家将制造环节向两端延伸，加快生产性服务业发展，必将大大提升制造业的“含金量”。

1.2.1 美国

美国的产业结构演进遵循着配第—克拉克定理，随着经济的发展、人均国民收入水平的提高，国民收入和劳动力依次在第一产业、第二产业、第三产业之间进行转化。美国的产业结构演进的具体表现：殖民地时代前期的农业占据主导地位，殖民地时代中后期的轻工业有了快速发展，南北战争后的第二次工业革命拉开序幕，20 世纪 50 年代初期的第三产业增加值占 GDP 的比重、第三产业劳动力占总就业人口都超过了 50%。2016 年，美国的第三产业就业人员占比为 80%，第三产业增加值占 GDP 比重为 80.2%，第三产业已经成为美国产业结构体系中的支柱产业。

随着工业化进程的不断向前发展，美国制造业发生了翻天覆地的变化。在信息技术革命和经济全球化的共同影响下，社会分工和国际分工逐渐从产业间分工演化到产业内分工，再到产品内分工模式，这对美国制造业发展提出了新的要求，迫使制造业企业关心自身的核心环节，也为制造业转型升级发展提供了契机。在产业竞争能力的提高上，美国制造业向产业链战略环节的转移方面表现得特别明显。美国制造业部门不再局限于保持最终产品上的优势，而是更多地将分工深入到产品的相关附加服务，将企业竞争力的核心和利润的关注点集中并转移到企业价值链的上游和下游环节。

美国上市公司制造业服务化的比例超过 50%，相关研究表明，美国制造业每 1 美元的最终需求中，仅有 0.55 美元用在制造业，剩余 0.45 美元用在服务业（简兆权等，2017）。美国刮起一阵制造业服务化浪潮，各大型制造业企业选择向价值链两端的高附加值环节攀升。如戴尔从 20 世纪 90 年代开始，在企业内部推行定制化生产，一方面减少资源的浪费和生产的无目的性，另一方面提高客户的满意度。戴尔还采用新的供应链管理模式，目前，戴尔与全球 170 多个国家 5 万多家供应商和零部件的生产厂商建立了密切合作关系。因此，戴尔能确保及时有效地为每个生产环节做好服务工作。如 1996 年，美国通用电气公司在美国国防部的资助下，开展计算机辅助制造网的建设，摆脱传统生产对距离、时间、计算机平台和工具等的依赖。如美国“计算机辅助后勤支援”（Computer Aided Logistic Support，CALS）计划发起的产品全生命周期管理，为全寿命管理和全寿命信息提供支持。

美国为推动制造业服务化的进程，一是加强制造业服务化发展的标准和规范建设。美国建立了营运模式共创与知识交流的平台，用以向企业推广制造业服务化模式。二是加大创新投入，建立美国制造创新网络，为制造业服务化提供技术支撑。美国在金融危机之后，以高新技术为依托，大力发展工业机器人、3D 打印技术、新能源新材料等为基础的先进制造业，加快制造业企业向研发设计、个性化、定制化等方向发展。三是大力发展服务业，为制造业服务化提供必要条件。充分成熟发展的服务业是制造业服务化转型的重要基础，美国建立了良好的服务业发展的制度环境，积极引导服务业行业的有序发展。

1.2.2　欧洲

20 世纪 70 年代，欧洲国家普遍提出“去工业化”，逐步调整其产业结构，不断缩减传统制造业的发展空间，重点发展金融、商务等高端生产性服务业。在这一时期，欧洲国家的服务业得到快速的发展，这为后期的制造业服务化转型提供了重要的支撑。2008 年，在世界金融危机的冲击下，发达国家陷入严重的经济萧条之中，欧洲国家还要遭受欧债危机的困扰。因此，为重振制造业，使制造业重新回归经济主体，欧洲国家提出“再工业化”战略。欧洲国家的“再工业化”道路借助于先进的现代服务业与制造业相融合，重点发展企业价值链的研发设计、仓储物流、品牌知识等高附加值环节，加强制造业新的增值点。

欧洲的制造业服务化进程十分快速，由早期的服务附加在产品上，转变到独立的服务形态。欧洲国家对提高制造业服务化程度，采用学术界和实业界的强强联合模式，通过构建产学研联盟、打造政产学协同的机制，为制造业企业服务化转型提供智力支持和资金政策扶持。欧洲主要工业化国家把发展“高附加值的欧洲制造”和“知识为基础的工厂”放在制造业创新的突出位置，认为只有发展知识密集型技术，制造业才能恢复生机。欧洲国家采取了一系列措施，2008 年建立欧洲创新技术学院；实施联合技术倡议，研发如卫星监测环境与地球安全、微电子工艺燃料电池、药物创新等技术与工艺，以提升“再工业化”进程。

早在 20 世纪 90 年代，欧洲国家制造业企业就有意识地利用信息技术开展从“产品”到“产品 + 服务”的转变，但真正大范围开展服务化业务，是在金融危机之后。欧洲各国经过努力，制造业服务化效果非常明显，促使制造业企业重获市场竞争力。如欧盟“第五框架计划”将虚拟网络制造企业列入研究主题，其根本动机是为联盟内各个国家的企业提供资源服务和共享的统一基础平台。在此基础上，进一步提出的“第六框架计划”是研究利用 Internet（互联网）技术改善联盟内各个分散实体间的集成和协作机制。如 2013 年 4 月，德国国家科学与工程院协同弗劳恩霍夫协会、西门子公司等产学研力量联合发布《工业 4.0 战略实施建议书》，提出在制造业发展过程中要注入信息通信技术，促进制造业服务化转型，实现产品、机器、资源和服务的有效整合。

欧洲主要工业化国家为加强制造业服务化程度，采取以下措施。首先，政府强力支持主导，为制造业服务化提供政策引导。各国连续出台和颁布了制造业发展战略和倾向性的产业政策。其次，延长制造业的价值链，打造高附加值制造。欧洲改变传统的车间生产和机械操作的生产模式，制造业企业更多的是从事价值链两端的高附加值服务业务。最后，加快推进科技创新和研发成果的转化，以先进技术和现代化服务业支撑制造业服务化转型。各国建立了多元化、多层次和多渠道的科技投入体系，大力推进科技创新与研发，并积极鼓励制造业企业利用先进的技术提供高质量的服务业务。

1.2.3 日本

日本产业结构变迁同样遵循配第—克拉克定理，第一产业产值和劳动力下降、第三产业产值和劳动力上升、第二产业产值和劳动力先上升后下降的规律，产业结构向高级化和合理化方向发展。对于制造业内部的结构变迁，由最初以纺织业和食品加工业为主转变为以一般机械制造业、电子产品制造业和运输设备制造业为主，再到制造业增加“微笑曲线”两端的高附加值服务业务，减少中间的低附加值的加工和组装业务。日本为提高制造业竞争力，推出的“工业4.0”战略，在人工智能、精密零部件、新材料等领域具有技术和产业优势，这也是制造业服务化转型的重要力量来源。

日本制造业服务化在很多行业具有代表性。如日本丰田零库存的供应链管理模式被传为佳话。自1970年开始，丰田逐步在生产领域推行准时生产，通过精准的生产控制实现对整个生产链的精准物料管理，从而实现运营成本最小化和生产效率最大化。如日本托达（Toda）赛车制造有限公司采用IBM（国际商业机器公司）的产品生命周期管理系统，在很大程度上缩短了生产配件和产品的开发利用周期，优化了产品全生命周期的各个阶段。如富士通的业务范围涵盖了与ICT（信息通信技术）相关的产品和服务，富士通根据客户的需求和ICT的不断改进，为客户提供更加多样化的服务，包括外包服务和云计算服务等。如日立建机株式会社基于M2M（数据算法模型）和云计算的信息服务，帮助供应商根据其自身业务情况采用合适的信息服务，帮助制造商加快服务化进程。

日本从多方面着手努力，推动制造业服务化发展。在人才培养与研究方面，日本在高校构建了多层次和多元化的人才培养体系，在企业建立科学的人力资源开发培养体系，为制造业服务化输送专业化的人才。在市场秩序和环境建设方面，日本积极建立完善的基础设施，维护市场稳定，制定相关的行业技术标准，为制造业服务化提供稳定的后勤保障。在技术创新和研发方面，日本十分重视利用技术、企业内外流程改造与信息技术的应用，改造日本企业在本土的制造活动，加入服务要素和增加服务产出。

1.3 中国制造业服务化趋势

根据前文分析，全球范围内已经掀起了制造业服务化的热浪，各国家（或地区）的制造业企业在“内忧外患”的情形下，通过成功的服务化转型，取得一系列的成就。因此，中国制造业若要实施服务化转型，克服当前的发展困境，就需要对自身的服务化情况有直观认识。

目前，中国制造业的快速发展，遇到了一系列的瓶颈问题。在全球制造业形态逐渐转变的大背景下，各国家（或地区）纷纷选择走高端服务化路线。服务业占国内生产总值的比重由 1978 年的 24.6% 上升到 2016 年的 51.6%，在 2015 年首次超过 50%，服务经济的兴起为制造业的发展带来了新契机。金融、科技、商务等生产性服务业具有创新鼓励、高利润附加值的特点，制造业实施服务化转型，可以缓解当前制造业发展所面临的难题。中国越来越多的制造业企业通过服务化转型，增加价值链两端的高附加值环节，破除当前的发展困境，让企业重新焕发生机。那么，中国的制造业服务化发展趋势如何？走向如何？本书从以下四个维度分析，分别是细分制造业投入服务化、制造业产出服务化的行业特征、制造业产出服务化所涉及的服务种类、制造业投入服务化程度的国际比较。

1.3.1　中国细分制造业投入服务化的情况

根据国际标准产业分类（ISIC/Rev. 3），对中国制造业进行分门别类，通过测算，分析中国制造业投入服务化趋势。主要包括两方面内容：哪些制造业行业倾向于投入更多的服务业务，哪些制造业行业投入服务业务呈现递增趋势。图 1－1 给出了 2000 年和 2014 年中国各细分制造业投入服务化的趋势，主要是利用世界投入产出表测算制造业对服务业的完全消耗系数①来反映。纵坐标轴的刻度表示制造业投入服务化的程度，数值越大，表示该制造业投入的服务业务比重越高，反之越低；横坐标为中国各细分的制造业行业。

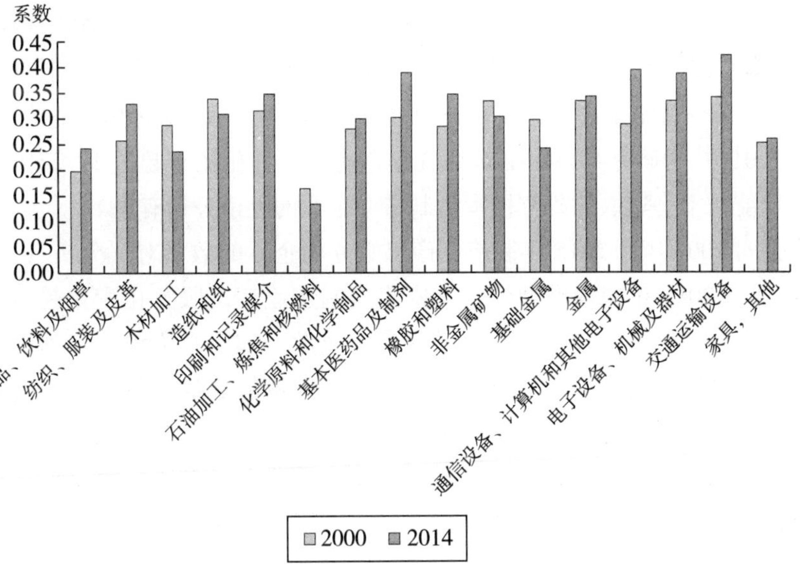

图 1－1　细分制造业投入服务的趋势

数据来源：世界投入产出表，获取网址：http：//www. wiod. org/database/wiots16。

① 制造业对服务业的完全消耗系数，能深刻反映制造业部门的生产与本部门和服务业部门发生的经济数量关系，是指制造业部门单位产品的生产，对服务业部门产品的直接消耗量和间接消耗量的总和。

以2000年和2014年数据对比，可以发现绝大多数制造业行业的投入服务化程度呈上升趋势，技术密集型制造业行业①的投入服务化程度的增长趋势最明显，有些资本密集型和劳动密集型的制造业行业的投入服务化的增长速度为负数。这是因为技术密集型制造业的发展与服务业紧密关联，研发服务和技术服务等价值较高的服务业务主要集中于技术密集型制造业。如产品的个性化设计、提供系统解决方案和产品全生命周期管理等。通信设备制造业的华为通过制造业服务化，提供信息与通信技术的解决方案，不仅走出了利润下滑的危机，还击败了诺基亚、爱立信、摩托罗拉等国外强大的通信企业，打开了国际市场，赢得了更加巨大的海外市场。

其中，交通运输设备制造业的服务化程度最高（2014年为0.4234，2000—2014年的年均增长率为1.56%；格式下同），其次是通信设备、计算机和其他电子设备制造业（0.3946，2.26%），再次是基本医药品及制剂制造业（0.3897，1.83%）和电子设备、机械及器材制造业（0.3877，1.08%）。服务化程度较低的制造业行业是石油加工、炼焦和核燃料制造业（0.1348，－1.40%）、基础金属制造业（0.2420，－1.46%）等。这说明了中国不同制造业行业的投入服务化程度存在显著差异，应差别对待。

1.3.2 中国制造业产出服务化的行业特征

本书依据证监会的行业分类，初步查看不同制造业行业的服务化企业所占比重（见表1－1）。在2007—2015年间，中国基本上所有的制造业细分行业的产出服务化企业的数量都在显著增加（食品制造业、非金属矿物制品业、电气机械和器材制造业等制造业行业除外）。具体表现为：制造业产出服务化的企业数量从2007年的340家增加到2015年的825家，即有产出服务化的制造业企业占总制造业企业的数量比重从2007年的42.92%提高到2015年的48.10%，增长幅度为12.06%。这与Neely et al.（尼利等，2011）的研究结果：中国制造业企业的服务化比重超过19.33%，有一定的差距，这可能与本书选取的研究样本为制造业企业的上市公司有关。

其次是对2007年和2015年制造业产出服务化企业的数量对比分析（见表1－1），发现2007年和2015年的各类型的要素密集型制造业产出服务化变化趋势一致。2015年制造业产出服务化程度最高的是劳动密集型企业，如废弃资源综合利用业，纺织服装、服饰业；其次是资本密集型企业，如化学原料和化学制品制造业；最后是技术密集型企业，如汽车制造业。这可能与中国服务业发展水平较低相关，资本和技术密集型制造业企业相应产出服务业务的要求也较低，目前中国服务业发展水平与资本和技术密集型制造业相匹配。根据上述描述统计，中国制造业企业提供系统解决方案、设

---

① 借鉴陈丽娴（2016）按照要素密集型对制造业行业的分类，劳动密集型的制造业行业有：食品、饮料及烟草制品业；纺织、服装及皮革制品业；木材加工和木、竹、藤、棕、草制品业；造纸和纸制品业；印刷和记录媒介复制业；橡胶和塑料制品业；家具制造业，其他制造业。资本密集型的制造业行业包括：石油加工、炼焦和核燃料加工业；化学原料和化学制品制造业；基本医药品及制剂制造业；非金属矿物制品业；基础金属制造业；金属制品业。技术密集型制造业行业有：通信设备、计算机和其他电子设备制造业；电子设备、机械及器材制造业；交通运输设备制造业。

计和研发服务、金融服务还任重道远，需要不断借鉴高收入国家或地区的发展经验，提高自身水平，增强高级服务业务的产出。

表 1-1　　　　　中国制造业企业产出服务化的行业特征

分类	2007 年		2015 年		分类	2007 年		2015 年	
	比重（%）	总数	比重（%）	总数		比重（%）	总数	比重（%）	总数
a	60	20	70.27	37	p	17.64	17	22.44	49
b	63.63	11	41.93	31	q	47.05	34	45.33	75
c	58.62	29	62.41	41	r	15.38	26	36.66	30
d	48.27	29	62.41	41	s	37.5	32	46.29	54
e	62.5	8	89.65	29	t	36.36	22	39.13	46
f	50	2	57.14	7	u	38.29	47	40	105
g	50	4	50	8	v	40.42	47	45.69	151
h	50	2	54.54	11	w	39.53	43	30.43	92
i	26.27	15	44	25	x	54.16	24	61.11	36
j	33.33	3	85.17	7	y	67.74	61	45.19	177
k	0	1	63.63	11	z	42.34	111	42.23	251
l	50	8	51.63	13	aa	50	4	44.11	34
m	39.28	84	50	156	ab	71.42	7	64.70	17
n	56.47	85	62.65	158	ac	100	2	100	3
o	28.57	14	50	20	总数	42.92	792	48.10	1715

注：表中的比重（%）是指某制造业行业有服务化的企业占总企业的比重；总数是指某制造业行业的总企业数量。根据证监会行业分类，制造业分为以下 29 大类。a：农副食品加工业。b：食品制造业。c：酒、饮料和精制茶制造业。d：纺织业。e：纺织服装、服饰业。f：皮革、毛皮、羽毛及其制品和制鞋业。g：木材加工和木、竹、藤、棕、草制品业。h：家具制造业。i：造纸和纸制品业。j：印刷和记录媒介复制业。k：文教、工美、体育和娱乐用品制造业。l：石油加工、炼焦和核燃料加工业。m：化学原料和化学制品制造业。n：医药制造业。o：化学纤维制造业。p：橡胶和塑料制品业。q：非金属矿物制品业。r：黑色金属冶炼和压延加工业。s：有色金属冶炼和压延加工业。t：金属制品业。u：通用设备制造业。v：专用设备制造业。w：汽车制造业。x：铁路、船舶、航空航天和其他运输设备制造业。y：电气机械和器材制造业。z：计算机、通信和其他电子设备制造业。aa：仪器仪表制造业。ab：其他制造业。ac：废弃资源综合利用业。

数据来源：WIND 数据库。

1.3.3 中国制造业产出服务化所涉及的服务种类

制造业企业提供的服务业务类型，有仓储运输、酒店餐饮、批发零售、通信服务、商业贸易、销售贸易、设计和开发服务等14种。从制造业企业提供服务业务的具体内容看，除“其他服务业务”之外，“医疗服务和教育”“销售贸易”“商业贸易”“仓储运输”“技术服务”“酒店餐饮”和“批发零售”在产出服务业务中的占比较高（见表1-2）。其中在2015年，提供“销售贸易”和“商业贸易”的制造业企业占比分别高达13.6878%、9.0498%。但也应注意到，中国制造业发展的“通信服务”“金融服务”“设计和开发服务”和“广告出版”等知识和技术密集型服务业务的企业数量较少，2015年这四种服务类型的占比分别为：1.2443%、2.6018%、1.5837%和0.7919%。这说明了中国制造业产出的服务业务主要是低附加值的劳动密集型，高附加值的知识和资本密集型的服务业务产出比重仍然相对较低，这也是中国制造业产出服务化未来需要重点攻克和努力的方向。

王丹和郭美娜（2016）的分析也指出，中国制造业企业服务化的综合能力与世界平均水平尚存在明显的差距，中国制造业产出服务化还有很长的道路需要摸索。这可能是因为：一方面，中国服务业发展物化消耗比重较高，制造业和服务业的关联度较低；另一方面，中国制造业企业初步意识到服务化转型的重要性，制造业企业产出服务化处于初期发展阶段，以及全国范围内欠缺制造业服务化的氛围。同时这也与前面分析相呼应，制造业产出服务化程度最高的是劳动密集型制造业企业。

表1-2　制造业企业提供的服务类型及其占比　单位：%

服务类型	2007年	2009年	2011年	2013年	2015年
仓储运输	3.4301	4.9217	4.8739	6.0000	5.4299
酒店餐饮	5.5409	4.9217	5.2101	3.2000	2.4887
批发零售	3.1662	4.6980	3.6975	4.4000	4.2986
商业贸易	12.6649	10.5145	11.5966	11.8667	9.0498
房屋租赁	4.2216	2.6846	3.0252	3.2000	3.6199
通信服务	4.2216	1.5660	0.8403	1.2000	1.2443
金融服务	0.5277	0.4474	1.0084	1.4667	2.6018
设计和开发服务	0.7916	0.6711	1.0084	1.3333	1.5837
广告出版	0.7916	0.8949	0.8403	0.8000	0.7919
医疗服务和教育	3.9578	3.3557	3.0252	3.6000	4.2986
技术服务	6.3325	4.4743	3.1933	3.3333	4.6380
销售贸易	12.4011	13.6465	12.9412	13.8667	13.6878
其他服务业务	41.9524	47.2036	48.7396	45.7333	46.2670
服务化企业总数（家）	379	447	595	750	884

注：2007年、2009年、2011年、2013年和2015年的企业总数分别为792、1063、1412、1671和1715。

1.3.4　制造业投入服务化程度的国际比较

为了更加直观地对高收入国家（或地区）、发展中经济体［除中国（不包括台湾地区）］和中国（不包括台湾地区）的制造业投入服务化情况进行比较，即分析中国（不包括台湾地区）与各国家（或地区）的制造业投入服务化的差距有多大，首先利用世界投入产出表测算各经济体的制造业投入服务化程度，其次分别对2000—2014年每年的33个高收入国家（或地区）、不包括中国（不包括台湾地区）在内的9个发展中经济体[①]的制造业投入服务化程度进行求和并取均值，并结合中国（不包括台湾地区）每年制造业投入服务化的程度绘制了图1－2。可以发现，高收入国家（或地区）的制造业投入服务化程度由2000年的0.3536上升到2014年的0.3538，上升幅度为0.06%；发展中经济体［除中国（不包括台湾地区）］从2000年的0.2627上升到2014年的0.2749，升幅为4.64%；而中国（不包括台湾地区）从2000年0.2833上升到2014年的0.3232，上升幅度达到14.08%。

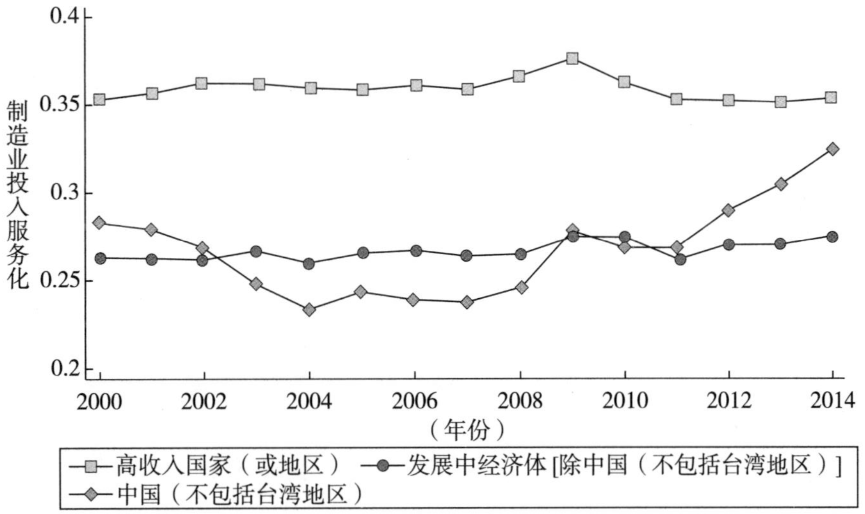

图1－2　高收入国家（或地区）、发展中经济体［除中国（不包括台湾地区）］与中国（不包括台湾地区）的制造业投入服务化趋势

这说明高收入国家（或地区）的制造业投入服务化程度远远高于发展中经济体，发展中经济体的制造业投入服务化的增速超过高收入国家（或地区），但仍存在较大差

---

①　根据世界银行2011年标准，高收入国家（或地区）有33个：澳大利亚、奥地利、比利时、加拿大、瑞士、塞浦路斯、捷克、德国、丹麦、西班牙、爱沙尼亚、芬兰、法国、英国、希腊、克罗地亚、爱尔兰、意大利、日本、韩国、立陶宛、卢森堡、拉脱维亚、马耳他、荷兰、挪威、波兰、葡萄牙、斯洛伐克、斯洛文尼亚、瑞典、中国台湾、美国。发展中经济体有10个：保加利亚、巴西、中国（不包括台湾地区）、匈牙利、印度尼西亚、印度、墨西哥、罗马尼亚、俄罗斯、土耳其。

距。对于中国（不包括台湾地区）而言，制造业投入服务化程度在2011年赶超发展中经济体［除中国（不包括台湾地区）］，制造业投入服务化程度在2002年出现下降，2008年开始上升。上述情况与我们的直观理解相符合，高收入国家（或地区）率先实施制造业服务化转型，并在这些领域积累了丰富的相关知识，因此在制造业投入服务化方面占有优势。发展中经济体处于摸索前进阶段，但制造业迫于生存环境，发展势头很猛。

2　制造业服务化的动因与演进

2.1　服务化：制造业转型升级的第三条道路

制造业是国民经济的重要组成部分，在现代经济发展中已经占据了举足轻重的地位，它一般代表了一个国家（或地区）的经济实力。因此有必要对制造业内部产业和产业之间的关系进行研究。

首先按照技术水平高低，可以划分为传统制造业和先进制造业。传统制造业是指制造业依赖自然资源、矿产能源、简单劳动力投入的生产；先进制造业是指制造业在生产过程中融入电子信息、计算机、机械、材料等方面的高新技术。其次按照产品用途划分，有轻工业和重工业之分。轻工业是指所生产的产品的相对分量比较轻的工业部门；重工业是指所生产的产品的相对分量比较重的工业部门（芮明杰，2014）。最后是制造业发展的新趋势，表现为制造业和服务业之间的界限日益模糊，制造业增加服务要素投入或者增加服务业务产出。

纵观世界制造业发展的历史，制造业的发展是阶段性的、动态的、可持续性的，在不同的历史阶段，制造业表现特征和人们对制造业的诉求也是一致的。因此，根据不同划分方法，世界制造业发展进程如下：一是由劳动密集型、资源密集型到资源资本要素投入型，再发展到技术资本密集型和知识技术创新型；二是由传统制造业到高新技术产业、先进制造业，并将进一步到先进制造业与现代服务业互动共融发展；三是从低附加值转向高附加值、从高能耗高污染转向低能耗低污染、从粗放型转向集约型的转型升级。具体来看，有以下三个维度：维度 1 是从传统制造业到先进制造业；维度 2 是从轻工业到重工业；维度 3 是从制造业到制造业服务化。

2.1.1　从低到高：传统制造业到先进制造业

从工业化进程来看，高技术化过程出现在 20 世纪 70 年代。在这一时期，制造业大量运用微电子技术、计算机技术、新能源技术、新材料技术、激光技术、航天航海技术、生物工程技术、核技术等高新技术投入产品的生产过程，实现从传统制造业到先进制造业的大跨越。这其中，中国大部分的制造业是通过自主研发掌握高新技术，部分制造业通过引进外资或者并购掌握核心技术，中国整体先进制造业更多的是依赖国外先进技术的投入。然而，据一些统计资料表明，在一些制造业先进国家，先进制造业的净产值已经远远超过了传统制造业，成为制造业乃至整个产业结构的支柱。

近几年，随着科技日新月异，冲击制造业朝着高科技方向发展，传统制造业转型升级为先进制造业可以以“数”“精”“极”“自”“集”“网”“智”“绿”八个方面作为着力点。

“数”是转型升级的核心。一是指数字化技术和制造业相融合，制造业领域实现数字化，这包括三方面的内容，以设计为中心的数字制造、以控制为中心的数字制造和以管理为中心的数字制造；二是指制造业利用大数据分析获得更有效的生产和管理。

“精”是转型升级的关键。“精”是“精密化”，一方面是指对产品、组件等产成品或半成品要求精致、精密度较高；另一方面是对产品、组件等的生产过程提出精准化生产。

“极”是转型升级的焦点。“极”包括极端条件和极端要求。首先是针对部分产品需要在极端条件下工作运行，其次是对产品有极端要求，从而也是指对这类产品的制造技术有“极”的要求。如需要在高温、高压、高湿、强磁场和强腐蚀等条件下工作，或对产品有高硬度、大弹性等要求的，或对产品有几何形体上极大、极小、极厚、极薄和奇形怪状要求的。

“自”是转型升级的条件。“自”就是自动化，是指制造业通过引进大型机器设备，或者以机器人代替劳动力，实现自动化生产，从而实现减轻人的劳动，强化、延伸、取代人的有关劳动的技术或手段。

“集”是转型升级的方法。“集”就是集成化，包括技术的集成、管理的集成、技术与管理的集成。其本质是知识的集成。制造业通过集聚获得知识溢出，掌握先进的制造技术、信息技术、管理科学与有关的科学技术。

“网”是转型升级的道路。“网”就是网络化，是指借助信息物理系统实现的物理设备联网及相应的网络化智能制造。包括研发设计环节的网络化，企业通过互联网将产品生产设计交付给世界著名的设计师；其他环节的网络化，家电联网的“智能家居”。

“智”是转型升级的前景。智能化制造不仅仅是更换一条更加先进的流水生产线，而是一个覆盖整个产业价值链的系统工程。有产品智能化、工业设备智能化、生产方式智能化、管理智能化、服务智能化。

“绿”是转型升级的必然。“绿”就是“绿色环保”，人类社会的发展必将走向人类社会与自然界的和谐共处。制造业的产品从构思开始，到设计阶段、制造阶段、销售阶段、使用与维修阶段，直到回收阶段、再制造阶段，都必须充分涉及环境保护，制造业必然要走向“绿色”制造。

2.1.2　从轻到重：轻工业到重工业

随着工业化进程的加快，工业结构出现以轻工业为主转向以重工业为主的过程。轻工业是指生产生活资料的部门，如食品、纺织、家具、造纸、印刷、日用化工、文具、文化用品、体育用品工业等部门。这是一个国家（或地区）工业发展的起始阶段，物质生产能力还较弱的时期，整体经济水平较低，国家（或地区）的工业部门发展战略的布局。随着发展水平的提高以及竞争压力的加剧，轻工业要求重工业为其提供更加先进的技术装备、知识武装和智力支撑。同时，轻工业的发展又使得人们在满足了衣食需求后，基本需求结构进一步转向家电、钢铁工业、能源、化学材料等重工业产品，重工业的迅速发展就成为历史的必然。叶裕民（2011）认为，重工业的高投资、高效率、高积累特征决定了重工业化过程是一个国家财富积累的关键阶段。正因为如此，重工业的发展超过轻工业是一个国家进入工业化中期阶段的重要标志。

纵观世界发达国家重工业的发展历程，工业化过程的一般规律是先轻工业化（初期），再重工业化（中期），最后进入发达工业化（后期）。这种趋势被称为工业化过程中的重工业化规律。从理论研究上看，霍夫曼定律证实了这一观点，在工业先行国家完成重工业任务后，其重工业化率达到60%~65%。学者梅泽尔斯和库兹涅茨对这一观点进行了补充说明。从实践经验来看，英国、法国、澳大利亚、美国、瑞士等发达国家工业化的实际历程则是对这一规律的有力证明。发达国家实现工业化的历史表明，工业化首先从轻工业化着手，然后再向重工业化推进，只有实现高水平的重工业化，并用先进的机器设备、技术知识来武装、改造和升级轻工业和农业，整个工业化的任务才能最终完成，才能进入发达的后工业化社会（简新华和余江，2012）。

中国的工业化历程，是由中国历史条件和国际政治环境所决定的，走先重工业、后轻工业、再重工业的工业发展道路，而现在正处于一个重新重工业化的阶段。借鉴发达国家经验，制造业从轻工业转向重工业，进一步提升重工业可从以下三个方面考虑。

重工业走向集群化道路。同产业或相关产业的制造企业在某区域有机地集聚在一起，一方面通过集聚获得知识溢出、人才流动，另一方面通过不断创新而赢得竞争优势。

重工业走向自主研发创新道路。过去，我国重工业大多数部门相当落后，依赖进口国外的先进设备，没有自主创新权。谁掌握了关键核心技术，谁就掌握了重工业的科技发展创新的主动权。因此，应推动重工业创新能力不断增强，积极培育新动能，推动重工业的高质量发展。

重工业走出世界，参与全球价值链分工。随着全球经济一体化进程的不断加快，各经济体根据各自要素禀赋的丰裕程度在全球价值链分工体系中扮演着不同的角色。重工业积极参与全球分工，获取先进技术、掌握先进发展理念，以及降低生产成本，对于重工业的可持续发展具有重要意义。

2.1.3 从硬到软：制造业服务化

制造业服务化，顾名思义，是指制造业生产过程的“软化”，是制造业和服务业务融合发展的新型产业形态，是制造业转型升级的重要方向。制造业将以产品为中心的制造业向服务增值延伸，不再是传统的单一产品提供者，而是集成服务提供商。一方面是投入要素发生变化，表现为减少传统生产要素的投入，增加服务要素的投入；另一方面是业务产出的变化，变现为增加服务业务的产出，减少制造业务的产出。依据宏碁集团创始人施振荣先生提出的“微笑曲线”理论，微笑曲线两端是附加值较高的研发、技术、专利、设计、品牌、营销等，中间环节是附加值较低的加工、组装。因此，将传统制造环节向两端延伸，开展专业服务活动，其根本目的在于提高产品附加值。从企业价值链来看，价值链上游是指产品研发设计、市场调研、广告宣传、咨询服务等；价值链下游包括零部件定制服务、平台供应、集成服务提供商、整体解决方案、再制造、交钥匙工程、工程总包、第三方物流、供应链管理优化等。价值链上下游往往是高附加值环节，制造业不再仅仅关注产品的生产制造，而是将行为触角延伸至产品的整个生命周期；不再仅仅提供产成品、半成品，而是提供产品、服务、支持、自我服务和知识的“集合体”。

从国际上看，很多知名的跨国企业集团已服务化转型成功，并取得不菲的成绩。德勤公司的调研数据显示，其调查的全球 80 家跨国制造业企业中，服务收入占总销售收入的平均值为 26%，服务净利润贡献率平均值达到 46%，尤其在航空和国防、汽车制造、工业自动化、通信设备制造、机械制造、生命科学和医疗设备等领域，服务业务正在成为制造业企业利润的重要来源（上海市经济和信息化委员会、上海科学技术情报研究所，2016）。例如：通用电气（GE）的资本服务公司的经营范围很广，从信用卡服务、计算机程序设计到卫星发射，样样俱全。曾经有人估算，如果让资本服务公司从通用电气独立出来，它将以 327 亿美元的营业额名列“财富 500 强”的第 20 位。IBM 已将其个人计算机硬件制造业务出售给中国联想等企业，而自身专注于 IT（信息科技和产业）服务。在 IBM 全球的营收体系中，目前大约有 55% 的收入来自 IT 服务。

在国内，制造业服务化仍是一个刚刚起步和较为新兴的领域，但已呈加速发展趋势。目前，已陆续有一些制造业企业明确提出从传统制造领域向制造服务业转变。例如，小米是一个典型的案例，小米从固有思维制造手机的制造业，转而用互联网思维来生产制造手机，形成小米圈子生态，小米是服务化转型中的代表。近年来，一汽大众、宝钢、武钢、美的等大企业集团原有的信息化部门，逐步成为独立运作的专业服务公司，在金融、物流等领域开展社会化服务，成为新的增长点，陆续出现了一汽启明、宝钢宝信、武钢自动化、东风东浦等一批典型的制造业服务化企业。

尽管目前我国已有一些企业开始逐步向制造业服务化转型，但总体上看仍处于起步阶段。一方面，与发达国家开展全生命周期管理、解决方案提供商、智能服务支持业务相对比，中国制造业在价值链延伸、提供集成服务和整体解决方案、零部件定制服务等方面仍不足，为行业提供集成解决方案和系统服务的企业仍不多；另一方面，与发达国家的服务业务占比较高相比，中国制造业的服务业务占比和利润贡献率仍较低。

究其原因，一方面，这是由中国制造业发展的总体阶段所决定的。制造业服务化对核心技术和知识创新有较高的要求，只有掌握差别化的核心技术，才能提供差异化、个性化的集成服务。但总体上我国制造业大而不强，资金实力和行业话语权仍不足，难以提供行业独占性的产品和服务。这就决定了企业难以为用户真正提供全面的解决方案和交钥匙工程，而只能参与其中的一部分工作。另一方面，中国服务业发展的物化消耗比重较高，制造业和服务业融合程度较低（魏作磊和陈丽娴，2014）。这就决定了制造业可以利用的服务业水平较低，服务业可以为制造业提供的支撑力度较小，相应地，制造业服务化程度较低。

综上所述可知，制造业服务化转型有两种基本模式：一是依托制造业发展服务业，亦即核心技术服务化。如耐克、米其林等，通过产业链重组，逐渐将企业的经营重心从加工制造转向诸如提供流程控制、产品研发、市场营销、客户管理等生产性服务，从制造企业转型为服务提供商。二是战略转型发展服务业，亦即主营业务多元化。如GE 等，原有的电器电子业务逐渐减少，医疗、金融等新兴高增长业务逐渐取而代之。一些大型企业集团正是通过瞄准产业前沿，不断培育和发展新的业务部门，原有主营业务则逐渐萎缩并退出。

2.2　制造业服务化的动因

产业结构是同经济发展相对应而不断变动的，这种变动表现为产业结构由低级向高级演进的高度化和产业结构横向变化的合理化。产业结构演进有着一般的规律，从很多发达国家和新型工业化国家的实践来看，有以下几种规律性：配第—克拉克定律、库兹涅茨人均收入影响论、罗斯托主导产业论、钱纳里工业化阶段理论、霍夫曼工业化经验法则、赤松要雁行形态理论等。对于制造业内部结构的演进，制造业是从轻工业到重工业演进，从传统制造业到先进制造业演进，从低附加值环节到高附加值环节演进。制造业服务化是制造业发展的一种新型趋势，除了受当前经济发展环境所迫，制造业服务化转型的动因是什么？本书主要从收益驱动、满足顾客需求和价值链延伸三方面展开阐述。

2.2.1　收益驱动

众多大型制造业企业服务化取得成功，给企业带来了丰厚的利润，提供了更为稳定的收益来源。如世界制造业巨头通用电气（GE）的服务收入占总收入的比重在1995年就已经超过50%；IBM自1996年开始，其服务（包括全球服务、软件和全球金融服务）收入就已经超过了物品（硬件）收入。这促使了更多的制造业企业纷纷效仿。

1. 增加高附加值服务产出

根据制造业服务化的内涵，制造业企业减少价值链的中间加工组装环节，增加价值链两端的设计、研发、营销、物流、品牌业务即为服务化的表现。一般认为，企业价值链的两端服务业务为生产性服务业，生产性服务业与制造业紧密联系，贯穿于企业的上游、中游、下游等环节。生产性服务业还具有资本、技术和知识密集型的特征，是企业占据利润最高点的关键要点。

周大鹏（2016）研究指出制造业企业发展服务业务对促进企业利润的提高有两个途径：一是“微笑曲线”两端的高附加值服务要素日益增多；二是服务业务连接企业价值链的各环节日益紧密。同时，制造业企业以人力资本和知识资本密集的服务要素为主要的生产投入品，把日益专业化的人力资本和知识资本引进制造业生产过程，是加快制造业服务化的关键环节。制造业服务化有利于制造业企业保持制造生产过程的连续性，促进制造业企业的技术进步、产业升级和提高生产效率。

2. 获取规模经济和范围经济

规模经济通常是指产品的单位成本随规模的扩大而逐渐降低的规律。对于企业来说，就是企业自身通过横向一体化或纵向一体化所实现的规模效益。制造业服务化是制造业企业向价值链上下游延伸的过程，是纵向一体化的一种表现，纵向一体化有利于企业开拓技术、确保供给和需求、削弱供应商或客户的价格谈判能力、提高差异化能力、防止被市场挤压等。因此认为制造业服务化可以为制造业企业带来可观的收益。Panzar and Willig（潘萨尔和维利希，1981）认为制造业服务化有利于企业发挥范围经济和规模经济，尤其是知识和技术密集型的服务要素和服务业务更具有范围经济和规模经济的特征，具体为制造业服务化生产的成本低于制造业单独生产的成本。

范围经济是指由企业的范围而非规模带来的经济，是指当同时生产两种产品的费用低于分别生产每种产品所需成本的总和的状态。范围经济主要表现在分摊固定成本、降低变动成本、提高资源利用率等方面，如电信通信业利用综合电信物理网络传送电话、电报、传真、计算机数据等。制造业服务化不仅有传统的制造业务，也有现代化的服务业务，可以很好地发挥范围经济的作用，提高企业的市场竞争力。

3. 降低生产成本

制造业服务化的业务范围包括企业价值链上游、中游、下游，有利于减少企业业务间的衔接成本，有利于减少企业与外部采购商、供货商、顾客议价的时间成本，有利于减少企业的生产成本。Arndt and Kierzkowski（阿尔恩特和凯日科夫斯基，2001）

在生产分离论中引入了服务连接（Service Links）的概念，认为对服务要素的有效利用是企业生产分离的主要动力，服务连接具有边际成本更低的特性。Mathieu（马蒂厄，2001）从企业股东的角度出发，认为企业服务要素和服务业务的增加，有利于降低现金流的脆弱性和易变性，提高股东价值和增加企业利润。

2.2.2　满足顾客需求

随着经济的快速发展，进入服务经济消费时代，人们越来越注重产品附加服务所带来的效用。如产品的售后服务、培育用户体验、一体化解决方案、个性化的定制服务、数字化和智能化服务等。企业如何更好地留住客户，维持客户对企业产品和品牌的忠诚度，保持市场竞争力和市场份额，是企业必须关心和重视的问题。因此，制造业企业应准确把握客户的需求动向，及时提供相应的产品和服务，满足客户的需要，提高顾客满意度，获得竞争优势，让企业更加稳健地持续发展。

另外，产品的价值越来越体现在产品的附加服务上，增加产品的附加服务是制造业企业取胜的关键点。因此，制造业企业实施服务化转型很大程度上是受顾客需求的驱动（Vandermerwe and Rada，1988），一切以客户的需求为标准，尊重客户的多样性和个性化的需求。如维尚家具为客户提供定制化的家具、广州博澳斯按照客户需求提供定制化的制冷设备等。Brown（布朗，2000）和 Szalavetz（绍洛韦茨，2003）的研究也指出，物品重新界定为物品 + 服务“包”，符合顾客的购买期望和增加物品效用，有助于满足顾客的需求。

2.2.3　价值链延伸的需要

波特（1997）首次提出的价值链（Value Chain，VC）概念是制造业服务化的理论基础。价值链的含义是指发展制造业企业的核心价值部分，由生产、营销、运输和售后服务等基本活动，以及原材料供应、技术、人力资源和财务等支持性活动构成。这些相互关联的活动，构成创造价值的动态过程，即价值链。根据全球价值链分工理论，企业参与价值链的中间环节往往只能获取微薄利润，价值链两端才是企业获取利润的关键环节。同时，制造业向价值链两端延伸，是改变中国制造业传统发展模式的新契机，由“中国制造”到“中国智造”的转变，是积极参与国际分工的表现。

目前企业家已经意识到现有的分工模式不利于长远发展，可以通过增加服务投入，实现向价值链两端的产业延伸，从而获取更大的利润份额（刘继国和李江帆，2007；周大鹏，2016）。刘斌等（2016）利用中国数据进行实证分析，得出制造业服务化不仅提高了我国企业价值链的参与程度，还显著提升了企业在价值链体系中的分工地位。

2.3 制造业服务化的演进过程

制造业服务化转型难以一蹴而就。企业首先需要在内部形成统一的发展战略意识，明确企业未来的发展方向——是继续发展传统制造业务，还是转型升级来发展服务业务？在确定制造业服务化转型发展方向之后，企业需要对自身的发展状况做出正确的判断，对各类型的服务业务进行评价，对服务化转型的优势和障碍做到十分了解，然后选择适合自身的服务业务。一般认为，制造业企业从开始服务化转型到真正服务化转型成功期间，需要不断调整其发展战略，体现出明显的演进特征，其演进过程有三阶段论、四阶段论、五阶段论三种划分方法。

2.3.1 三阶段论

由于不同学者对制造业服务化的定义不一致，对其演进阶段的看法也相应地出现不一致。Vandermerwe and Rada（范德美和瑞达，1988）和 Van Looy et al.（范洛伊等，2003）认为制造业服务化包括三个阶段。

第一阶段是制造业为服务化转型做充分的准备，包括进行市场调研分析、企业中高层的头脑风暴、到标杆企业参观学习、组织企业内部的讨论学习等。企业的具体措施有维持老客户、发展新客户、提高企业的知名度、努力改善产品的质量。但在这一阶段制造业企业仍然提供纯粹的半产品、产成品，企业的属性没有发生变化。

第二阶段是制造业业务范围发生变化，不再局限于传统的制造业务，开始转向提供物品和物品的附加服务。但企业在这一阶段提供的服务业务范围相对比较窄，主要是指产品的售后服务等与产品生产和销售紧密相关的商务、咨询、维护等周边服务内容，服务业务收入在企业总收入中的份额还很低。

第三阶段是制造业企业真正进入服务化阶段，服务业务收入接近甚至超过传统制造业务的收入，服务业务收入占总营业收入的比重较高，甚至出现部分制造业企业转变为服务业企业。在这一阶段，制造业企业的加工制造业务大量减少，主要为客户提供物品 + 服务“包”，服务业务范围较广和内容相对成熟，已经形成系统化的服务业务流程。企业提供的服务包括围绕着物品的服务和由物品传递的服务，有定制化服务、一体化解决方案、全生命周期管理等。

2.3.2 四阶段论

White et al.（怀特等，1999）在 Vandermerwe and Rada（范德美和瑞达，1988）的制造业服务化发展“三阶段论”基础上，提出制造业服务化演进的第四阶段——基于物品的服务或功能，即指把既有的实物产品作为推销工具或发展平台，向消费者提供与物品相关的服务。如东鹏瓷砖利用自身瓷砖在业界的影响力，提供众陶联平台和开展国际采购的陶博会，打造全球陶瓷产业链整合服务平台，建立行业的供应链平台，提供平台化服务。

Fishbein et al.（菲什拜因等，2000）提出物品—服务连续区理论，指出制造业企业可以采用多种手段与措施来满足消费者的多样式要求，包括直接售卖物品给消费者，或者直接提供服务给消费者，以及一些中间状态。即在制造业服务化的第四阶段，服务业务成为企业提供的业务主体，不再局限于服务业务的形态，一切以客户的需求为主。

蔺雷和吴贵生（2008）认为服务在制造企业中的地位历经了以下四个阶段的演进。第一阶段是服务附属物品阶段，企业初步有开展服务业务的意识，服务业务主要是售后服务、前期设计、物流运输和仓储管理等。第二阶段是提升服务阶段，为更好地服务客户，对前期的服务业务进行质量升级和技术研发等。第三阶段是深化服务阶段，包括进一步扩大服务业务范围，对服务业务的质量和效率进行提升。第四阶段是服务占主体阶段，企业可以及时有效地为客户提供成熟的、系统的、一体的服务业务。

2.3.3　五阶段论

本书提出制造业服务化的具体演化路径分为以下五个阶段。

第一阶段，制造业企业面临"内外忧患"的发展环境。内部原因有自然能源匮乏、环境资源遭到破坏、绿色环保提上日程、劳动力红利消失等；外部原因有产品市场饱和、竞争激烈、受到同行挤压、国际组织对中国产品实行反倾销反补贴等。同时，制造业企业新的制造产品还没有发明或具备投入生产的能力时，企业为谋求自身生存，只好内部转型，从制造产品售后的初级服务开始发展。

第二阶段，制造业的维护、运输等初级服务给企业带来了新的发展转机，表现为以服务产品利润弥补因制造业挤压的利润部分，逐渐提高制造业生存和发展的能力。这让企业尝试到服务化的"益处"，也明确了企业未来的发展方向，进一步加快了服务化的进程。

第三阶段，这时候可能出现制造业服务化"困境"，即需要克服企业内部对服务化的抵制和减少面临的风险。企业可以依据自身情况，进行"兵分两路"的发展。第一，当制造业企业发现自身内部结构调整的经济效应不够大和成本比较高时，将制造业企业的内部服务业务外包给专业化企业，这有利于降低制造业成本和提高制造业竞争力。第二，当企业内部足以克服服务化的风险，以及有能力进一步进行服务化转型时，企业应选择加大服务化的范围和提高服务化的效率。

第四阶段，对于继续服务化的企业，在当前互联网、能源网和物联网"三网合一"的社会基础设施发展的大背景下，不仅给相对独立的服务业发展提供了机遇，也给制造业服务化发展提供了新的发展机遇，促使企业往更加完善的服务化方向发展。同时，对于外包服务业务的制造业企业，在“三网合一”的发展情形下，服务外包的业务又可以重新回到企业的内部。

第五阶段，在“三网合一”的社会基础设施形成和完善改进之后，社会生存和生活进入智能化阶段，制造业服务化反过来变成制造被服务化。被服务化是因为无人制造，人的劳动由体力劳动和重复性脑力劳动为基本形态转变和提升到以接受教育和进行科学研究、技术开发等创造性脑力劳动为基本形态的时候，人的劳动就会由物质生产转变为非物质生产。这个时候创造性脑力劳动实际上是为重复劳动生产服务，这是服务化的最高形态。

3　制造业服务化的一般路径与模式

3.1　一般路径

制造业服务化依据制造业企业在不同生产过程和环节运用服务要素和产出服务业务，可以划分为投入端服务化、产出端服务化、制造过程服务化三种类型的路径。具体而言，在生产过程的上游，投入服务要素为投入端服务化；在生产过程的中游，投入服务要素为制造过程服务化；在生产过程的下游，增加服务业务为产出端服务化。制造业服务化的路径是一个动态变化的过程，不同能力和条件的制造业企业，实现服务化的路径不可能完全相同。因此，清楚分析制造业服务化的一般路径，对于清晰了解制造业企业的移动方向和路线，为企业寻求适合的服务化路径具有重要意义。

本书站在“微笑曲线”的角度，以企业价值链为研究对象，着眼于制造业服务化过程中企业价值链延伸的过程，对制造业服务化的一般路径做一些探讨，其中有以下三条路径，如下图所示。

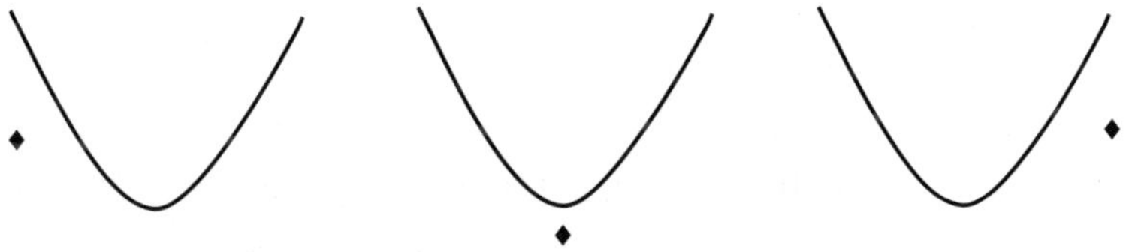

制造业服务化的三条路径

3.1.1　投入端服务化

投入端服务化刻画的是制造业企业生产投入要素发生变化，由原先投入“实物要素”转变为投入“服务要素”，是在“微笑曲线”上游投入研发、设计、规划等服务要素。通过该路径实现服务化，制造业企业可以增强与其核心竞争力密切相关的研发和设计水平。简兆权和伍卓深（2011）根据公开资料，分析指出企业研发投入与销售收入比不足3%时，企业缺乏科研技术支撑而难以存活；当两者比在3%~5%时，企业的创新能力仍然相对较弱，只能够勉强维持发展，但很容易遭受外界的冲击；当两者比在5%以上时，企业才能在竞争激烈的市场保持活力。因此，企业增加服务要素的投入，提高科技研发水平，通过产学研相结合，可以打造企业发展的新引擎。

同时，如果制造业企业的投入服务要素发展良好，可以扩充企业的业务范围，不再局限于制造业务，而是将销售研发设计、规划咨询、解决方案、全生命周期管理业务也作为企业的核心业务之一。作为服务业务的接包方，为其他企业提供和承担相关的研发设计和咨询规划等服务业务。如佛山西伍服饰作为高度智能化的全球性时尚企业，不仅利用高科技和大数据分析，实现智能生产、智能销售、智能监控等，还利用强大的大数据作为支撑，为其他传统制造业企业做转型升级的指导，助力企业实现数据化、智能化、全渠道运营全面升级。

投入端服务化可以为企业将来实现更高级服务化提供技术支撑，以及为产出端服务化打好扎实的基础。需要注意的是，前期的服务要素投入需要企业做好充足的科研经费的准备、拥有专业化的技术人才、承担服务化转型失败的能力，以及需要将科研技术、研发创新转化为向第三方提供服务的能力。因此，企业从具有服务化意识到投入端服务化的实现，需要一个相对漫长的时间，企业需要面对的是一场持久战。所以投入端服务化适用于没有服务化经验但希望通过积累技术力量逐渐实现服务化的企业。如果企业在投入端服务化转型成功，企业的科研技术水平将得到提高，在市场的竞争力将得以提升，产品将更具有影响力，这对企业的长远发展具有重要意义。

3.1.2 产出端服务化

产出端服务化刻画的是制造业企业的产出业务发生变化，由原先生产“实物型产品”转变为生产“无形的服务产品”，发展“微笑曲线”下游的个性化定制、品牌管理、工程总包、租赁维保、智能服务、远程诊断等服务业务。产出端服务化是基于制造业企业产品服务系统的产品导向，企业注重客户的产品满意度、用户体验、对品牌的忠实度等。如苹果公司采用的客户体验升级模式，主要是使用更简洁的设计、更友好的用户界面、更方便的使用场景、更为高雅的外观和更为舒适尊贵的持有感等构成更好的用户体验。这些使顾客对苹果产品形成了持久的和可靠的产品忠实度。

相对投入端服务化，产出端服务化这条路径，对于制造业企业实现服务化的支撑资源需求相对不多，对研发创新的要求也不高，对组织变革的要求也相对不强，整体可实现性较强，风险较低。产出端服务化更多需求的是企业在发展战略和意识上的转变，改变传统的生产制造模式。制造业企业可以从最初的简单售后服务开始，逐步提高服务业务的质量和效率，促使服务化方向走得更远。产出端服务化会引起企业朝两个方向发展：一方面是服务业务占主导，将企业的制造业务转移出去，由制造业企业转变为服务业企业。如 IBM 公司将个人计算机业务出售给中国计算机厂商联想集团，专注于为软件行业提供解决方案，另一方面是企业仍保留生产组装业务，但主要是围绕企业产品，提供价值链下游的相关售后、智能、数字化服务等。如苹果公司整合数字内容，注重培育用户体验；奔驰迈入数字化服务时代。

3.1.3　制造过程服务化

制造过程服务化强调的是企业在加工和组装环节投入服务要素，发生在“微笑曲线”的中间环节，反映的是由原先简单的生产流水线，注入先进的技术和管理经营理念等，或者增强生产制造环节员工的技术能力，提高制造业整体的技术研发水平。制造过程服务化是投入端服务化的进一步延伸、产出端服务化的前期准备，对于衔接投入端服务化和产出端服务化发挥着重要的作用。需要说明的是，通过制造过程服务化企业可能会选择继续服务化，转型成为服务型企业；也有可能只是制造过程服务化，仍属于制造型企业。通过利用信息技术、大数据、云平台等增强企业竞争优势，促进企业创新和提升企业生产过程的运行效率，这对于处在当前内外交困的发展环境下的企业来说，是一个新的发展契机。

增强企业制造过程服务化的程度，促进企业制造过程的不断软化，通常有两个途径。一是提高企业人员技能水平。通过完善的职业教育和培训体系，深化产教融合、校企合作，大规模开展职业技能培训，提高加工和组装环节员工技术水平。二是提高生产装备的先进性。通过技术改造升级，对加工和组装环节的旧设备进行淘汰，使用机器人等全新自动化设备，提高制造过程的服务化水平。

3.2　制造业服务化常见模式

企业竞争的本质是在不确定的内外部环境下为谋求自身生存与发展而展开的对资源、物质、能源、人力等争夺的较量，这决定了企业需要不断调整其内部发展策略，适应市场需求。制造业服务化是制造业企业适应新的竞争环境，通过增强价值链上下游的高附加值环节的服务内容，实现企业竞争优势的重要途径之一。目前，我国制造业服务化程度相对较低，如有研究机构对我国机械行业进行调查，发现78%的调查企业服务收入占总营业收入的比重不足10%，只有6%的企业服务收入占比超过20%，和全球制造业企业服务化程度达到26%的平均值差距较大。这说明我国制造业企业服务化转型的后劲十足、潜力巨大。因此，分析制造业服务化常见模式，是为了根据现有的制造业服务化的成功模式，为其他制造业企业提供可供借鉴的服务化经验。

制造业服务化模式依据不同划分标准，有不同分类方法。安筱鹏（2012）从产出端服务化角度，将制造业服务化划分为基于产品效能提升的增值服务、基于产品交易便捷化的增值服务、基于产品整合的增值服务、基于产品的服务到基于需求的服务四种类型。王晶等（2015）从产出端服务化、投入端服务化、制造过程服务化角度，将制造业服务化划分为借助核心产品为顾客提供信息增值服务、围绕核心产品为顾客提供运营支持和维护服务、围绕核心产品为顾客提供金融服务、产品设计制造与服务一体化、制造商和顾客基于核心产品的共同价值创造、制造商围绕其核心产品为顾客提供全方位的解决方案六种类型。本书从产出端服务化角度，依据提供服务内容和提供方式的不同，将制造业服务化常见模式划分为集成化、定制化、租赁化、智能化和组合模式五大类。解读如下。

3.2.1 集成化模式

集成化模式是指制造业企业通过有效整合产品与服务资源，为客户提供专业性强、系统集成性高的整体解决方案服务。集成化模式强调制造产品与后期服务的融合、现场运行与远程支持的融合、前期生产与后期升级的融合、流程再造与员工培训的融合等，实现企业灵活多样性的收益与风险控制。集成化模式的形成是以客户需求为导向，依托于实体生产制造过程，通过与客户沟通协调来实现产品与服务业务的扩展与匹配的过程。集成化模式的实现需要企业知识资本、人力资本、物质资本的高度融合，企业各生产和服务环节相互配合，致力于为客户提供设计、制造、融资、管理、运输、维修、升级等不同层次和内容的服务解决方案。如金风科技凭借其强大的自主研发创新能力，为智慧风电场提供选址咨询、设计优化、工程建设的解决方案，为智慧能源提供智慧能效、分布式能源、电力交易的解决方案。

集成化模式的出现是符合时代发展需求的，随着全球新一轮科技革命和产业变革的爆发，企业不再局限于产品功能的研发，还进一步扩展到关注用户自身问题的解决。企业的利润来源逐渐从制造环节转向服务环节，竞争优势从规模生产转变为解决用户问题的能力。蒙娜丽莎、玉柴集团、东软医疗、卡斯柯、双良节能、奥凯种机、晶科能源、IBM、惠普等企业，在企业美化人类空间、装备制造系统、数字化医学影像设备工程、轨道交通信号、太阳能产品、存储和信息管理系统、信息科技等领域，分别具备完整、独立的系统解决方案的能力，在各自行业具备较强的竞争力。

集成化模式对企业的核心能力要求如下：首先，具备优质产品的制造能力。实体产品是解决方案提供的出发点，系统解决方案是围绕实体产品展开的，在实体产品的基础上嵌入支持性服务方能实现整个流程。其次，具备优质服务的提供能力。为客户提供系统解决方案，要求企业在价值链上下游具备提供高附加值服务业务的能力，如此才能有效整合企业各方面资源，进而为客户设计出可行的解决方案。最后，具备客户需求的分析能力。企业服务的对象是客户，客户需要解决的问题是企业首要关注的，客户对解决方案的满意与否是企业实现自身价值的关键。

集成化模式需要企业在投入端、制造过程做出以下努力。第一，整合企业资源，打造服务系统平台。针对资源分散、内部结构相对单一等特点，企业应对现有资源进行重新安排和管理，全面分析可利用资源的现状，进而不断扩充企业各方面的资源，构建一个制造企业、服务业务提供商和客户之间的交互服务平台，为系统解决方案的实现创造十分便利的条件。第二，注重科技研发，实现对关键技术的掌握。集成化模式对企业技术和研发能力要求很高，企业需要在研发创新方面投入大量的时间和精力，方能为客户提供系统解决方案。企业可以通过国际交流合作、产学研等方式，积极开展关键技术的创新工作，实现高端技术的服务化，为“一揽子服务”“交钥匙工程”提供技术支撑和保障。第三，重视全能型人才的培养，加强员工的服务化意识。集成化模式对企业员工的能力提出了新的要求，员工除了需要熟习传统的制造业务外，还需要掌握硬件、软件与服务等知识体系。因此，企业应该加强对员工的培训，鼓励员工到优秀企业参观学习，到高校再造研修，培育出符合实际需求的优秀人才。

3.2.2　定制化模式

定制化模式是指企业与客户相对接，客户参与产品的设计生产过程，对产品提出自身的个性化要求，企业进一步按照客户的要求下单制作。这是由于随着物质条件日益丰富，客户不仅关注产品和服务的效用，还越来越关注产品和服务的细节，逐渐成为一种新的消费趋势。定制化模式的出现，意味着客户消费方式发生了显著变化，客户由原先的对产品的“被动接受者”转变为“主动参与者”，客户自愿参与到产品和服务的生产过程，通过参与交流沟通来表达自己的个性化主张。如美的推出的适应不同户型大小、结构、楼层的智能家居套装产品，覆盖从单身公寓、普通公寓到大型别墅的全方位定制化解决方案。美的积极鼓励客户参与智能家居套装产品的设计过程，并按照客户的需求进行“量身定制”，满足客户的个性化需求，在业界形成良好的口碑。

定制化模式对企业的核心能力要求：首先，相对于传统生产制造模式，定制化模式强调企业必须要有很好的沟通能力。详细记录客户需求，真正理解客户需求，做好需求沟通确认，从而满足客户需求。如广州博澳斯通过阿里巴巴、广州交易会等平台，与客户接触沟通，并确认客户需求，以定制化形式，接受客户委托，为客户定制满足个性化需求的产品。其次，定制化模式要求企业具备柔性生产和客户需求管理能力。产品定制对不同生产流水线的要求可能存在细微差异，这会增加企业的生产成本，因此定制产品价格相对标准产品会有所上升。通过有效引导客户，在了解产品制造过程的基础上，让个性化需求尽可能符合生产流水线的调整范围，实现有限满足客户需求。如维尚家具用大规模生产的速度和成本优势，以服务好客户为宗旨，致力于为每一个家具客户提供匹配消费者自家实际情况的个性化板式家具设计、生产、安装服务。定制化模式促使维尚家具突破传统生产销售管理模式的制约和束缚，促进其改进生产技术和生产经营模式，实现从传统家具制造业向现代家具服务业的转型升级。

定制化模式需要企业在投入端、制造过程做出以下努力。第一，充分利用大数据，构建完善的信息平台。定制化模式需要十分重视客户信息的采集与归类，通过对海量的客户需求数据进行分析和预测，建立自身的信息管理平台，实现快速的调动和追踪客户需求的变化。第二，提高企业员工的专业化素质和沟通协调能力。企业需要不断强化员工的培训，加强员工的实战能力，扩宽员工的视野和知识面，塑造对客户需求的沟通、理解、分析、判断、确认、引导能力。这是因为定制化模式首当其冲的就是企业跟客户有良好的沟通，企业员工除了需要具备挖掘潜在客户的能力，还需要有良好的观察能力和沟通能力。第三，实现部分零部件和配件的标准化。由于客户需求和消费能力千差万别，企业应在尽可能满足客户个性化需求的前提下，对成本、质量、交货时间等，做好有效管控。企业应与零部件和配件供货商加强协作。比如：将零部件和配件划分为通用和定制两类，并形成统一的标准和接口，企业可以对通用类零部件和配件实施模块化集成设计，当客户提出个性化的诉求时，只需供货商按照统一标准和接口供应定制类零部件和配件，企业便可以快速实现产品的个性化组装。

3.2.3 租赁化模式

租赁化模式包括产品全生命周期管理和租赁维保两类。其中，由于市场竞争的日益激烈和信息技术的快速发展，产品全生命周期管理受到企业的推崇，成为企业增强市场竞争力和稳定市场份额的重要战略。产品全生命周期管理（Product Lifecycle Management，PLM）具体是指企业对产品从市场调查、客户需求、生产规划、工程设计、加工制造、包装运输、经销营销、正常使用、维护保修到报废终止的整个生命过程，进行管理的集成化系统。租赁维保则是指企业拥有产品的所有权，并租给承租人使用，企业承担产品使用过程出现问题的维护与修理等。本书主要分析产品全生命周期管理的租赁化模式。

有研究指出，发达国家的大型制造业企业，有70%应用了产品全生命周期管理系统。如通用电气的全方位服务业务，包括了在线销售、在线设计、在线咨询、在线营销等服务，促使产品制造和网络营销融为一体。中国产品全生命周期管理的发展相对滞后，应用的领域相对较少。如荣获2017年服务型制造示范企业称号的持久钟表企业，通过把企业安装在世界各地的时钟用网络和企业的中心控制室连在一起，做到全世界时钟终端的互联互通，可以远程控制统一校时、统一监控，出现问题马上就可以发出提醒，实现了随时随地全面感知。还有，佛山西伍服饰以大数据驱动产品设计、生产、销售运营、过程监控等工作，实现产品生产和服务的集中化、流程化、智能化。

租赁化模式对企业的核心能力要求：第一，具备应用现代信息技术的能力。对产品进行全生命周期管理离不开先进技术的运用，企业可以利用信息技术平台，实现对产品安装要求、安装说明、调式使用、运行状态、故障判断、追踪运行、远程维修和材料回收的全过程管理。第二，具备分析产品管理出现的问题的能力。综合分析全生命周期管理出现的问题，企业可以对产品管理做出迅速的反应，设计和工程部门可以对下一周期的产品作出更好的调整，产品可以更加迎合市场的需求和提高企业知名度。第三，具备掌握同行业的核心优势能力。由于产品越来越复杂、问题多样化，企业自身需具备产品优势、管理经验、先进技术等核心优势，这也是较好地开展产品全生命周期管理的必备条件。

租赁化模式需要企业在投入端、制造过程做出以下努力。第一，企业管理层需要形成统一的发展战略意识。产品全生命周期管理的建立和发展需要企业具备较强的信息技术和科技研发能力，还面临着管理模式的转变，以及如何提高与上下游供应商和服务商紧密合作的问题，这需要企业上下各部门的齐心协作。第二，鼓励企业构建产品全生命周期管理的平台系统。政府可以对企业自建平台系统给予一定的财政补贴或信贷政策支持，同时完善标准规范，组织企业参加观摩和学习。鼓励企业对接国际标准，自主研发适合自身的互联网平台和系统软件，熟悉掌握和运用大数据，为产品的全生命周期提供运营、管理、维护等服务。

3.2.4　智能化模式

随着计算机信息和通信技术的换代升级和加速融合，尤其是计算机、光纤网络、第四代移动通信网、现场总线控制技术的全方面辐射和覆盖，智能化模式成为制造业服务化的重要模式之一。智能化模式是指企业的产品和服务在网络、大数据、物联网和人工智能等技术的支持下，所具有的能动地满足人类各种需求属性的一种发展模式。智能化是现代人类文明发展的趋势，涉及人们生活的方方面面，有家居智能化，如美的暖通事业部能通过 App（应用程序）远程控制家电和家居设备；车载智能化，如翼卡车联网通过链接车厂、后装、车主产生人车行为大数据，为智能网联汽车行业的 UBI 车险、高精度地图、自动驾驶等提供服务；生物科技智能化，嘉谷科技根据任务量、作物类型和距离等智能化选择合适的植保服务队前往进行植保服务；工程机械智能化，博澳斯开通新 ERP（企业资源计划）系统功能，能进一步为客户引荐产品和改进新产品，同时也能智能化下发订单给生产等部门。

智能化模式对企业的核心能力要求：第一，具备功能产品向智能产品转型的能力。企业传统的功能性产品转型升级改造为智能产品是企业发展智能化模式的第一步，企业需要增强对产品物理部件信息采集、存储、处理、运行和传送等能力，并实现与互联网等平台的无缝对接。第二，具备高技术融合度的能力。智能化模式的发展是建立在先进传感器、第五代移动通信网络、云计算、物联网和大数据技术逐渐成熟的基础上，对技术运用和依赖度较高，产品和服务性能的体验更加良好。比如：基于物联网技术的远程机器设备的监控和维修，基于移动 App 的商家和个体的使用，基于互联网平台的产品设计、产品销售、产品体验和线下互动等。第三，具备为客户提供优质服务的能力。传统生产模式是生产制造产品，进而销往市场。智能化模式是基于“以客户为中心”的经营理念，积极响应客户的需求，提高服务客户的效率。由于智能化还牵扯客户的基本信息，企业应十分注重维护客户信息的安全，建立客户对企业服务的信任，企业才能持续地为客户服务。

智能化模式需要企业在投入端、制造过程做出以下努力。第一，要有充足的资金准备。智能化的发展需要前期投入大量的资金和物质资本，同时对企业高科技人才的占比也有要求。因此企业应结合自身实际情况，做好长远规划，对推行智能化过程可能遇到的问题要有前期预判。第二，确保服务安全。互联网给人们带来便捷的同时，也给人们带来了灾难。企业需要高度重视、正确认识网络的新技术、新应用、新产品可能带来的问题与挑战，主动防范和控制新技术应用带来的潜在风险和安全漏洞。第三，配合政府的相关政策。政府应积极推动完整的智能化服务产业链的构建，包括建立完善的政策法规体系，尤其是针对互联网安全；搭建国家智能服务平台，对企业的发展给予指导；鼓励产学研相结合，对核心共性技术进行攻克研发。

3.2.5 组合模式

不言而喻，组合模式是指企业有两种或两种以上的制造业服务化发展模式，实现多元化的发展模式。一方面，这是因为产业边界日益模糊，产业融合现象日益加剧，企业的产品和服务业务内容相互交错，组合模式更有利于企业的长远发展；另一方面，是由企业最初的发展动机，以及长远战略布局所决定的，企业的走向就是要采取组合模式的发展战略。如美的暖通事业部、嘉谷科技、博澳斯、通用电气等企业发展涉及两种或两种以上的制造业服务化模式。其中，美的暖通事业部有集成化、定制化、智能化和租赁化四种发展模式；嘉谷科技有集成化、智能化和租赁化三种发展模式；博澳斯有定制化和智能化两种发展模式；通用电气有集成化、定制化、智能化和租赁化四种发展模式。

组合模式对企业的核心能力要求：首先，具备熟悉全部业务的能力。企业发展组合模式，相对应的业务种类多，容易出现决策失误。管理层可能并不熟悉全部业务，往往做的决策不是最合理的，或者聘请的职业经理人没有承担起应该承担的责任。因此要求企业各部门各司其职，认真做好本分工作。其次，具备高质量管理的能力。企业发展组合模式，相应会出现企业分支机构迅速增多、管理工作的难度增加、各部门之间的协调缓慢、信息传递出现偏差等。这需要企业增强对内部上下部门的管理与协调等，提高企业的运行效率。再次，具备规避经营和管理风险的能力。企业业务种类繁多，往往容易出现“多米诺骨牌”效应，因此应避免企业过度依赖于某一市场而引起的亏损或破产，提高企业的抗风险能力和减少风险损失。最后，具备整合资源发挥规模经济和范围经济的能力。企业可以综合利用企业内部的技术优势、市场优势、资源优势和管理优势，合理配置和整顿资源，提高资源的利用率，降低生产成本和节省交易成本，实现规模经济和范围经济。

组合模式需要企业在投入端、制造过程做出以下努力。首先，不断提高企业综合实力。发展组合模式需要企业有十分雄厚的物质资本和人力资本等条件，同时企业主营业务在市场的占有率、技术水平、管理水平、经营水平等都已经到了非常高的水平，这是企业发展多类型制造业服务化模式的重要条件。其次，企业需要不断整顿业务和提高运行效率。企业需要分析各制造业服务化模式之间的共同点和衔接点，减少企业资源和物质的不必要重复和浪费，提高企业的运行效率。最后，善于观察市场，对业务发展做到主辅分明。企业需要重点抓住其核心竞争力优势，对各类型的制造业服务化模式做到主辅分明，对有竞争优势或者有发展前景的服务化模式应侧重发展。

第二部分
制造业服务化经典案例

4 集成化

4.1 蒙娜丽莎：互联网+跨界融合，打造集成化之路

4.1.1 基本情况

广东蒙娜丽莎集团股份有限公司（简称“蒙娜丽莎”）位于佛山市南海区西樵镇，是一家集科研开发、专业生产、营销为一体的大型陶瓷上市公司。蒙娜丽莎集团前身是乡镇集体企业，成立于1992年，后经企业转制，公司于2017年在深圳证券交易所A股成功上市，股票代码：002918。集团现有7家全资子公司，拥有19条现代化建筑陶瓷和2条陶瓷板生产线，主要生产销售各类墙地砖、陶瓷板、瓷艺等产品。

蒙娜丽莎依靠自身技术领先的优势，一直坚持绿色技术的研发与推广，主要围绕五个重点领域研发核心技术：①超大规格陶瓷板及陶瓷大板的研发、生产与应用技术；②具有调湿调温功能的新型陶瓷薄板、功能材料及复合材料的研究；③其他新材料在建筑陶瓷中的应用基础研究；④陶瓷工业大气污染物协同治理；⑤以窑炉为核心的装备智能化集成技术等领域。蒙娜丽莎不断通过加大研发投入和研发队伍的建设，扩大产品品类，拓宽产品应用领域，增加产品功能，提高绿色低碳智能化水平，提高人均生产率和产品质量。蒙娜丽莎通过上述综合整治，效果显著，降低了资源消耗、减少了环境污染，为企业优化升级、赶超国际先进水平提供技术支撑。2010年12月，蒙娜丽莎入选国家首批“资源节约型、环境友好型”试点企业。2014年，蒙娜丽莎企业技术中心被认定为国家认定企业技术中心。2017年，蒙娜丽莎被工信部列入首批全国绿色工厂名单。

4.1.2 服务化表现

当前整个陶瓷行业市场竞争非常激烈，表现为由粗放增长型、能源消耗型向绿色化、智能化、服务化及质量效益型转变，后续将逐步进入整个行业洗牌和整合时期。在环保和人们诉求的压力下，目前已经出现全国多个陶瓷产区关停整改的现象。蒙娜丽莎紧抓时代转轨的机会，“大刀阔斧”地对陶瓷砖、陶瓷薄板、陶瓷薄砖等主要产品进行研发创新和服务化，以较高的环保标准、品牌价值和研发能力赢取订单和提高产

品议价能力。蒙娜丽莎长期以来一直关注行业上下游的发展动态，有意识地通过生产、研发、营销、管理等方面的创新发展，不断优化企业自身，从不断发展中意识到并实施服务化转型。蒙娜丽莎服务化主要表现在以下两方面。

1. 改变传统生产制造模式，以“美化建筑与生活空间”为理念，引入人类艺术经典对自有品牌进一步向高端服务化升级

公元15世纪左右，一幅名为《蒙娜丽莎》的不朽之作横空出世。2000年，一家以“蒙娜丽莎”为注册商标的陶瓷企业开始走入人们的视野。自创立以来，蒙娜丽莎陶瓷在生活的艺术和艺术的生活舞台上，演绎出一个艺术与生活相互交融的品牌。蒙娜丽莎一直坚持追求顾客第一的经营理念，在市场战略上追求创新、艺术与个性相结合，为美化人类空间提供解决方案。

与传统机械生产制造陶瓷的发展模式不同，蒙娜丽莎瓷砖将蒙娜丽莎的微笑作为营销服务的核心精神，使顾客在感受艺术化产品的同时，享受高品质的服务所带来的精神回报，从而实现家居装饰与人文艺术的有效融合，启迪陶瓷消费者对家居文化与艺术生活的思考。蒙娜丽莎秉承“每个家都值得拥有蒙娜丽莎”的品牌发展理念，遵循文艺复兴时期著名艺术大师达·芬奇的探索精神和艺术理念，将达·芬奇对待作品的态度融入品牌文化中并化为对待产品的要求。在产品开发中，蒙娜丽莎还坚持以艺术的苛求创作瓷砖，通过种种技术的革新与创造，从装饰艺术中探求文化渊源，从家居生活中追寻设计灵感，以艺术传承经典，目的只有一个，让每个家都真正生活在绿色、健康、环保的瓷砖产品之中，满足当代人们对生活品质的高端需求。

2. 加强质量管理，创建“三美”模式和绿色工厂，助力企业服务化转型升级

针对当前陶瓷行业面临着全国环保督查的行业环境，蒙娜丽莎主要以环保绿色发展为企业核心的指导思想，通过加强创新驱动、质量管理、打造品牌和开拓市场及内部加强管理等手段，助力企业实现服务化转型升级。质量管理表现在：蒙娜丽莎在卓越绩效、精益管理、6S等管理模式的基础上，创建了独特的质量管理方法即“基于‘美第奇效应’，陶瓷与艺术、绿色、智能融合的蒙娜丽莎微笑模式”，简称“三美”模式，与绿色、艺术、智能制造跨界融合，持续增强企业发展动力，加快整体战略优化升级。因此，蒙娜丽莎在2015年获得广东省政府质量奖和佛山市政府质量奖的基础上，于2017年入围中国质量奖并获得公示。

蒙娜丽莎通过“国家认定企业技术中心”“徐德龙院士工作站”“博士后科研工作站”“全国轻工行业无机材料重点实验室”等科研创新平台（见图4－1），在建筑陶瓷设计、生产、应用和环保治理等多方面，实现了较高的绿色化程度。蒙娜丽莎还通过对干压陶瓷薄板和配套的绿色化、智能化生产工艺升级，在建筑陶瓷薄型化的应用方面得到进一步拓展，突破了建筑陶瓷产品的传统应用领域，为国内建筑陶瓷行业进一步向服务化转型升级开辟了新的路径。

蒙娜丽莎通过生产过程的智能化改造以及与“互联网＋”的跨界融合，走出了一

条建筑陶瓷产品智能化清洁生产之路。公司通过建立绿色工厂管理体系，依据相关要求对整个产品生命周期实施绿色、低碳、环保管理控制，并向国家工业和信息化部申报，获得了“2017 年首批绿色工厂示范单位”称号。如蒙娜丽莎通过对 118A 陶瓷薄板示范生产线进行技术改造提升，打造出了行业内的智能化绿色生产示范线，为行业树立标杆。同时 16800T 压机投产，国内首条干压成型超大规格陶瓷大板生产线（1200mm ×2400mm 规格）投入生产，如图 4 –2 所示。

图 4 –1　蒙娜丽莎技术中心

图 4 –2　蒙娜丽莎超大规格陶瓷大板

4. 1. 3　成功因素

蒙娜丽莎注重美化建筑和生活空间应用领域带来的体验，以及在生产过程中遵循绿色健康原则，特别是在选材、设计和制作工艺上倡导以低碳环保为前提，符合当前消费者对生活品质的需求。蒙娜丽莎具备的产品、品牌、技术和人才优势，既是满足“美学” + “科技”的必要条件，也是集成服务化成功的重要原因。蒙娜丽莎的主营业务收入由 2015 年的 15. 5 亿元增加到 2017 年的 28 亿元，利润总额从 1. 2 亿元增加到 3. 5 亿元。

1. 产品优势

蒙娜丽莎始终专注于建筑陶瓷砖（板）的研发、生产和销售，产品极具市场竞争力。目前，已形成了多品类产品优势，在空间应用领域，包括地面、内墙、外墙等；在品类花色领域，包括仿石、仿木、仿玉、仿古、现代等；在建筑功能领域，包括家居空间、商业空间、市政建筑、轨道交通、隧道等；产品结构覆盖当前市场上绝大部分高值产品。蒙娜丽莎建成中国首条夹层陶瓷研发生产线，加大陶瓷薄板在幕墙等领域的市场应用。此外，蒙娜丽莎采取远严于国家标准的质量内控标准，产品质量高于行业平均水平。

2. 品牌优势

蒙娜丽莎定位高端，多年来采取高举高打的营销策略，处于陶瓷行业一线品牌。近年来，蒙娜丽莎提出“打造百年蒙娜丽莎”“打造国际品牌”的目标，使蒙娜丽莎的品牌知名度和影响力不断提升和扩大。在品牌建设上，蒙娜丽莎十分注重品牌文化的挖掘、提炼、运用和传播，随着总部蒙娜丽莎文化艺术馆的建成和全国各地众多蒙娜丽莎文艺复兴馆的建立，蒙娜丽莎品牌的知名度不断提升，同时，蒙娜丽莎还长年坚持与各大专业展会、门户网站、主流媒体合作，增强品牌美誉度，2017 年，蒙娜丽莎加大在央视、高铁、机场、户外等高端渠道的广告投放，还坚持自主品牌出口，在海外建立了多个蒙娜丽莎品牌营销展厅和专卖店。

3. 技术优势

蒙娜丽莎非常注重科技创新，成立了科学技术委员会，汇集国内一流的行业知名专家和智库人才，并召开年度科学技术大会，科研创新投入在行业处于领先水平，每年都有一批专利成果转化为新技术、新产品，确保公司的技术优势。蒙娜丽莎是全国建筑卫生陶瓷标准化委员会副主任单位，参编、主编多项行业标准，并首次代表中国主导起草薄型陶瓷砖（板）国际标准。

4. 人才优势

蒙娜丽莎通过科研创新平台，汇集国内一流的知名专家、学者，积极开展产学研合作，让外界人才为企业所用。同时，蒙娜丽莎非常注重人才队伍建设，每年都组织技术人员“走出去”，在世界一流陶瓷强国学习、交流，与华南理工大学联合办学，培养专业技术人才，通过“师带徒”“赛马机制”“成才激励”“双模式培训”等，培养了一大批专业人才，实现人才队伍的梯队建设。

4.1.4　挑战与风险

4.1.4.1　蒙娜丽莎服务化存在的挑战

作为制造业企业，蒙娜丽莎在深化服务化转型方面，仍存在许多挑战，主要体现在缺少相关政府部门、行业组织和专业机构的指引。如何在面对竞争不断加剧的市场形势和环保压力的情形下，为蒙娜丽莎提升企业核心竞争力，实现长期良性和可持续发展，提供支持与帮助？一是期望能得到政府部门对于制造业企业技改提升的政策支持和鼓励；二是期望行业组织能通过资源整合、信息共享，向企业输送更多、更先进、更优秀、更具参考价值的成功服务化案例；三是期望专业研究机构能够从更新颖的角度、更超前的视野，为企业提供更贴合发展需求的指导性专业意见。

4.1.4.2　蒙娜丽莎服务化可能面对的风险

1. 能耗与环保监管的风险

2017 年，政府部门将进一步加大陶瓷企业能源消耗监管，包括加强对陶瓷企业总能耗、单位产品能耗的监管。蒙娜丽莎虽然在能耗管理方面处于行业领先水平，但监管标准的进一步严格，将对蒙娜丽莎未来的发展造成一定的不确定因素。这一方面是蒙娜丽莎进一步服务化的契机；另一方面，如果将来政府制定更加严格的环保标准，蒙娜丽莎将会增加环保投入，从而会对公司利润水平产生不利影响，制约蒙娜丽莎科技研发和人才队伍建设等，不利于服务化转型。

2. 市场竞争的风险

虽然蒙娜丽莎服务化取得不错成绩，具有自身独特的“美学” + “科技”的发展模式，但是目前国内建陶行业严重供大于求，渠道呈现出多元化、碎片化的特征，一些中小企业不断采取价格战，对一线品牌形成跟随与包围态势，以同质化的竞争策略争夺市场份额，在一定程度上对品牌企业形成强大的冲击和影响。另外，2018 年，行业龙头企业竞争力进一步增强，蒙娜丽莎面临着与诸多企业直接竞争的风险，面临着错综复杂的市场环境和竞争态势。如何在复杂环境求发展、求服务化转型是蒙娜丽莎将不得不面对的问题。

4.1.5 启示

蒙娜丽莎一直坚持追求绿色技术的研发与运用，并为美化人类空间提供解决方案。不再仅限于传统的单纯生产陶瓷的发展模式，而是生产符合人类审美追求和更加绿色环保的陶瓷产品，是陶瓷行业的一条可持续发展道路。蒙娜丽莎作为陶瓷行业的典型服务化企业，对于其他陶瓷行业进行效仿有重要意义。主要有以下两方面的启示。

一是大力提高技术水平，加快陶瓷行业新旧产能的转换步伐。通过技术改造，引进技术更先进、效率更高、产能更大、更加绿色环保的自动化生产线，促进企业服务化转型升级。

二是坚定不移地走绿色环保可持续发展的道路。依据行业高能耗的特征，以及绿色环保概念深入民心，加快自动化、智能化、绿色环保技术改造，通过引进设备、装备升级，提高企业的绿色、智能生产水平，是企业未来发展的重要走向。

4.2 金风科技：清洁能源和节能环保，提供整体解决方案

4.2.1 基本情况

新疆金风科技股份有限公司（以下简称“金风科技”）成立于 1998 年，是中国最早从事风电机组研发和制造的企业之一。金风科技拥有自主知识产权的直驱永磁技术，代表着全球风力发电领域最具成长前景的技术路线。金风科技成立至今已经实现全球风电装机容量超过 44GW，28500 台风电机组（直驱机组超过 23000 台）在全球 6 大洲、近 20 个国家稳定运行。金风科技具备深度开发国际市场的能力，同时在深交所、港交所上市。

金风科技目前专注于风电系统解决方案、可再生能源、新业务投资孵化等领域，在全球范围拥有七大研发中心，与七所全球顶级院校合作，拥有强大的自主研发能力，承担国家重点科研项目近 30 项，掌握专利技术超过 2800 项，获得超过 33 种机型的设

计与型式认证。金风科技还致力于推动全球能源转型，发展人人可负担、可靠、可持续的未来能源。金风科技凭借科技创新与智能化、产业投资及金融服务、国际开拓三大能力平台为人类奉献白云蓝天，给未来留下更多资源。

4.2.2　服务化表现

金风科技作为全球领先的风电设备研发及制造企业，拥有全球领先的装机容量，着眼于客户需求，凭借其强大的自主研发创新能力，从风电机组的研发、生产、安装、调试及运行维护，到风电场投资开发、工程建设、运营管理，设备可靠性提升的技术创新，以及融资租赁等创新业务模式，不断完善风电整体解决方案。

4.2.2.1　智慧风电场解决方案

1. 选址咨询

金风科技建立了全国风能气象地理信息数据中心，为各级政府、风电开发商等机构提供风电项目的发展规划、宏观选址和微观选址的咨询服务。金风科技利用自主研发的 FreeMeso（风能与气象公共服务平台）、风巽等数字化平台和工具，可以直观快速定位潜在风电项目位置，准确预估项目容量、收益分析。目前，金风科技拥有 50 余台世界最先进的激光测风雷达，将其应用于风电场宏观选址、微观选址的咨询服务领域，并结合精准流场仿真耦合模型和大数据分析，帮助客户降低或消除投资风险，提高实际投资收益 20% 以上。除了技术工具，金风科技选址咨询服务的背后是一支超过百人的深耕风场选址的风资源资深团队，每一位工程师都积累了大量的实践经验，具备为客户交付最优秀的风场选址方案的能力。

2. 设计优化

基于互联网、云计算、大数据、机器学习技术等，金风科技成功研发精准流场仿真模型，并有效结合其在风能、风机、风场积累的大量数据优势，可以为风电场设计提供高精度、低不确定性的风能分布特征，单风机发电量仿真误差下降达到 50% 以上。基于 GIS（地理信息系统）三维空间分析优先搜索算法、无人机测绘、雷达测绘，金风科技实现了道路、集电线路的自动化设计和优化。金风科技采用最小化度电成本 CoE、最大化净现值 NPV 作为风场设计优化的目标，致力于确保客户的投资收益最大化。

3. 工程建设

金风科技拥有一支专业化、标准化、规范化的工程建设服务团队，依托多年风电场建设实践经验，整合产品链资源和技术优势，为客户提供涵盖风电场开发、投融资、风电场设计、供应链服务、工程建设、调试运维服务的定制化、数字化风电场建设整体解决方案，旨在向客户交付最优成本、最优发电量收益的优质风电场。金风科技工程建设 EPC 整体解决方案开创了业内担保发电量模式，与客户风险共担、合作共赢，为客户实现投资价值最大化。

4.2.2.2 海上风电整体解决方案

1. LCOE 经济性分析模型

平准化度电成本（Levelized Cost of Electricity，LCOE）是国际上通用的衡量度电成本的指标，具体是指“全生命周期发电的成本”除以“全生命周期的发电量”。为便于客户维护与管理，金风科技采用LCOE 的经济性分析模型，为每个客户按照项目客观条件，提升发电量、降低投资成本、降低运维成本，综合优化度电成本，为客户呈现项目全生命周期的投资成本及盈利能力。

2. 微观选址发电量测算

对于海上风电项目，金风科技需要做出以下努力：加强海上风电场风资源的有效评估，准确把握海上风资源的特点特征，专题分析海上风电场热带气旋，规避台风风险，订正的场址测站的风速风向数据和测站的位置、风速计高度、大气稳定度等数据，根据所选机型，结合风能分布优化机位，降低场内尾流影响；充分考虑周边风场与地形影响，降低场内紊流影响，进而降低机组疲劳载荷，延长部件使用寿命；同时结合水深地质分布，合理布局节约用海面积，节省场内集电线路和基础造价费用，降低施工运维成本，提高项目收益。

3. 支撑结构一体化设计

支撑结构一体化设计理念规范了整机商与设计公司的工作流程及接口文件，金风科技为此建立专业的海工团队，坚持使用风机 + 塔筒 + 基础一体化建模进行载荷计算，强度校核无缝对接，能够迅速迭代优化支撑结构，避免了传统方法造成的保守设计。采用一体化的设计方案较传统设计能够降低 10% ~15% 的工程量。

4. 风机环境控制系统

金风科技为保证机组运行环境的安全与稳定，对海上机组机舱和塔筒实现全封闭设计，机舱和塔筒内部都有独立的环境控制系统，包括独立冗余的冷却系统、除湿加热系统、除盐雾系统等。金风科技海上机组环境控制系统包含了整个生命周期，从生产到运输，从码头存储到吊装以及整个运行期间。

5. 海上风电体系化培训

金风科技为海上风电项目提供可持续的后续发展支撑，金风科技的金风大学培训中心开设海上求生实训平台、机组技术实训平台等培训活动，立足于世界风能组织基本安全培训标准（GWO - BST）和基本技术培训标准（GWO - BTT），建设符合中国海电实情的国际化、一体化的实训平台，提高海上风电从业人员安全意识、实操技能，为海上风电的持续发展培养专业的复合型人才。

6. 海上风电施工方案

金风科技结合海上风电项目的特点，明确直击海上风电项目建设中作业窗口少、作业成本高、不确定因素多、风险大的痛点，通过充分的前期气象数据分析，可与业主共同制订科学的施工组织计划，提前匹配最优供货方案，保证现场施工顺畅运作。

金风科技全面监控的物流运输保障部件安全准时交付，同时结合高效的现场吊装工艺、大数据物联网技术，不断迭代优化，为客户提供最优的定制化、一体化海上风电项目交付体验。

7. iGO 海上风电智能资产管理系统

金风科技从零部件到总装厂到现场，建立每台机组档案，均实现管理全生命周期信息；根据部件运行数据，建立机组关键部件故障模型，由失效维护向预警性维护转变。金风科技将风机各部件实时运行数据与设计数据对比，通过机器自学习、神经网络等方法，实现部件故障自诊断，并判断是否需要出海维护，大幅降低海上运维成本。

4.2.2.3 智慧能源解决方案

1. 分布式能源/智能微网

金风科技根据负荷分析结果及属地清洁能源资源的实际情况，规划、配置和集成各类分布式能源（风、光、储、燃等），实现种类多样的能源优化配置、协同供给和智慧调度，降低客户的用能成本、提高终端能源利用率、提高可再生能源占比。

2. 智慧能效

金风科技以智慧能效管理平台为依托，通过工业大数据分析技术实现对各类能源的可视化管理和动态监测，并提供水蓄能、精确曝气、电机节能、空压机余热回收等多样化节能解决方案，提升企业能耗管理水平，提高能源利用效率。

3. 电力交易

金风科技凭借丰富的电力资源和电力交易经验，依托自主研发的能源交易云平台，为电力用户、售电公司、发电企业等市场主体提供便捷高效的电力批发、零售交易、绿证交易、碳排放交易等能源交易解决方案，以及合同能源管理、综合节能和用电咨询等专业化增值服务。

4.2.2.4 资产管理解决方案

金风科技集咨询规划、选址服务、项目开发、投融资、工程建设、发电运维等业务为一体，以数字化技术为手段，通过专业化团队及模式创新，为清洁能源投资商提供定制化、全范围的资产管理服务解决方案，致力于打造一流的清洁能源服务共享平台。在稳健、快速发展的进程中，金风科技已成长为中国清洁能源管理服务领域的创新引领者、价值发现者和资源整合者，并积极向智能微网、风电制氢、风电供热、光伏光热、储能等清洁能源创新领域迅速发展，致力于为人类提供更优质的绿色能源。

4.2.2.5 金融服务解决方案

金融资本是金风科技发展的重要支撑，金风科技金融服务以“产融共生”为发展战略，以“以产定融，以融促产，产融结合，服务主业”为指导方针，通过金融服务不断盘活闲置资本，通过融资租赁实现产融对接，通过产业基金拓展增值空间，通过“互联网+”带来高效体验，最终实现风机主业与金融服务相互促进、共存共生、协同发展。另外，金风科技与合作伙伴成立产业基金，为民营风电场提供整机、EPC（工程总承包)、运维、融资一揽子综合服务解决方案。

4.2.3 服务化成功的经验分析

4.2.3.1 服务化成效

1. 主营业务构成情况

金风科技的国内和国际业务呈现快速发展的趋势。其中，金风科技的风机及零部件销售占比由 2015 年的 89.87% 下降到 2017 年的 77.38%；相反，风电服务和风电场开发分别由 2015 年的 4.28%、5.17% 上升到 2017 年的 8.2%、12.95%（见表 4-1）。从中可以发现，金风科技逐渐增加新型风电服务和风电场开发业务的投入，改变企业的原有业务结构，致力于成为国际化的清洁能源和节能环保整体解决方案提供商。

表 4-1　金风科技 2015—2017 年的营业收入构成情况　单位:%

年份	风机及零部件销售	风电服务	风电场开发	其他
2015	89.87	4.28	5.17	0.68
2016	84.81	4.73	9.16	1.3
2017	77.38	8.2	12.95	1.47

2. 研发投入情况

为满足市场和客户需求，金风科技将现有产品优化升级和新产品研发相结合，持续进行研发投入，丰富了产品线。如表 4-2 所示，2017 年，金风科技的研发技术人员数量占比高达 34.41%，研发投入占营业收入比例为 5.86%，相比 2015 年分别上升了 13.31%、0.67%。这说明金风科技重视提高整体解决方案的能力，增加服务化的发展趋势。

表 4-2　金风科技 2015—2017 年的研发投入情况　单位:%

年份	研发技术人员数量占比	研发投入占营业收入比例	资本化研发投入占研发投入的比例
2015	21.1	5.19	1.5
2016	28.81	5.25	5.19
2017	34.41	5.86	3.69

4.2.3.2 服务化成功因素

为实现服务化转型，金风科技进行全产业链的立体创新，围绕质量创新、技术创新、全链条精益、服务协同四个维度展开。

1. 质量创新方面

金风科技在质量创新上，始终坚守质量底线，并与客户保持紧密联系。金风科技认识到，质量不仅停留在产品维度，更要不断向服务领域延伸。目前，客户对质量的诉求越来越向终端转移，将更多考核发电量而并非设备运转。因此，金风科技紧抓客户需求，更加关注客户痛点，从发电性能、可靠性、运维经济性等多方面考量风电设备质量。尤其在海上风电领域，质量控制也将进一步升级，比如对环境的可适应性、运维的稳定性都提出了更高要求。

2. 技术创新方面

金风科技当下在低风速技术开发、关键部件研发领域，技术更新速度呈现几何级增长，形成“风—机—场—网—环”的闭环，技术创新所带来的成本降低也给行业发展注入了更多活力。比如，金风科技现在利用无人机，可以迅速完成数字地图的描绘和制作，大幅降低运维时间，让风资源预测更为提前和精准，极大地提升风电场的运行效率。这整体提高了金风科技一体化解决方案的能力，加深了服务化程度。

3. 全链条精益方面

金风科技在风电场建设、设备交付周期管理内，存在巨大精益空间。根据风电装机—并网转化率，风电场项目在时间管理中，从设备生产到运输、吊装等待、安装、上电等待再到试运行至预验收这一过程内，需要等待的时间约占工程时间的25%，这极大地影响了项目业主的资金成本。金风科技为实现零等待或者是少等待，打通整个产业链条，并为实现信息透明，做好计划和节奏上的安排，做出巨大努力。

4. 服务协同方面

金风科技为实现风电共享服务模式创新，减少服务投放出现重叠。针对当前实现共享难度仍较大，业主、整机厂商、零部件厂商各有业务流程、各有工作人员之间的相互错综复杂等现象，金风科技为提高效率，尝试有效打通其中环节。另外，对于长质保周期服务，金风科技努力实现资产效益的有效管理，不仅仅是风电场的简单维护，更要最大程度确保投资商、开发商的收益安全。

4.2.4　服务化的问题与挑战

4.2.4.1　政策性影响

金风科技专注于风电系统解决方案、可再生能源、新业务投资孵化。由于风电产业的发展受国家政策、行业发展政策的影响力度较大，相关政策的调整变动将会对金风科技主要产品的生产和销售产生影响。

4.2.4.2　市场竞争加剧

根据国家能源局及风能协会相关统计数据，2017年市场中标率排名前三位的企业已占据全年招标总量的56%，较上年同期提高三个百分点；新增装机容量排名前三位的企业，占全年新增装机的51%，随着行业集中度的提升，市场竞争将进一步加剧。

因此，金风科技将面临更大的生存和发展压力。

4.2.4.3 弃风限电现象

虽然我国弃风限电情况较2016年有一定改善，但随着我国风电市场的逐步南移，我国中部、东部地区风电设备平均利用小时数出现下滑，华中区域的河南省、江西省及华东区域的安徽省、浙江省，下降幅度分别达到181小时、119小时、103小时、154小时，我国弃风限电现象有南移趋势，弃风限电在一定时期内将会成为制约金风科技发展的重要因素。

4.2.4.4 经济环境及汇率波动

2017年，金风科技国际销售占30.01%，为主要出口企业。世界主要经济体增长格局出现分化，全球一体化及地缘政治等问题对世界经济的发展产生不确定性，在此背景下，可能出现的国际贸易保护主义及人民币汇率波动，或将影响金风科技国际化战略及国际业务的拓展。

4.2.5 启示

一是确立组合盈利模式。金风科技依托先进的技术、产品及多年的风电开发、建设、运行维护的经验优势，以及一直致力于并已成为优秀的风电整体解决方案提供商，除风电机组销售外，金风科技还积极开拓风电场开发、风电服务业务等盈利模式。

二是注重塑造良好的品牌和口碑。服务化卖的是“服务”，金风科技经过多年的行业沉淀，十分重视产品先进的技术、优异的质量、较高的发电效率和良好的售后服务。

4.3 玉柴集团：打造产业链和构建平台，提供系统解决方案

4.3.1 基本情况

广西玉柴机器集团有限公司（以下简称“玉柴集团”）始建于1951年，总部位于广西玉林市，是一家以资本运营和资产管理为核心的投融资管理型公司，旗下拥有30多家全资、控股、参股子公司，总资产344亿元，员工近两万人，是中国产品型谱齐全、完整的内燃机制造基地，在广西、广东、江苏、安徽、山东、湖北、四川、重庆、辽宁等地均有产业基地布局。

玉柴集团建立了包括产品销售、应用开发、售后服务、配件专卖于一体的营销管理体系，拥有行业内网络规模较大、服务网点较多、服务半径较小、三包里程较长、响应时间较短的营销服务网络；建立了28个国内办事处、12个国外办事处、12个通机经理部、12个船电大区、148家海外服务代理商、3000多个服务站、5000多家配件销售网点，向海内外用户提供“捷·诚”服务。

4.3.2　服务化表现

4.3.2.1　致力于打造黄金产业链的发动机产业

玉柴集团致力于打造完整的发动机产业链，建立以玉柴集团总部为发动机整机的生产基地，重点发展发动机主业，积极向产业链上下游延伸，力争打通从上游的资源开采、商贸、大铸件铸造、有色金属铸造、装备制造等，到下游工程机械、专用车辆、特种车辆、高端大型拖拉机及农用装备、船舶制造等领域的发动机全价值产业链。玉柴集团最终形成“零部件—整机—终端”一体化装备制造系统，打造黄金产业链，为企业提供系统解决方案。

4.3.2.2　建设生产销售和贸易服务一体化的石油化工产业

玉柴集团利用自身产品优势，以石化产品、高端润滑油产品为核心，建设发展并充分利用北部湾码头及物流仓储中心，将石油化工产业板块建成集生产销售和贸易服务于一体的高效益产业集群。

4.3.2.3　建成新能源汽车产业链

新能源汽车产业方面，玉柴集团依托玉柴专汽和玉柴股份新能源动力事业部两大发展平台，建成玉柴新能源汽车产业链。玉柴专汽平台以环卫车和城市物流车为切入点，重点发展新能源汽车业务，玉柴股份新能源动力事业部平台以核心零部件研发制造为基础，谋划新能源汽车后市场发展布局。在上游，以玉柴股份为主体，研发、生产三电系统，大力发展新能源动力系统、电附件、燃料电池发动机等新能源汽车核心零部件产品；在中游，以玉柴专汽为整车制造平台，取得新能源商用车生产资质，生产环卫车和城市物流车；在下游，玉柴与投资者共同建设充电站和光伏电站，提供融资服务；在终端，玉柴集团开发新能源汽车在线管理 App（应用程序），实现人、车、站互联，满足客户使用产品过程中的各项需求，包括充电管理、车辆监控、路线设置等功能。

4.3.2.4　强化投融资渠道，深化金融服务平台

玉柴集团通过深化产融结合，建立产业和金融的互动关系、价值创造关系、服务关系，致力于为生产制造产品提供全方位的金融服务。一方面，通过加强与金融机构（包括但不限于与证券公司、银行、保险、融资性租赁等机构）的合作，借助外部金融的服务资源，强化玉柴集团投融资渠道；另一方面，通过培育上市公司、组建融资租赁公司、专业投资基金和参股投资金融机构等途径，完善玉柴集团投融资平台，拓展金融业务，通过在金融领域的探索发展，最终搭建玉柴集团的自有金融服务平台，降低资金成本，提高资金使用效率，提高玉柴集团的风险管理能力，不断推动玉柴集团产业结构的优化调整。

4.3.2.5　构建和发展物流服务平台

玉柴集团以现有业务为基础，构建以“物流股份”为主体的依托运输和仓储业务的全国综合性物流服务平台、以“物流集团”为主体的依托汽贸业务全价值链的专业

服务平台、以“茂名长晟”为主体的依托“码头+粤西农副产品综合交易中心”的独特的产品流通和交易服务平台。

4.3.2.6 建设产业新城服务平台

玉柴集团围绕玉柴核心产业板块、服务平台的发展和延伸，建设玉柴集团新的发展平台，打造集国家级先进装备制造、内燃机研发、现代物流服务、宜业宜居于一体的玉柴产业新城暨玉柴新型装备（内燃机）制造基地。

4.3.3 服务化成功的经验分析

4.3.3.1 质量保障可靠

“卓越品质、国际玉柴”是玉柴集团始终秉持的经营理念。玉柴集团的产品品质过硬，适用可靠，不输于外资品牌。与国内其他产品相比，出口产品的品质控制标准更加严格，从产品的规划、设计、研发、试制、制造到销售、服务，玉柴集团严格把控每一环节，并将核心供应商纳入质控体系考核，从产业链的层面确保品质卓越。

4.3.3.2 创新是玉柴集团发展的生命线

玉柴集团不断加强自主创新能力建设，科技研发投入资金连年持续增长，5 年累计投入研发费用近 40 亿元，同比增长 112%。通过自主创新，玉柴集团一举拿下“柴油机低噪声设计关键技术及应用”“节能环保型柴油机关键技术及产业化”等 3 个国家科技进步奖二等奖。作为国内柴油机研发能力最强的企业，玉柴集团紧跟国家排放升级的步伐，把国六开发作为企业经营发展的头号工程，集中优势资源开发最具竞争力的产品。国六开发一项，玉柴集团预计投入 50 亿元，其中研发费用为 20 亿元，配套软硬件也均会相应改善，助力企业服务化转型。

4.3.3.3 满足客户需求，以客户为本

玉柴集团为客户“量身定制”，针对不同国家、不同区域、不同需求、不同工况进行适应性开发和快速调整，以充分满足当地客户多样化的市场需求。一些国外客户的燃油经济性要求越来越高，如出口到越南、缅甸的工程卡车，玉柴集团针对车辆和发动机使用的环境、路况，对发动机进行了标定调整，发动机在低转速下提供更大的扭矩输出，使得车辆在作业过程中能够保持良好的状态，并且能够达到更好的燃油消耗及经济性目标。

4.3.3.4 追踪客户，重视售后服务

玉柴集团对于海外市场的售后服务非常重视，建立“三级”售后服务保障体系。海外服务代理是第一级保障，玉柴集团在海外共建立了 140 多家海外服务代理商，方便客户在服务代理商进行维修保养及购买配件；办事处技术服务指导是第二级保障，玉柴集团设立了 12 个海外办事处，办事处服务技术人员定期对服务代理商进行技术服务培训，提高服务水平和运营水平；总部现场支持是第三级保障，玉柴集团根据市场和服务需要从总部派技术服务团队到现场支持指导。

4.3.4　启示

4.3.4.1　重视本地化经营，拉近与客户和代理商的距离

“本地化”经营是玉柴集团开拓海外市场成功的重要法宝。在开拓东盟市场的过程中，玉柴集团的海外办事处有效利用玉柴集团总部的优势资源，将玉柴集团的技术优势、服务理念、服务培训能力等输送过去，发展当地服务代理的网络覆盖，同时，大力培养当地服务工程师、服务管理人员，减少文化、风俗、语言、地域差异造成的影响，也可利用当地员工的人脉资源开拓市场。

4.3.4.2　注重员工培训和学习

玉柴集团还多次将骨干外派出国，深入当地市场，加强与客户、服务代理商的沟通交流，与客户、代理商建立了紧密的合作关系。如今，玉柴集团在海外共建立了 17 个办事处和办事机构，发展了 150 家服务代理商，构建了“立足玉林、面向全球”的营销服务网络体系。

4.4　东软医疗：创新成就价值，医疗产品和服务解决方案者

4.4.1　基本情况

东软医疗系统有限公司（以下简称“东软医疗”）创立于 1998 年，是中国目前唯一的“国家数字化医学影像设备工程技术研究中心”建设依托单位，也是中国目前唯一的“国家医用磁共振成像系统产业化示范工程”“国家螺旋 CT 高技术产业化示范工程”项目的建设依托单位。东软医疗强调创新是推动一个国家、一个民族向前发展的重要力量，企业在创新中具有主体地位。东软医疗自创立之初便将创新升至发展战略层面，并依托持续自主创新立足沈阳、依托东北、面向全国、迈向世界。

东软医疗成功研制具有中国自主知识产权的 CT（电子计算机断层扫描）、磁共振、数字 X 线机、彩超、实验室自动化、放射治疗设备以及核医学成像设备等系列产品，提供基于影像云平台覆盖放射影像、常规检查、放疗与核医学的三大领域的全面医疗解决方案。目前，东软医疗在中国设有 10 个大区、25 个省级办事处，在美国、中东、秘鲁、俄罗斯、巴西、肯尼亚、德国设有 7 个海外子公司，在越南设有 1 个办事处。产品遍布全球 110 余个国家，为 9000 余家医疗机构提供医疗设备与服务。

4.4.2　服务化表现

4.4.2.1　客户解决方案

1. 全生命周期解决方案

东软医疗针对不同客户群提供以下的解决方案：第一，标准保修解决方案。东软

医疗针对大众客户，提供包括零件及人工在内的保障设备运行方案，以及帮助客户实现业务重点和预算要求的平衡。第二，完全保修解决方案。东软医疗针对业务繁忙的高端客户，提供周全的方案；主要包括备件、人工及高价值消耗品（如X线管）。第三，金牌保修解决方案。东软医疗为设备业务量大、重视设备运营时间的客户分秒必争，提供专业技术人员、专设备件储备，提供24小时服务准备等。第四，个性化定制服务解决方案。东软医疗有按检查量计时保修的解决方案、有限备件保修解决方案、部件保修解决方案，以适宜预算，实现重点保障。第五，技术服务解决方案。东软医疗有技术保修解决方案、单次技术服务解决方案、专业保养解决方案。第六，增值服务解决方案。东软医疗提供设备升级解决方案，确保设备持续处于更新技术状态，实现小投入大产出；还有外围配套设备供货方案、IT网络解决方案，让业务流插上信息技术的翅膀。

2. 增值解决方案

东软医疗除了按需定制的即时服务解决方案，还提供了多种增值服务。包括个性化的医院医学工程管理模式咨询；设备优化管理为客户提供系统应用的各种报告，提高设备的使用率（见图4－3）。

图4－3 东软医疗的增值服务

4.4.2.2 产品解决方案

1. 增加产品线，提高产品质量

以CT设备为例，东软医疗从自主研发中国首台CT到领跑中国CT，并打造CT、MR（核磁共振）、XR（X线）、US（超声波）、IVD（体外诊断）、RT（常规检查）、PET/CT（正电子发射计算机断层显像）、影像云八大系列的产品线，产品及其服务覆盖放射影像、常规检查、放疗与核医学、临床应用四大领域解决方案，东软医疗创新硕果累累。并且，东软医疗产品质量安全可靠，旗下全线产品均通过ISO 9001国际质量体系认证，CT、MR、XR、US、PET/CT相继通过FDA（美国食品和药物管理局）、CE（欧盟安全指令）认证。

2. 推出分级诊疗，形成远程会诊平台

东软医疗在中国医改深层次推进的“当口”上，采用云服务架构融合DICOM3.0

国际标准来设计打造影像云并推出分级诊疗整体解决方案，形成针对医疗影像业务的远程会诊平台。在此基础上，东软医疗通过“医学影像、临床检验、远程心电、病理诊断、远程培训、消毒供应”六大业务，使县域内各级医院之间上通下联，助力国家分级诊疗政策落地，打通我国医改纵深推进的关键一环。

3. 数字化解决方案

东软医疗是以中国领先的IT解决方案与服务供应商——东软集团为技术和资源依托，以研制生产大型医疗设备为主，同时为医院数字化提供全面解决方案。创立至今，东软医疗以创新驱动并实现了国产大型高端医疗器械的跨越式发展，打造了参与国际竞争的核心竞争力。未来，东软医疗将依托持续自主创新加快高端医疗设备国产化进程，发力人工智能领域，做未来医疗的探路者与引领者。

4. 人工智能解决方案

在过去20年积累的基础上，东软医疗于上海建立全球磁共振研发中心，核心业务聚焦输出全数字化磁共振成像系统研制、核心部件及人工智能的解决方案研发，力图通过5～10年的努力构建具有全球影响力的智能医疗产业集群。随后，东软医疗产业园“入驻”中国辽宁自由贸易区沈阳片区，集中“剑指”健康医疗大数据、医疗影像云服务及智能设备等，致力于打造健康医疗产业集群，建成世界级数字医疗设备产业基地。

依托强大的“集群”辐射作用，东软医疗迎来了其在人工智能领域的新突破。东软医疗于中华医学会第二十四次全国放射学学术大会（CCR2017）上首次公开展出了人工智能产品。与限定了固定数据分析模型的静态智能不同，东软医疗的人工智能产品具备可持续更新智能的生态系统，可以通过自动更新数据库的方式触发深度学习模型与计算参数优化，为医生提供更精准的病灶自动筛查能力，备受国内外影像人的高度好评。

4.4.3　服务化的经验分析

东软医疗服务化的成功归因于其勇于开拓市场、不断追求卓越的技术和真诚服务客户的态度。

4.4.3.1　基于创新智造基因，不断更新产品

近20年来，东软医疗坚持不断地创新和砥砺深耕，从2000年诞生第一台永磁磁共振设备，到2009年研制出第一台国产商用超导磁共振，再到如今其“明星”产品NSM－S15P 1.5T磁共振成像系统落户国内外诸多知名医院，东软医疗在医疗产品领域创造了多个“中国第一”，打破技术壁垒、持续创新已然成为最靓丽的企业标签。同时，起步于辽宁沈阳的东软医疗，也正是凭借“创新智造”的开拓精神，获得了国家和社会的认可，不仅夺得了工信部颁发的“智能制造试点示范”奖牌，还入选了工信部“高端医学影像设备智能制造新模式”项目，并且在诸多优秀企业中脱颖而出，获得了国家重点研发计划重点专项支持。

4.4.3.2 真诚服务客户的理念

东软医疗站在客户的角度理解客户的需求，及时提供让客户满意的产品和服务。东软医疗还和客户分享经验和成果，共同面对困难和挑战，真诚帮助客户取得成功。另外，东软医疗与客户建立互相信任和依赖的长期合作关系（见图4－4）。东软医疗客户服务中心包括技术支持中心、资源调配中心和呼叫中心三个服务中心。

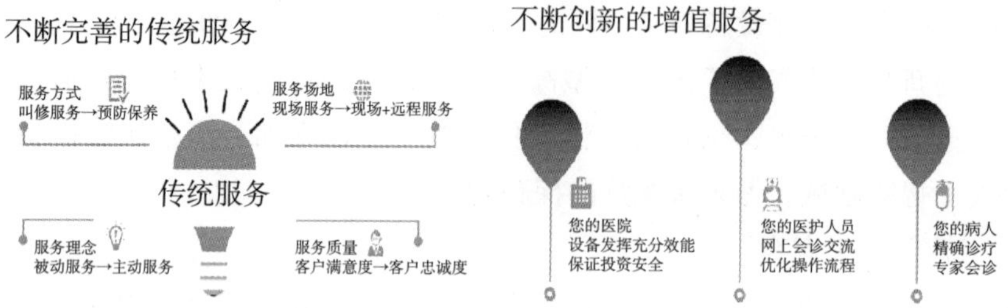

图4－4 东软医疗的服务理念

1. 技术支持中心

第一，工程师团队。东软医疗有300余名的一线工程师365天全天候响应，以高超技术为客户快速精准解决设备故障（见图4－5）。第二，便捷的呼叫中心。如图4－6所示，东软医疗通过呼叫平台、微信服务平台、远程预警平台为客户提供多种报修与技术支持通道。确保为客户提供快速便捷的售后服务，保证医疗设备的正常运转。

图4－5 东软医疗的工程师团队

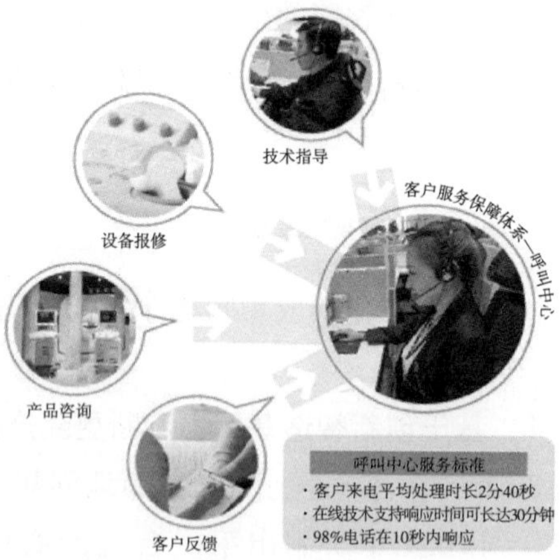

图4－6 东软医疗的后台呼叫中心

2. 资源调配中心

第一，完备物流中心。东软医疗位于沈阳、南京、广州、武汉、西安、成都、石家庄的7大备件中心的储备品种齐全、存量充足，可以满足4～24小时内的响应需求，并且以合适的地理位置和物流环境充分保证备件物流的时效，保证客户获得及时有效的备件支持，缩短客户维修等待时间。第二，高效客户支持流程。围绕设备运行，限时提供可信赖解决方案。如图4－7所示，东软医疗有50余位经验丰富的后台专家和严格的流程管理共同保障300余名一线工程师高效输出解决方案，为产品全生命周期提供广泛、多样、高质量的技术支持服务，消除影响设备运转的各种隐患，最大限度地降低产品风险，减少客户损失，确保高品质服务。

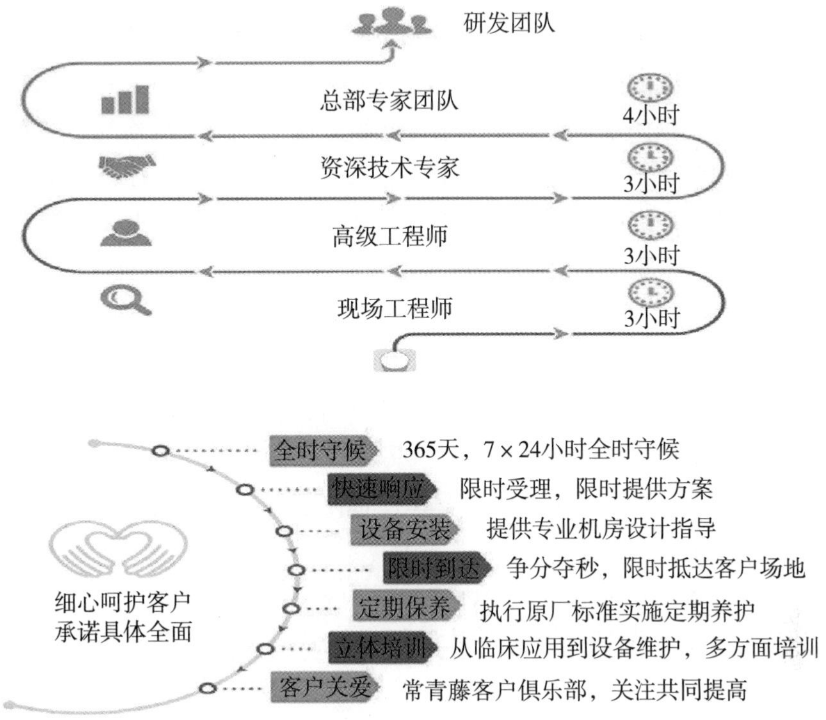

图4－7　东软医疗的高效客户支持流程

3. 呼叫中心

东软医疗呼叫中心借助先进的IT技术，推出全新的“远程服务平台”，为全球客户提供远程预警、远程维修、远程培训、远程关爱、远程升级等多种服务（见图4－8）。另外，东软医疗的专业工程师已经实现通过“远程服务平台”时刻了解设

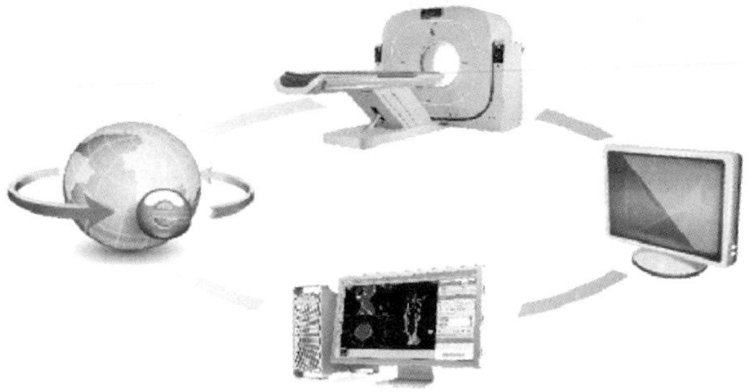

图4－8　东软医疗的呼叫中心

备的工作情况，在故障发生前提前预警并提供合适的解决方案，减少设备宕机时间，提高设备稳定性。

4.4.4 启示

1. 善于抓住市场先机，承担社会责任

长期以来，我国的高端医学影像设备产业由于起步较晚、核心技术薄弱、自主创新能力差等原因，发展水平较低，在磁共振等更为高精尖的技术领域更是远远落后于一些发达国家。长时间的落后，造成如今这一关系到我国国计民生的产业被国外厂商垄断，直接影响了我国医疗水平的进一步提升和“健康中国”战略的贯彻实施，通过自主研发掌握市场竞争主动权变得越发迫切。正因如此，东软医疗全数字化精准定量高场超导磁共振系统研制的项目应运而生。东软医疗打破了目前大型高端医疗设备被国外厂商垄断的格局，推动国产医疗的崛起。

2. 全方位培训

目前，东软医疗建立了全球培训基地，通过技术培训和科研项目实战，不断提升服务团队的技术水平。包括设备使用养护与维修培训、业界最新技术推介、学术交流活动、临床教育与培训等培训内容与活动。另外，常青藤俱乐部汇集行业精英，定期邀请业内专家进行学术演讲，组织用户分享设备使用与诊断经验，提高用户设备使用技能和临床诊断水平。

4.5 卡斯柯：用心守护出行生活与安全，信号系统解决方案商

4.5.1 基本情况

卡斯柯信号有限公司（以下简称“卡斯柯”）成立于1986年3月5日，是由中国铁路通信信号股份有限公司控股管理，与法国阿尔斯通合资成立的中国铁路行业的第一家中外合资企业，也是一家专注于轨道交通的列车运行控制系统集成商。成立三十多年来，卡斯柯以每年不低于10%的年销售额投入，在列车运行控制系统领域持续创新，其独创的“引进、消化、吸收、再创新”的卡斯柯发展模式，确保了国内外最先进的技术总能及时转化和落地实施，满足市场和客户的需求，并有效促进技术的自主研发和创新，迄今卡斯柯已拥有百余项具有完全自主知识产权且与国际先进水平相当的系统技术和产品，覆盖轨道交通各个领域。

卡斯柯长期以来奉行的准则是安全，通过近乎严苛的质量安全管理体系，卡斯柯确保产品从设计、开发、集成、测试，到项目运营、工程实施、售后服务全过程的安全可控。卡斯柯深获客户信任，在过去轨道交通快速发展的数十年，卡斯柯缔造了在轨道交通各领域领先的市场声誉与口碑，而其丰富的项目运行经验，赋予了卡斯柯卓

越的项目管理与执行能力和遥遥领先于行业的交付能力。

4.5.2　服务化表现

卡斯柯凭借卓越的自主研发实力和项目交付能力，为国家铁路、城际铁路、地铁、轻轨、现代有轨电车等全部轨道交通业务提供全套符合最高国际标准的轨道交通信号解决方案。具体内容如下：

4.5.2.1　城市交通轨道方面

1. URBALIS 888 国产化列车运行控制系统解决方案

卡斯柯的 URBALIS 888 系统采用了目前最先进的基于无线通信的移动闭塞技术，并与 ALSTOM（阿尔斯通公司）的全球 URBALIS TM 解决方案采用同一平台并保持同步更新，利用专用双向自愈骨干网和专用无线网络实现数据传输，为轨道交通提供出色而高效的运营保障。其卓越性能表现在：一是全自动无人驾驶模式；二是先进的运营功能；三是驾驶模式转换；四是更短的行车间隔；五是更高的停站精度；六是精确的站间运行时分控制；七是高效的混合运营；八是电信级的 SDH（同步数字体系）骨干网；九是综合检测维护。

2. TRANAVI 自主化列车运行控制系统解决方案

TRANAVI（原 iCMTC）是卡斯柯信号有限公司自主研发的城市轨道交通信号系统整体解决方案。其卓越性能表现在：一是秉承安全文化，捍卫可靠品质；二是承载成熟技术，丰富工程经验；三是舒适节能高效，全能三位一体。

3. 行车指挥综合自动化系统（TIDAS）

卡斯柯在城市交通轨道运用的 TIDAS（Traffic Integrated Dispatcher Automatic System）系统是一套跨专业的分布式集成数据信息平台系统，它以行车指挥为运行核心，集成信号 ATS、电力 PSCADA、机电 BAS、火灾报警系统 FAS、专业无线系统、乘客信息系统 PIS、广播系统 PA、闭路电视监控 CCTV 等与行车指挥密切相关的专业子系统。在此基础上，卡斯柯进一步接入设备综合运维子系统 IOM 和上层办公管理系统，利用大数据、云计算和智能分析等先进技术，对各专业业务信息进行有机整合，通过统一的人机界面对轨道交通线网的行车运营调度情况进行全方位的监控，对车、电、机进行统一监督管理，对设备进行全生命周期的维护和管理，全面实现轨道交通运营的自动化和智能化。

4.5.2.2　有轨电车方面

SmarTram 有轨电车智能控制系统解决方案。卡斯柯借鉴法国成熟的有轨电车应用经验和标准，结合中国国情，自主研发了 SmarTram 有轨电车智能控制系统解决方案（见图 4-9），为有轨电车运营提供正线/车辆段联锁控制、路口优先权管理、运营调度管理、车载辅助、有线/无线通信、乘客信息、广播、电话、环境监控、电力监控、综合运维、超速/闯红灯防护和报警等多功能服务。同时，为提高运营效率，卡斯柯的调度中心平台集成上述全弱电专业，通过智能联动、智能分析，实现有轨电车的智能高效运营，具有安全可靠、智能集成、灵活配置、经济高效等系统优势。

图4－9　成都有轨电车蓉2号线

4.5.2.3　国家铁路方面

1. INTXIS（CTCS2＋ATO）列车运行控制系统解决方案

卡斯柯在国家铁路方面，为列车提供全方面的系统解决方案，主要是采用INTXIS系统。INTXIS是由CASCO（卡西欧公司）和ALSTOM联合开发，采用C2＋ATO模式构建的城际铁路信号系统解决方案，其核心子系统EVC CTCS－2级ATP列车自动防护系统由CASCO基于ALSTOM成熟的EVC平台开发而成，集成了CASCO完全自主研发的具有成熟运营经验的国铁全系列产品FZk－CTC、iLock、LKD2－KA、TSRS－KA等，并根据中国城际铁路的运营需求进行适应性调整开发，以满足城际铁路的运营需求。

2. 调度集中系统（FZk－CTC）

卡斯柯FZk－CTC系统是基于高度发达的计算机技术、通信技术和信号技术以及TDCS系统的成功实施，提出来的一种新型的行车指挥和信号控制设备，它采用智能化分散自律设计原则，以列车运行调整计划控制为核心，同时兼顾列车与调车作业的高度自动化，采用计算机分布式网络控制技术和信息化处理技术，将列车运行调整计划下传至各个车站自律机中自主自动执行，在列车运行调整计划的基础上，解决列车作业与调车作业在时间与空间上的冲突，实现列车和调车作业的统一控制。

3. 列车调度指挥系统（TDCS）

TDCS－k 3.0型列车调度指挥系统（以下简称TDCS3.0）是卡斯柯按照铁路总公司颁布的《铁路列车调度指挥系统（3.0）技术条件》研制的新一代调度指挥系统，该系统围绕运输生产作业标准，对运输安全关键作业实行全过程管理，以辅助提高行车指挥效率，强化运行过程的安全保障能力。

4. 计算机联锁系统（iLOCK）

iLOCK 型计算机联锁系统是卡斯柯信号有限公司自主研发的、拥有完全自主知识产权的“2 乘 2 取 2”计算机联锁系统。该系统具有安全性、可靠性和可维护性的系统优势。

5. 全电子计算机联锁系统（iLOCK－E）

iLOCK－E 型全电子计算机联锁系统是卡斯柯在既有 iLOCK 型计算机联锁系统的基础上，集成自主研发的电子执行单元子系统，实现了轨旁设备直驱直采的功能。iLOCK－E 型全电子计算机联锁系统具备多种安全通信接口，满足城轨 CBTC 系统和国铁 C2/C3 线路的集成应用需要。其联锁功能、可靠性、可维护性、系统带载能力及抗干扰能力均满足现场实际应用需要，符合国内外相关技术标准和满足国内交通运行轨道的需要。

6. 计算机联锁系统（VPI）

VPI 系统是卡斯柯在一般的双系热备结构的基础上，增加独立的“故障—安全”校验模块、采用 NISAL 专利技术，实现双系并行控制的计算机联锁系统。VPI 系统的联锁功能、系统可靠性、可维护性、系统带载能力及系统抗干扰能力等，均满足铁道部相关标准和现场的实际需要；系统具备现场仿真测试接口、出厂测试接口；系统的软件及系统硬件的防雷和电磁兼容特性等，均通过了铁道部的测试。

7. 列控中心（LKD2－KA）

LKD2－KA 型列控中心系统基于“2 乘 2 取 2”硬件冗余平台，综合运用 NISAL、BIT 等安全技术，并增加独立的“故障—安全”校验模块，以保证在每个 CPU 运算模块运行正常可靠的条件下进行“2 取 2”比较，相比于通用的硬件冗余平台具有更高的安全性。

8. 铁路信号集中监测系统（CSM－KA）

CSM－KA 型信号集中监测系统是卡斯柯遵循原铁道部运基信号〔2010〕709 号《信号集中监测系统技术条件》和运基信号〔2011〕377 号《铁路信号集中监测系统安全要求》自主开发研制的保证行车安全、加强信号设备结合部管理、监测信号设备的重要行车设备，也是实现信号状态修正不可缺少的维修手段，可满足各型铁路及城市轨道交通的站场新建和改造需求。卡斯柯为兰州局管辖内约 500 公里线路提供了 16 套 FZk－CTC 调度集中系统和 34 套 CSM－KA 信号集中监测系统，大大提高了运输效率，提升了电务工作人员的日常维护效率和准确率，确保了列车的安全稳定运行。

4.5.3　服务化的经验分析

卡斯柯坚持锐意进取，通过引进、消化、吸收、再创新的模式，一步步成长为业界标杆性的信号系统解决方案专家。卡斯柯不仅有卓越的自主研发实力，还有优秀的服务团队，这些都坚实奠定了卡斯柯服务化的基础。

1. 开发高新技术，推行标准管理

卡斯柯作为国家知识产权优势企业，连续三届蝉联中国专利最高奖项，自主创新发展和知识产权保护并举，在知识产权成果转化的道路上连创佳绩。目前，卡斯柯已拥有上百件授权专利和软件著作权，更在2017年建立了全方位覆盖的知识产权管理体系并获得国家认证，知识产权影响力和辨识度越发显著。未来，卡斯柯将持续聚焦轨道交通国内外关键技术和前沿技术，创造和积累更多高价值的轨道交通系统核心专利，为上海乃至国家轨道交通更好地"走出去"添砖加瓦。

2. 遵从顾客至上，提供优质服务

卡斯柯为客户提供产品全生命周期的技术支持和服务，包括技术咨询、产品保修、备品备件、用户培训等，确保了产品有效运行，并赢得稳定的客户阵地和良好的业界口碑。

4.5.4 启示

1. 注重科技研发创新，提供交通信号解决方案

卡斯柯的专利产品一直处于行业领先的技术水平，并已在全国铁路实现技术标准化，为轨道交通提供信号解决方案。创新涵盖卡斯柯日常经营的方方面面，卡斯柯坚信每一个真正的创新都将推动其向前的轨迹，并相信所有创新的累积最终将带领卡斯柯走向远方。

2. 开拓海外市场，扩大服务化辐射范围

卡斯柯积极开拓海外市场，初步展示了其对海外市场的适应能力，将布局延伸至亚洲、非洲以及大洋洲。

4.6 晶科能源：垂直一体化产业链，提供清洁能源整体解决方案

4.6.1 基本情况

晶科能源控股有限公司（以下简称"晶科能源"），是世界领先的太阳能光伏企业。晶科能源业务涵盖了优质的硅锭、硅片、电池片生产以及高效单多晶光伏组件制造。晶科能源为中国、美国、日本、德国、英国、墨西哥、智利、南非、印度、巴西、阿联酋、意大利、西班牙、法国、比利时以及其他地区的地面电站、商业以及民用客户提供太阳能产品、解决方案和技术服务。晶科能源拥有垂直一体化的产能，截至2017年12月31日硅锭和硅片产能达到约8吉瓦、电池片产能达到约5吉瓦、组件产能达到约8吉瓦。

晶科能源在全球拥有超过12000名员工及6个全球化生产基地；在日本、新加坡、

印度、土耳其、德国、意大利、瑞士、美国、加拿大、墨西哥、巴西、智利、澳大利亚以及阿联酋等国均设海外子公司；销售团队遍布英国、保加利亚、希腊、罗马尼亚、约旦、沙特阿拉伯、南非、埃及、摩洛哥、加纳、哥斯达黎加、肯尼亚、哥伦比亚、巴拿马和阿根廷。

晶科能源凭借其领先技术、高品质产品、完整的垂直一体化供应链，具有竞争力的规模优势和成本优势、优质的投资价值与投资回报，服务于企业、公共领域、电站及居民用户。因此，2010 年，晶科能源的发货量和收入开始呈指数增长，晶科能源一直稳居世界第三大晶硅光伏组件生产商的地位。

4.6.2　服务化表现

晶科能源是全球为数不多的拥有垂直一体化产业链的光伏制造商，为全球多个国家和地区的地面电站、商业以及民用客户提供太阳能产品、解决方案和技术服务。具体表现如下。

4.6.2.1　质量管理

1. 建立全面的质量信息化管理系统

晶科能源卓越制造需要强大的智能化、信息化和技术化管理管控系统，其主要是基于生产和质量数据，实现多维度综合统计分析及趋势展现，为管理决策提供合理的依据。晶科能源通过集成 MES（制造企业生产过程执行管理系统）生产质量信息实现数据的统计分析，实时监控并支持产品的质量改进。晶科能源通过建立统计过程控制系统（SPC），以及在线采集检验数据，利用统计控制图等对产品质量进行统计分析及实时监控。另外，还通过实施质量信息系统（QIS），与 MES 业务系统集成，打通质量数据链，消除信息孤岛。通过 SPC 和预警指标体系的建立，晶科能源还实现现场质量监控（RTM）与预警，建立异常触发、报警、异常处理、改进的机制。

2. 供应链质量管理

晶科能源加强对供货商产品质量的追踪调查，表现在：对于所有的材料供货商都定期做深入性稽核作业，并且宣告了材料供货商须符合的质量系统要求，以强化先进制程材料供货商出货质量。同时，晶科能源推行创新的统计方法，以较佳的质量管理来达成扩大制造可操作和控制的范围目标，其应用范围包括原物料、厂务、量测与制程设备、硅片、电池及组件目视检验允许水平、电信允许水平及可靠性测试。

3. 产品可追溯管理

晶科能源的所有产品从进料到检验合格出厂，所有流程中的质量检测数据都会记录保存，并存档保留至少 10 年。根据产品上的条码标签，实现产品可追溯管理和问题预防。

4.6.2.2　优质品质保障

晶科能源的发展愿景为改变能源结构，承担未来责任，致力于提供清洁可持续的光伏发电，以及提供清洁能源整体解决方案。晶科能源有一系列组件产品，JMK275PP-60、JKM330PP-72、JKM315M-60、JKM275PP-60-DV。晶科能源确保产品品质优质，为客户提供系统解决方案。

晶科能源实施全自动光伏生产线，全面质量监控，产品有UL、CSA、CEC等质量认证。为满足客户的多样化需求，晶科能源有多样化的产品规格，功率输出范围广，能够承受极端条件和机械载荷测试。晶科能源拥有自主核心技术、先进的知识产权，并且与领先大学、研发机构保持紧密的合作。

4.6.3 服务化成功的经验分析

晶科能源致力于提供清洁能源整体解决方案，成为行业标杆。晶科能源有环保、质量可靠的组件产品。晶科能源以客户为本，为客户提供优质的服务；在产品的生产过程中，注重研发投入和绿色环保，提高客户对产品的信任和拥护度。

4.6.3.1 优质的客户服务

1. 客户服务

目前，晶科能源已在全球23个国家建立了11家子公司和13家办事处，在南非、葡萄牙和马来西亚建立了3家海外工厂，使用当地原材料和配件供给，招募当地工程师及人才，以此增加供应链调度的灵活性，并保证客户要求，以及能够及时应对和回复客户疑问，同时减少工程师差旅引起的碳排放和运输成本。晶科能源独特的创新生态系统强化了研发成果的投产能力和导入时间，从而为客户缩短了市场上市和销售时间。

2. 客户满意度

晶科能源定期对客户进行回访及问卷调查，保证客户需求能够得到正确理解和处理。产品售后服务作为晶科能源业务过程不可分割的一部分，不断改进的服务方案会根据客户的反馈不断调整和修订。客户反馈的发现和分析会呈交晶科能源的高层和执行队，部分内容会传达给晶科能源的相关部门。另外，晶科能源的管理团队将受命起草相应的改善行动和政策，由相关职能部门执行，并对执行结果给予紧密监控。

3. 客户体验

终端客户将晶科能源的产品用于各种用途，如将光伏板安装在民宿屋顶，为家庭供电，用于工商业供电、电站或城市供电。晶科能源将所有组件约1%的营收用于产品质量保障，晶科能源提供10年产品工艺质保、25年发电量质保，晶科能源谨慎分析产品保修申请，如果发现重大倾向，晶科能源会研究新策略以提高产品质量，在下次产品投入生产过程降低缺陷率。

4.6.3.2 注重科技投入

晶科能源集成了先进的晶体硅太阳能光伏技术，发展目标是优化整个电站，形成更可靠、更具有成本效益的光伏能源解决方案。从上游入手，晶科能源已在硅片和电池片的开发、生产领域积累了丰富的专业知识，相比同行更加了解光伏系统的“引擎”。与此同时，晶科能源专注于投资太阳能技术的新发展，进一步提高产品产量和降低生产成本。晶科能源与行业专家、国内外一流的科研院校和研究机构保持密切的合作，开发新一代技术，以确保其站在行业的最前沿。

4.6.3.3　重视环保，提高服务化体验

作为全球最大的光伏制造商、新能源界领军企业，晶科能源正在将企业的环境表现列为其核心商业战略的一部分。从2018年起，晶科能源在绿色供应链方面对于供应商合作管理、深度协同、内控防腐等提出更高要求，并就供应商的环保达标、交付质量、EHS（环境、健康、安全的首字母缩写）管理要求等方面加强共识。

晶科能源将供应商、承包商纳入晶科能源绿色供应链安全管理体系，对其筛选、准入、选择、培训、使用、评价和考核进行全过程管理。对供应商的环保达标工作进行专项巡视，建立供应商绿色评估制度；对违反国家环保标准和合同约定的供应商提出整改要求或终止合作，如尚未开始合作的将立即予以清退，并取消准入资格；在合同中就环保达标一项有特别罗列和说明，因未完成国家环保达标、工厂停工而未履行合同带来的损失将视为重大违约行为。

4.6.4　服务化的问题与挑战

企业实施服务化战略，需要大量的资金投入，充足的资金是服务化成功的重要保障。尤其是晶科能源作为致力于投资太阳能技术的新发展的光伏企业，对资金的需求量更大，可以从以下几方面解决光伏企业的资金困难问题，为晶科能源的进一步服务化保驾护航。

1. 绿色信贷

针对目前部分大型金融机构对光伏行业信贷政策还是采用一刀切的原则，对一线光伏制造企业信用评级普遍较低，融资成本较高的情况，我国应建立绿色企业或绿色项目评级机制，引导金融机构对具有成本、技术、规模等方面优势，且整体实力较强的一线光伏企业或绿色项目根据评级结果，择优集中支持，进一步降低他们的银行贷款、债券等融资成本。

2. 绿色 IPO

为缓解晶科能源的资金问题，还可用绿色 IPO（首次公开募股）的方法。鼓励金融机构与海外新能源上市龙头企业合作，支持企业分拆回归 A 股，监管部门提供绿色通道，缩短再上市手续和流程；同时开展资产证券化，把电站，特别是已经运行良好、收益预期优质的电站作为资产，增加电站资产的流动性。既可以持有电站，并将电站资产做抵押进行新项目再融资，也可以增加电站资产的自由交易，打开二级市场，提高电站的流动性溢价。

3. 创新融资工具

融资创新不足，支持金融机构开展补贴金融化，融资租赁、融资担保、租金保理、信贷资产转让同业等业务。鼓励银行通过与经营状况良好的光伏上下游企业合作，探索供应链融资方式。

4.6.5 启示

晶科能源为用户提供清洁能源整体解决方案，是光伏行业的标杆，其服务化的成功经验可以为相同行业或相类似行业提供借鉴。

一是注重产品与服务相配套。晶科能源已形成“硅料加工—硅片—电池片—组件—应用”垂直一体化产业链，有与绿色环保组件产品相配套的优质服务，这有利于增加用户对产品的忠诚度。

二是努力提高科技研发水平。晶科能源从未停止对创新技术的研发与投入，并致力于不断提升光伏产品的品质，以此助力度电成本的不断下降，增加服务化程度。

4.7 IBM：价值链重构，解决方案提供商

4.7.1 基本情况

IBM（国际商业机器公司）是全球最大的信息技术和业务解决方案公司，目前拥有全球员工 30 多万人，业务遍及全球 160 多个国家和地区。作为计算机产业长期的领导者，IBM 在大型机、小型机和便携机（ThinkPad）方面的成就最为引人瞩目。其创立的 PC 机（个人计算机）标准，至今仍被不断沿用和发展。在大型机、超级计算机（主要代表有深蓝、蓝色基因和沃森）、UNIX（尤尼斯）、服务器等方面，IBM 领先业界。2004 年，IBM 将个人计算机业务出售给中国计算机厂商联想集团，正式标志着 IBM 从“海量”产品业务向“高价值”服务化业务全面转型。

软件方面，IBM 软件集团（Software Group）分为软件行业解决方案以及中间件产品，包括业务分析软件（Cognos、SPSS）、企业内容管理软件、信息管理软件（DB2、Infomix、InforSphere）、ICS 协作（包括 Lotus 等）、Rational 软件（软件生命周期管理）、Tivoli 软件（整合服务管理）、WebSphere 软件（业务整合与优化）、System z 软件。IBM 在材料、化学、物理等科学领域也有很深的造诣。硬盘技术、扫描隧道显微镜（STM）、铜布线技术、原子蚀刻技术都是 IBM 研究院发明的。

4.7.2 服务化发展阶段

IBM 在 20 世纪 90 年代迫于现实发展的困境，开始实施服务化转型的发展战略。这一战略的实施由最初的员工不认同，到循序渐进的开展，取得一系列的成绩，IBM 无

疑引领了全球信息通信产业发展的方方面面。IBM 的服务化转型经历了三个发展阶段。

1. 服务化战略初期（1993—1996 年）

1993 年 1 月 19 日，IBM 宣布 1992 会计年度亏损 49.7 亿美元，这是当时在美国历史上最大的公司年损失。因为这次损失，IBM 作出经营活动重大变化的决策，其重点将从硬件转向软件和服务。在 1996 年，IBM 公司提出“电子商务”的口号，坚信电子商务将带动整个 IT 业，乃至整个社会的发展。继而又以“e - Business On Demand”（电子商务，随需应变）勾勒出了电子商务发展的第三阶段的蓝图。1993—1996 年，IBM 在领导团队、主机业务、软件业务、市场营销、研发设计等部门采取了一系列以市场和客户为导向的发展战略，意味着 IBM 服务化战略的意识初步形成。

2. 服务科技化转型期（1997—2007 年）

在并购组合方面，2002 年，IBM 为加强其业务咨询能力，收购了专业的咨询服务公司 Price Waterhouse Coopers（普华永道）。另外，IBM 不断加大专利组合，与其他公司交叉许可，并通过兼并或者并购，不断壮实自身力量。在研发投入方面，IBM 每年用于研发的经费约为 60 亿美元，直接通过知识产权获得的收入约为 10 亿美元。2007 年 1 月 IBM 还宣布创办“发明者论坛”（Inventors Forum），这是一个专供中小企业对专利制度及其改革成果（如提高专利质量）发表看法的在线交流平台。在这一阶段，IBM 完善公司技术服务水平，服务化战略已迈出重要步伐，并取得成效。

3. 智慧的地球发展期（2008 年至今）

受 2008 年全球金融危机的影响，IBM 审时度势，积极寻求新的经济发展制高点。IBM 结合自身长期以来积累的信息技术研发优势和成熟的行业系统，提出全新的发展理念。IBM 总裁兼首席执行官彭明盛首次对外发布“智慧的地球”的概念：全球化的人类社会，将复杂的自然系统，转化为复杂商业和社会系统，而这个系统基于统一的智能全球基础设施：一个日益整合的、由无数系统构成的全球性系统。2009 年，IBM 充分把握“感知化、互联化、智能化”的科技大势，提出“智慧的地球”“智慧城市”的愿景。在此基础上，人类可以通过更加精细和动态的方式，管理生产和生活，达到“智慧”状态，提高资源利用率和生产力水平，改善人与自然间的关系。

如今，IBM 创新解决方案在智慧能源、智慧交通、智慧医疗、智慧零售、智慧能源和智慧水资源等政府、企业、民众所关心的重要领域全面开花，涵盖节能减排、食品安全、环保、交通、医疗、现代服务业、软件及服务、云计算、虚拟化等热点方向。

4.7.3　服务化内容

1. 量化服务，便于管理

服务是一种无形的劳务形式，计算机服务可以不附加在有形产品上，这使得计算机服务与其他有形产品相比难以量化。因此，如何确保服务质量，将成为计算机服务商迫切需要解决的问题。IBM 设计了“客户的满意度”这一指标来量化虚拟的服务。

IBM 将客户的满意度分为三个等级：一是基本要求，二是符合期望，三是超越期望。为了确保对客户需求的快速反应，IBM 要服务工程师通过登记的时间和行程马上到达客户那里。修理完毕必须向公司汇报，这样就形成了量化管理。

2. 崭新的服务模式

IBM 从根本上改变了服务业的经营模式，服务内容大大超越了单纯出售和维修产品的范畴，而是参与企业客户的经营，提供信息技术应用方案，乃至经营战略方面的咨询。前 IBM 公司总裁郭士纳主张 IBM 应同企业客户结成“战略伙伴关系”，从大政方针上协助客户。为了贯彻新的服务业方针，IBM 经常采用“请进来、派出去”的营销方针：主动邀请一些大企业家参加“战略论坛会”，派出技术专家与其他公司在各个领域开展科研合作。

3. 完善的远程服务系统

IBM 建立了一套极为有效的远程服务系统。设备有问题的用户可以向用户服务中心或 IBM 的任意一个服务中心拨打免费电话，并向那里的某个技术人员叙述他们的问题，技术人员会迅速从中心数据库寻找同样类型的设备在别的地方出现过的类似的或完全相同的问题，然后弄清楚以前是如何诊断和处理这类问题的，这就大大缩短了用户需要探索、等待的时间。

4. 全方位的整体服务

IBM 公司的服务是由多方面构成的整体服务。具体来看，IBM 的服务内容涵盖了行业战略层面的商务战略咨询和托管服务，企业管理层的电子交易、电子协同、客户关系管理、供应链管理、企业资源规划、商务信息咨询等全方位服务，还包括 IT 系统的设计、实现和后期的维护服务。

5. 零距离的客户服务

IBM 的用户能就近得到服务。典型的事例就是 IBM 的销售人员和服务人员在同一座大楼内办公，公司极力强调要便于这两支队伍之间进行日常对话。贯穿于整个组织中的是销售、服务和培训的紧密配合，并尽可能接近用户。IBM 还设有遍布全国的应用技术推广中心。这个中心举办研究班、产品论证会和商业系统规划课程等活动。在这里，IBM 公司的专家负责培训当地用户正确运用他们的决策数据，使他们能最大限度地利用他们的设备。

4.7.4 服务化成功的经验分析

1. 加强横向合作，谋求双赢局面

经历了 20 世纪 90 年代初的失败后，IBM 一改以老大自居的傲气，在必要情况下与同业合作，利用它们现成的技术，或将自己的技术向同业出售。一个典型例子是 1999 年，IBM 与戴尔公司签署了一个战略性的、价值达 160 亿美元的技术合约。根据此协议，戴尔将向 IBM 购买有关存储器、网络及显示器等技术，时间跨度为 7 年。两家公司还宣布，今后将互相交换他们的最新技术。

2. 加深纵向合作，转向 OEM 生产模式

1998 年年底，IBM 将其苦心经营多年的 IGN（视频游戏）产品卖给 AT&T（美国电话电报公司）。IBM 专注于自身的核心业务——信息技术服务，为全球 500 强中的大部分企业进行信息系统数据管理服务。IBM 还专门成立了技术集团，寻求市场新的增长机会。其中最突出的一点是：采取开放合作的 OEM（代工）生产模式，向其他厂商供应中间产品。通过 OEM 生产模式，IBM 不仅降低了成本，而且控制了价值链上关键的技术环节。

3. 开放产品标准，力争上下左右兼容

以前 IBM 曾经试图强迫其消费者和客户服从它的内部体系，而现在则承诺它的几乎所有产品都将遵循公用标准并使用开放式软件。在软件开发标准方面，IBM 一改过去封闭自守的风格，采取完全开放的姿态，其软件不再受限于自身的硬件平台，在各大商家的产品平台上均可运行。IBM 目前的战略是，将互联网服务器作为主要的工作平台，使所有的 IBM 系统与其他网络的计算系统无缝地融合在一起。

4. “以客户为中心”，持续技术创新

IBM 在研究和开发领域的长期投入使得 IBM 一直以来在专利方面都处于领先地位。但由于 IBM 一直是闭门研究，研发成果与市场需求脱钩，因而不能将它丰富的知识产权资源转化为具有竞争力的产品。如今，IBM 坚持“以市场为导向，以客户为中心”的技术创新标准，研究部门不仅仅要把研究开发构想引入生产领域，更重要的是先了解市场的需求，然后再确定研究的项目。研究部门要求科学家花更多的时间同产品开发人员乃至客户接触，了解他们的实际要求，采取让科学家与客户直接交流、注意倾听客户声音的方式。

4.7.5　启示

1. 明确的服务理念

IBM 确立了“服务用户、方便用户、以用户为导向”的服务宗旨，建立了 360 度客户服务的理念。

2. 明确的发展理念

IBM 树立了合作共赢的观念，强调与竞争对手和上下游厂商的合作。对待员工，IBM 调整业绩文化。前 IBM 公司总裁郭士纳明确提出，IBM 优秀员工应当从三个方面衡量，这就是 IBM 的 PBC 考核系统（Personal Business Commitment）：首先是 Win，力争制胜。胜利是第一位的，无论过程多艰辛，到达目的地最为重要。其次是 Executive，执行力。不要追求完美，快速而有效的做事是所有成功的前提，执行本身反映了员工的素质，因为执行构成了非常重要的过程监控。最后是 Team，团队精神。在 IBM，必须学会以一个完整的 IBM 而不是一个人或一个部门在行动，必须在全公司范围内合作。

4.8 惠普：革新永无止境，提供商务解决方案

4.8.1 基本情况

惠普公司总部位于美国加利福尼亚州的帕罗奥多（Palo Alto），是一家全球性的资讯科技公司，主要专注于打印机、数码影像、软件、计算机与资讯服务等业务。惠普下设三大业务集团：信息产品集团、打印及成像系统集团和企业计算及专业服务集团。

中国惠普有限公司成立于1985年，是中国大陆第一家中美合资的高科技企业。在三十多年的发展历程中，中国惠普始终保持业务的高速增长，是惠普全球业务增长最为迅速的子公司之一。中国惠普公司总部位于北京，已在中国国内设立了九大区域总部、28个城市办事处、37个支持服务中心、超过200个金牌服务网点、两家工厂、一个全球软件开发中心、一个全球运营支持中心以及惠普商学院、惠普IT管理学院和惠普软件工程学院，现有员工3000多人。中国惠普有限公司致力于以具有竞争力的价格，为中国用户提供科技领先的产品与服务，培养一流人才，提供最佳客户体验，并最终与中国共同成长。中国惠普业务范围涵盖IT基础设施、全球服务、商用和家用计算以及打印和成像等领域，客户遍及电信、金融、政府、交通、运输、能源、航天、电子、制造和教育等各个行业。

4.8.2 服务化表现

4.8.2.1 物流服务，“同址”运营

1999年开始，TNT物流公司成为惠普的第三方物流（3PL）管理商，负责管理零部件仓库和来自世界各地供应商货品的进口运输。随着惠普开始减少直接开支，允许低成本服务商接管原来由惠普自己的员工管理的一些事务，TNT的势力逐步增长。TNT物流公司除了管理上千万美元的库存，还从惠普员工手中接过了运输管理业务，这在惠普公司历史上尚属首次。

在TNT管理运输之前，惠普产品的国际空运通常耗时17天，国内空运需要7~8天，供应商为了赶上配送时间，通常要加夜班。如今，TNT保证在美国境内的运送时间是1~4天，国外的运送时间是4天，99%的产品都能保证按时送达。如果中间出了岔子，惠普将和TNT一起来解决，保证零部件按时送达。

4.8.2.2 虚拟化相关服务

惠普公司发布了一系列新服务以帮助客户全面实现虚拟化项目的潜能和优势。虚拟化技术具有许多优势，包括提升业务灵活性，降低成本和停机风险。只要实施得当，虚拟化技术就可以成为推动数据中心改造的战略要素。这些虚拟化相关服务能够帮助客户将虚拟化技术广泛地部署到技术环境中，并提供后续运营和支持。

1. 惠普虚拟化加速器服务

惠普虚拟化加速器服务（HP Virtualization Accelerator Services）是指一种预先定义、价格固定的咨询服务，主要用于规划、设计与实施虚拟化计划。它通过“产品化”的服务方法，简化了购买流程、降低了成本，并缩短了部署时间，从而使得客户能够从虚拟化投资中获得更快的回报。这些服务让惠普公司（HP）的顾问得以在短时间内逐步交付大型数据中心的虚拟化战略、设计或迁移的项目咨询服务。客户能够整合多种服务，并在此基础上进一步满足他们的特定业务要求。此外，企业还能够快速获得期待的效果，并迅速扩展他们数据中心的虚拟化计划。惠普虚拟化加速器服务包括以下几点。

（1）惠普虚拟服务器环境（VSE）解决方案服务，面向 HP VSE 软件套件的项目管理、规划、配置和知识传授服务。

（2）惠普高性能计算（HPC）集群管理解决方案服务，面向基于 UNIX 的 HPC 集群的规划、配置、验证和知识传授服务，包括集群管理软件包安装，如 XC、CMU、Insight Control Linux Edition、Scali 和 ClusterPack。

（3）HP Integrity/HP 9000 解决方案服务，面向 HP Integrity 和 HP 9000 服务器的项目管理、规划、配置和知识传授服务。

（4）惠普服务器解决方案项目管理服务，主要用于管理与服务器相关的项目，包括升级、部署、迁移和整合。

（5）惠普虚拟服务器解决方案规划和设计服务，面向那些关注 VSE、VMware 和/或刀片技术的客户的分析、虚拟化基础设施设计、项目成本节约和部署路线图的服务。

（6）惠普全局工作负载管理器解决方案服务，面向 Windows 计算集群服务器的规划、配置、验证和知识传授服务。

（7）惠普虚拟桌面系统基础设施解决方案服务，用于改造客户端基础设施的服务，该技术可简化技术管理、增强安全性、降低成本，提高适应不断变化的业务要求的灵活性。

2. 支持 Citrix XenDesktop 的惠普虚拟桌面系统基础设施服务

支持 Citrix XenDesktop 的惠普虚拟桌面系统基础设施（VDI）服务（HP Virtualized Desktop Infrastructure Services Supporting Citrix XenDesktop）用于评估对于虚拟桌面环境的需求及其业务价值。HP VDI 是一种端到端解决方案，由瘦客户机、工作站刀片、远程图形软件、虚拟化与管理软件、服务器与存储组成。惠普拥有精湛的专业知识，可成功整合桌面系统、虚拟化技术、数据中心和合作伙伴的资源并为此提供解决方案，从而降低数据中心虚拟化的复杂性。HP VDI 服务使客户能够实施适当的解决方案，从而顺利、迅速地迁移到虚拟化环境。支持 Citrix XenDesktop 的 HP VDI 服务包括：一是 VDI 规划服务，包括发现、业务评估、路线图和设计；二是 VDI 快速启动服务，包括探讨研讨会、路线图和概念验证试点；三是 VDI 实施服务，包括解决方案设计、解决方案概念验证试点、迁移规划和实施服务。

3. 惠普虚拟化支持服务

惠普虚拟化支持服务（HP Virtualization Support Services）充分利用了惠普公司十几年来对新技术的平稳迁移和持续管理的绝对丰富经验，使意外宕机的风险降低。该服务可为 Microsoft、VMware、Citrix、Red Hat、Novell 和 HP 产品提供始终如一的高质量支持。包括：一是面向一系列惠普虚拟软件产品的惠普培训课程，包括 HP－UX 虚拟化工具训练营示范系统和工作负载管理；二是面向新 HP ProLiant BL495c 虚拟刀片的硬件支持；三是面向 VMware 工作站、VMware Lab 管理器、VMware Stage 管理器、VMware Lifecycle 管理器和 VMware Site Recovery 管理器软件的技术支持服务。

4.8.3 服务化成功的因素与内容

4.8.3.1 服务化成功的因素分析

利用惠普设备即服务的出色计算解决方案，提高员工生产力和 IT 效率。惠普可以随时随地为客户提供全方位的服务，这源于惠普的强大技术研发实力：在 160 个国家/地区提供支持和服务，1000 家软件供应商与惠普建立合作关系，4300 万份服务台支持合同，涉及 35 种语言，40 万部移动设备享受惠普支持服务，600 多万台 MFP（多功能数码复合一体机）、打印机以及扫描仪享受支持服务。

4.8.3.2 服务化的具体内容

1. 零售解决方案

无论是需要来自世界各地的每个网点配置一个传统的 POS（销售终端）系统和各类外设，还是需要更加移动化的解决方案来为店内客户服务，惠普都能满足客户的要求。不仅如此，惠普还可以为客户提供节能设计和内置的保护及管理等服务功能，帮助客户降低成本和增加收入，改善和个性化客户体验，提高经营效率。惠普有整套的解决方案，包括硬件、软件、咨询和服务，这些解决方案还有配套的分析服务、节约成本的云基础设施和支持可持续发展的风险管理。

2. 托管服务

惠普有全面周到的托管服务解决方案，专为目标企业量身打造。惠普服务提供全球化、全天候的服务支持，可满足小到维修设备，大到检索关键业务数据的各种需求。惠普提供计算机技术服务支持。训练有素、热情主动的惠普专家提供设置和安装方面的协助以及持续的技术支持服务，帮助大型企业提高工作效率。

第一，在配置方面，惠普支持服务直接在工厂配置设置，可帮助客户节省大量时间，提高生产效率；第二，在部署方面，在从安装到报废的整个过程内，惠普可参与硬件生命周期的每一个管理环节；第三，在支持服务方面，惠普提供现场和远程服务、硬件保护以及更多其他服务，保证客户的业务在全球范围内不间断；第四，在优先服务方面，惠普全球支持专家团队可为各类惠普设备提供支持；第五，在处理与更新方面，惠普可以安全负责任地处理达到使用寿命期限的硬件，为客户提供新的设备，使企业保持技术更新。

3. 设备即服务

第一，惠普专为现代社会量身打造的智能、简化型计算解决方案。利用惠普设备即服务（DaaS）的出色计算解决方案，提高员工生产力和 IT 效率。量身定制给客户所需要的，可精准满足客户从硬件、配件到生命周期服务与支持的各类需求，提高客户对产品和服务的满意度。第二，端到端生命周期服务。惠普的全套服务选项组合涵盖了惠普设备和其他品牌的整个终端用户设备生命周期的每个阶段。惠普或经授权的 DaaS 合作伙伴能针对特定需求，量身打造定制化服务。第三，惠普为客户定制服务。惠普需求定制服务包括：一是生命周期服务。惠普的其他提供端到端解决方案的生命周期服务包括但不限于设计和规划、安装和资产标记、成像、人员支持、安全擦除和回收解决方案。二是金融服务。DaaS 计划包括期限为 1、2、3、4 或 5 年的惠普金融服务（HPFS）选项。详细信息请访问 HPFS。另外，惠普还提供多种设备组灵活性选项，可轻松进行缩减调整，能很好地契合为期 2、3、4、5 年的工作负载。

4.8.4　启示

1. 选择合适的合作伙伴

惠普起初除了 TNT 物流公司外，还有另外 3 家物流公司，分别是 Roadway 物流公司、Caliber 物流公司和联邦快递物流公司。这 3 家公司后来由于种种原因没能继续获得惠普的物流合同，其中最主要的一个原因是不能培育出与惠普合作的业务伙伴关系。因此，惠普最后只保持了和 TNT 物流公司的合作。

2. 与时俱进，服务创新

40 多年来，惠普一直在帮助零售商适应不断变化的市场动态，提供从公司办公室到门店的各种解决方案和服务。惠普利用世界级供应链和规模来提供一流的产品，降低成本，推动尖端技术的发展。

3. 注重研发投入，提供便利服务

1966 年成立以来，惠普实验室一直以打印、计算和通信等领域的技术发明与创新推动惠普的成长。早期的研究成果包括便携式科学计算器、发光二极管、热喷墨打印、精简指令架构技术（RISC）以及第一台具有台式机性能的便携电脑等。惠普最新的基础设施和管理创新包括作为英特尔安腾微处理器基础的 64 位架构、用于公用计算的开放源 SmartFrog 语言、自动化存储管理、用于数据中心的智能电源管理，以及安全可靠的 Linux 和类似数字动画公用渲染服务的公用计算服务。这些技术研发和专利的申请，助力惠普提供更加专业化的服务业务。

4.9 爱立信：构建人类全沟通世界，提供移动通信解决方案

4.9.1 基本情况

爱立信公司于1876年成立于瑞典首都斯德哥尔摩。从早期生产电话机、程控交换机发展到今天全球最大的移动通信设备商，爱立信的业务遍布全球180多个国家和地区，是全球领先的提供端到端全面通信解决方案以及专业服务的供应商。爱立信的全球业务包括通信网络系统、专业电信服务、专利授权、企业系统、运营支撑系统（OSS）和业务支撑系统（BSS）。爱立信的2G、3G和4G无线通信网络被世界上各大运营商广泛使用和部署。

爱立信是移动通信标准化的全球领导，能够为世界所有主要移动通信标准提供设备和服务，全球40%的移动呼叫通过爱立信的系统进行。爱立信拥有全球超过35%的GSM（全球移动通信系统）/GPRS（通用分组无线服务技术）/EDGE（增强型数据速率GSM演变技术）市场份额，以及40%的WCDMA（宽带码分多址）市场份额。爱立信在IMS（IP多媒体子系统）和软交换领域都保持着领先地位。爱立信不仅被评为道琼斯全球可持续发展指数（DJSI）通信技术领域内可持续发展的领头羊，还因出色的环境管理系统获得了英国标准化协会颁发的世界第一个公司全球范围的ISO 14001认证。

4.9.2 服务化表现

2001年2月，爱立信将其手机生产业务交给伟创力（FLEXTRONICS）公司代工，爱立信自己则集中力量于手机的技术研发、设计、品牌推广和市场营销。2002年，爱立信的核心业务在经历调整之后发展成四大支柱业务：网络系统设备、全球专业服务、技术平台授权以及索尼爱立信的移动终端。这标志着爱立信开始布局服务业务的发展。

1. 网络管理服务

许多企业越来越认识到实现自身运营业务活动（设备运营管理、网络管理服务、IT外包服务、人力资源外包服务等）的高效性和低成本性也是形成企业竞争优势的重要环节。因此，为其他企业提供运营业务支持的管理服务模式应运而生，通过专业化的运营管理服务帮助客户降低运营成本。爱立信网络管理服务转型模式有着自己的色彩。

爱立信服务模式转型经历了三个阶段，从以聚焦于产品的传统营销策略，转变为聚焦于产品并提供围绕产品延展性的服务的竞争策略，再转变为目前以爱立信百年运营管理知识为基础的专业化服务作为核心竞争力。爱立信的每次结构升级都与运营商需求、外部竞争环境以及企业技术等方面的变化密切相关，这三个阶段的升级标志着爱立信最终完成了业务结构的蜕变。

2. 端到端的管理服务解决方案

自从爱立信基于自身的运营管理知识向客户提供专业化的服务开始，经过多年的探索，爱立信已经成功地完成了业务结构升级，从聚焦产品的设备供应商发展为全面服务解决方案提供商。爱立信转变服务客户的思维，从被动服务转变为主动服务为主，将不以营利为目的的服务转变为企业收入的重要来源。

3. 混合云解决方案

爱立信将进一步部署爱立信超大规模数据中心系统 8000、爱立信云执行环境、Apcera 可信云平台和集成服务。爱立信已赢得爱沙尼亚国家信息通信基金会（RIKS）的青睐，并以此引领混合云环境的部署和运营。此解决方案将提升爱沙尼亚广泛的电子社会服务的可扩展性、弹性和数据安全性。

这个项目由爱立信牵头，并通过包括国家信息通信基金会（RIKS）、爱立信、EMC、Telia、OpenNode 和 Cybernetica 等公私联盟来交付。这些合作伙伴将打造并运营混合云解决方案，提供 DevOps 环境。借助可扩展和面向未来的混合云基础设施和平台即服务，政府机构、市政或国有企业能够集中精力发展它们的业务，而不是建立和维护自己的服务器功能。此解决方案通过结合私有云和公共云基础设施，将确保纳税申报和网上医疗保健咨询等电子社会服务的连续性和安全性，同时最大限度地提高资源效率和易用性。

4.9.3　服务化成功的因素分析

1. 强有力的技术支持

进入 21 世纪，日新月异的技术变革，促使电信运营商以及电视广播媒体运营商重新审视自身在价值链中所处的位置，将业务聚焦在客户价值的实现上。对于运营商来说，建设和管理维护复杂的通信网络是一件具有挑战性，且十分耗费时间和资源的工作。相比之下，运营商更愿意将精力聚焦到提升市场份额，以及提高品牌知名度等企业核心业务上。相反，爱立信是全球物联网及 5G 技术领导者，聚焦于技术创新和不断突破，引领行业快速发展，是爱立信服务化转型的重要秘籍。

2. 具有不断整合资源和布局全球网络的意识

爱立信为保持其全球战略地位，多次整合资源，布局全球网络，通过服务化转型增强其全球地位，扩大全球影响力。例如：爱立信在江宁吹响“集结号”，在江宁开发区正式启用爱立信全球综合物流中心，整合周边物流资源。在南京，爱立信完成了研发、新产品引进、制造、物流、维修“五大中心”的战略布局。这个世界 500 强的大项目还释放出“强磁场”，其下游合作伙伴，另一家世界 500 强企业敦豪供应链公司（DHL）也宣布在爱立信“隔壁”成立敦豪物流（南京）有限公司，双方强强联手抢抓新一轮 5G 机遇。

4.9.4 启示

1. 把握时机，加快转型

随着经济全球化的加快和以增值服务作为商业核心时代的到来，作为市场领先者的爱立信公司开始打造差异化市场竞争优势，加强企业的服务模式转型，对公司业务结构进行升级。

2. 依据需求，逐渐完善解决方案体系

爱立信通过基于运营商有将通信网络业务进行外包管理的需求，依托于自身多年来的运营管理领域积累的丰富知识，构建了一整套的端到端的管理服务解决方案，为客户提供一揽子解决方法。

4.10 ABB：携手同心共创未来，提供一系列解决方案

4.10.1 基本情况

瑞典 ABB 集团于 1988 年由瑞典 ASEA 公司和瑞士 BBC 公司合并而成，是全球电气产品、机器人及运动控制、工业自动化和电网领域的技术领导企业，致力于帮助电力、工业、交通和基础设施等行业客户提高业绩，同时降低对环境的不良影响。基于 128 年的创新历史，ABB 正在不断地推动能源革命和第四次工业革命，谱写行业数字化的未来。ABB 集团业务已经遍布全球 100 多个国家。ABB 在中国拥有研发、制造、销售和工程服务等全方位的业务活动，40 家本地企业，1.7 万名员工遍布于 139 个城市，线上和线下渠道覆盖全国 300 多个城市。

目前，ABB 下设 5 大业务部门：电力产品部、电力系统部、离散自动化与运动控制部、低压产品部、过程自动化部。ABB 拥有广泛的产品线，包括全系列电力变压器和配电变压器，高、中、低压开关柜产品，交流和直流输配电系统，电力自动化系统，各种测量设备和传感器，实时控制和优化系统，机器人软硬件和仿真系统，高效节能的电机和传动系统，电力质量、转换和同步系统，保护电力系统安全的熔断和开关设备。这些产品已广泛应用于工业、商业、电力和公共事业中。

4.10.2 服务化表现

在电力、工业、交通和基础设施方面，ABB 致力于为客户提供完整的工业技术产品组合。各具体解决方案的内容如下。

1. 安全性解决方案

在安全领域，ABB 是客户的专业合作伙伴。ABB 提供了涵盖广泛的安全解决方案，包括机器安全和工艺安全。在实际操作方面（价值链），ABB 致力于为客户实现卓越职

业健康和安全。

在安全供给方面，ABB 通过为客户提供安全保障服务和降低客户生产成本，为客户提供安全性解决方案。ABB 提供一系列的安全设备、工程工具、控制和安全专业知识。通过使用 ABB 提供的专业知识来构建客户的安全解决方案，以及控制和有效防止工业事故和职业疾病。

2. 船舶解决方案

ABB 为客户的船只与船队配备全套电力解决方案，ABB 在中国拥有研发、制造、销售和工程服务等全方位的业务活动，致力于为广大客户提供创新、可靠、安全、环保的解决方案以及一流的优质服务。ABB 在降低运营成本的同时，保障船舶在船期寿命内的优质表现。凭借创新的解决方案、强大的竞争力以及高效的能源效率，ABB 船舶解决方案（见图 4－10）备受海内外客户认可，为客户实现更高的利润率。

图 4－10　ABB 船舶解决方案

3. 船舶与港口解决方案

作为 ABB 数字化解决方案的组成部分，上海 ABB Ability™船舶联合运营中心采用大量传感器和先进的分析软件，能够 7×24 小时不间断地对船舶和港口实时监测，以及分析来自客户船舶上设备和系统的运行数据，快速诊断船舶潜在问题、提供预防性维护建议。ABB 还可以通过将天气预报与船舶航行信息进行绑定，规划最佳航线，帮助客户提升船舶的整体性能和运营效率。

作为 ABB Ability™的扩展，ABB 首次推出了其涡轮增压系统数字化解决方案，旨在帮助船舶航运客户增强设备性能表现、提高运行灵活性并且降低运行成本。包括 Tekomar XPERT 在内的这些数字化解决方案将通过与 ABB 现有的船舶优化系统以及 ABB Ability™船舶联合运营中心相连接，进一步利用数字化的力量。由此也实现了 ABB 在船舶推进、优化、咨询和涡轮增压系统的行业专长与数字化互联的结合。

ABB Ability™传动远程监测和现代化改造服务是 ABB 技术创新发展的另一亮点。由于船舶空间有限，现场维护和维修服务通常难度很大，而远程服务可以通过观察客户端传动设备的运行数据，进行及时的问题预警、故障诊断和意见响应，为海上作业提供了可靠的远程支持。现代化升级改造的工作可以在靠岸检修期进行，有效提高了海上作业效率。

4. 电解铝解决方案

ABB 拥有专业的专家工程、供应、建设和管理服务，ABB 深入生产过程来确保结果准确可靠。ABB 的方法是将车间作为单一的完全集成的实体和根据需求进行改造。所以，无论客户是否需要一个关键的组件或者一个完整的交钥匙电气化系统，ABB 都可以作为单一来源。

作为世界领导者，ABB 的责任是在客户的时间框架、预算范围内，符合客户的项目需求，为客户提供最好的交易。ABB 努力寻求客户参与 ABB 的专家工程、供应、建设和管理服务来改善客户的解决方案和投资回报。

5. 电网解决方案

在电网事业部方面，ABB 已同 SNC – Lavalin 公司达成协议，成立面向变电站 EPC 工程的合资公司；SNC – Lavalin 将持有多数股权。新公司将利用 ABB 的电力技术领导力与 SNC – Lavalin 的项目管理经验，获得更多机会，推动盈利性增长。这些举措是对 ABB 正在进行中的“电力崛起”计划的有力补充；作为该计划的一部分，ABB 开始将关注重点转向为客户提供解决方案与服务。

6. 工业自动化解决方案

在工业自动化事业部方面，ABB 此前已宣布与位于沙特的能源领域综合性 EPC 项目供应商 Arkad 工程建设有限公司成立石油与天然气 EPC 工程合资公司。该交易于 2017 年 12 月 31 日前完成。ABB 现有的石油与天然气 EPC 业务将转移至新的合资公司，Arkad 将拥有多数股权。基于双方在油气行业 EPC 领域五十余年的行业经验和全球超过 300 个项目的成功交付，新成立的 Arkad – ABB 公司将为石油天然气领域客户提供全方位的 EPC 服务。

7. 港口及货运码头解决方案

ABB 为客户提供集装箱和散装货物装卸自动化和电力系统。数量迅速增长的全球集装箱码头依赖 ABB 的全球支持网络服务全球货运枢纽。ABB 的系统和服务可以帮助码头运营商协商挑战更大的船、更高的起重机，并使终端操作更安全、更环保、更有效率。

8. 金属解决方案

ABB 的产品、解决方案和服务可以帮助客户确保安全，为整个金属行业提供可靠和有效的操作。另外，ABB 团队工作的技术人员总是掌握最新的解决方案，帮助行业更上一层楼。

9. 矿产解决方案

ABB 从最优秀的人员、工程技术和超过一个世纪在矿山电气化和过程控制领域积累的专业技能开始着手。目前，ABB 通过提供集成产品、服务和解决方案帮助采矿和矿物加工客户，优化客户的电力和生产力从而持续提高可用性并降低终身投资成本。ABB 提高的方法包括从矿山开采到产品销售一整套完整的增值链。

ABB擅长整合设备、技能和服务，开发出一套完整的定制解决方案，无论项目大小都能加强客户的整个运行。ABB凭借自身能力，以及对全球的当地资源整合，为客户提供综合的功率、控制和信息解决方案。客户只需一次指定需求，ABB就能设计出运行顺利有效的综合解决方案。综合服务产品和解决方案从长期服务协议到个性化服务产品不等，如备件、培训、工程和咨询。它还包括最先进的技术，例如远程服务、预测性维护工具以及设备改造的解决方案。拥有ABB的服务合同，客户就可以最大限度地降低昂贵的计划外停机故障的风险，延长设备的使用寿命，优化工艺性能。

10. 石油、天然气和化工解决方案

ABB可以通过帮助客户控制成本、加快工程进度，管理风险。ABB与客户在陆上、中游、海上、炼油和石油化工以及化工领域展开紧密的合作，提高整个石油和天然气价值链的生产力和工作效率，寻求实现高效、可靠和安全运营的解决方案。ABB可以为客户提供集成的自动化、电力和通信解决方案，提供本地服务，帮助客户节省成本、加快进度、降低风险。

11. 输电解决方案

ABB提供经济高效的生命周期服务和解决方案，为客户的设施保值并增值。ABB的服务范围涵盖从电厂发电到输电的各个阶段。ABB的主要目标是尽可能地为客户减少资源和附带资本的消耗。ABB提供的服务包括高压产品服务、高压电缆服务、变压器服务、HVDC高压直流服务、网络管理服务、企业软件服务、海上风电连接服务、电力咨询服务、变电站及电气化服务、变电站自动化保护与控制服务、FACTS柔性交流输电系统服务。

12. 制浆和造纸行业解决方案

ABB为整个造纸过程提供广泛的产品组合来优化造纸工艺。ABB提供配电系统解决方案，以及帮助监控过程能效的先进控制系统，以达到降本增效的目的。另外，运用ABB顶尖的产品在生产过程中的控制生产偏差以保证产品质量，并且运用ABB的专业知识引领整个行业达到新的水平。图4－11为芬欧汇川（常熟）有限公司，借助于ABB的造纸成套方案，使世界上最大的造纸机顺利运行。

图4－11　芬欧汇川（常熟）有限公司

4.10.3 服务化成功的经验分析

ABB 具有强大的竞争优势，完备的售后服务和领先的解决方案就是其重要的制胜点。这主要源于 ABB 一直重视科研技术的投入，不断钻研，站在行业的尖端；以客户利益为出发点，维护客户利益；以及从行业的长远考虑，走可持续发展的道路。

1. 注重科研技术的投入

ABB 是全球电力和自动化技术领域的领导企业。ABB 每年的研发投入约为 15 亿美元，四个业务部和七家研究中心共拥有 8500 名科研和技术人员开展研发工作。ABB 作为全球领先的工程公司之一，具备领先的技术优势、全球业务布局、应用知识和丰富的本地专业知识。ABB 为工业、电力和基础设施领域的客户创造并提供全覆盖的产品、系统、服务及支持，以帮助客户提高能源利用效率、系统可靠性及生产效率。

2. 注重网络安全，维护客户利益

十几年来，ABB 一直致力于推进物、服务与人互联（IoTSP）技术的发展。随着物联网 + 机会的增加，抵御网络安全威胁的需求也不断增长。对 ABB 来说，保护物联网 + 的信息技术和操作技术互联系统对实现公司的"新阶段"战略至关重要。由于一半以上的 ABB 产品和服务与软件相关，ABB 和集团成千上万的软件开发人员、调试工程师和服务人员已经认识到在产品整个生命周期集成网络保护的重要性。单一解决方案无法确保越来越多的互联系统的安全，因此，ABB 与客户合作研发深度防御方法，其中多个安全层能够随时随地检测和阻止可能出现的威胁。

除了自己的集团网络安全委员会，ABB 通过很多外部计划积极参与网络安全标准化工作。ABB 是工业 4.0 平台和工业互联网联盟的成员，与全球企业、组织和高校合作，加速、安全推行物联网 +。

3. 注重可持续发展

提高 ABB 所在社区和国家/地区的经济发展水平、改善当地环境、促进当地社会事业发展以及提高人们的生活品质是 ABB 孜孜以求的目标。为了实现这些目标并促进可持续发展，ABB 努力在经济发展、环境保护和社会进步之间实现平衡，促使所有利益相关方受益。ABB 对可持续发展的重视体现在方方面面，包括如何设计和制造产品、向客户提供何种产品和服务、如何与供应商合作、如何评估风险和机遇，以及如何在社区履行自己的责任并与其互动。此外，ABB 努力在职业健康与安全方面追求卓越。

4.10.4 启示

1. 重视服务业务的价值

企业价值链包括"研发→采购→生产→营销→销售→服务"众多环节，ABB 真正把"服务"作为盈利点，尤其看重服务环节，将其作为提高产品附加值的重要手段，以获取更大的利益空间。

2. 需要强有力的售后服务和解决方案作为支撑

ABB 离散自动化与运动控制部北亚区兼中国区负责人罗森认为，目前中国自动化产品领域竞争激烈，国内企业成长势头非常迅猛。但是 ABB 认为其仍然具有强大的优势，完备的售后服务和领先的解决方案就是其服务化成功的具体表现。

5 定制化

5.1 维尚家具：创新科技服务家居，提供家具定制服务

5.1.1 基本情况

佛山维尚家具制造有限公司（以下简称“维尚家具”）成立于2006年，创立伊始便依托IT技术创新实现“大规模定制”先进生产模式，并于2009年被时任中央政治局委员、广东省委书记汪洋评价为传统企业转型升级的典型，誉为传统产业转型升级领域的“朝阳”企业。近年来，通过打造新居网在线设计服务平台、基于图形图像数据的虚拟现实云计算以及移动互联云设计技术，维尚家具迅速从传统家具制造企业转型为高速发展的现代家居服务企业。目前，公司共有员工7400多人，在佛山、广州、上海、北京、深圳、南京、武汉、成都、厦门、济南等十多个一线城市拥有100多家直营店，在全国400多个城市拥有900多家加盟店。

维尚家具连续多年保持逆势高速增长，2016年销售额超过27亿元，同比增长约30%，位居中国家具行业增长率前列，曾获得国家电子商务协会及阿里巴巴集团颁发的“全球十佳网商”，中国工业设计协会颁发的“中国工业设计十佳创新型企业”，21世纪杂志颁发的“最佳商业模式奖”，美国顶尖财经媒体《快公司》颁发的“中国创新企业50强”等殊荣。

5.1.2 服务化表现

目前，维尚家具基本实现了包括销售、生产、采购全流程的信息化改造，强化信息技术与先进适用技术的紧密结合，实现流程管理数码化、销售接单网络化、生产排程电脑化、制造执行信息化、生产配送集约化，突破传统生产销售管理模式的制约和束缚，促进维尚家具改进生产技术和生产经营模式，维尚家具从传统家具制造业向现代家具服务业转型升级。

1. 定制家具服务

维尚家具利用大规模生产的速度和成本优势，致力于为每一个家具消费者提供完全匹配消费者自家实际情况的个性化、定制化的板式家具设计、生产、安装服务。维尚家具的主要产品为定制化的板式家具，包括衣柜、橱柜、书柜和组合家具四大类，另外还

有小部分外购家具，主要是外协产品，如沙发、床垫、茶几、书桌椅等。维尚家具不断地提高信息化应用深度和广度，提升供应链管理的信息化水平，使 C2B + O2O 模式逐渐平台化，消费者不仅可以在维尚家具的线上及线下门店选购板式家具，还可以体验购买其他物品，如沙发、地板、墙纸、灯具甚至家电，实现真正的全屋家具定制。

维尚家具定制家具制造新模式主要包括：客户驱动生产的个性化定制服务系统、大数据驱动的协同在线（online）设计平台、大规模定制产品的线下（offline）全流程制造服务平台、核心工艺智能制造单元四个方面。

2. 产品设计服务

维尚家具门店销售设计中心的设计师在协同设计平台上进行空间及产品的预设计并记录消费者个性化需求，紧接着，产品及解决方案设计中心、产品工艺设计中心基于这些信息，利用在线云计算设计服务系统和设计软件协同设计家具产品和提供空间解决方案。同时，维尚家具的终端销售设计中心会以信息化为手段，通过终端销售设计软件、网络协同设计平台与基于虚拟现实设计技术的云计算设计服务系统，实现数字化销售设计的创新商业模式，最大限度地满足终端消费者的个性化需求，奠定传统家具企业实现“客户需要什么，维尚家具就设计什么、生产什么”的服务导向型发展模式的坚实基础。

如图 5 –1 所示，维尚家具的终端销售前线革命性地参与到了为顾客设计方案的层级，不但提高了销售成功率，也为后端高度专业的产品及方案设计中心提供了第一手、及时的市场需求，加速产品创新速度，创新产品也能更容易地被市场接受。维尚家具的产品及解决方案设计中心实时跟踪全国门店的需求信息，利用网络协同设计平台，与产品工艺设计中心一起对产品进行创新、协同设计（外观、工艺、功能等），建设和完善产品库。解决方案库与实际订单系统全部实现互联互通，智能化信息自我完善。如果客户接受某一设计方案，该方案就会自动进入数据库，如果客户不接受，会引导系统进行完善。

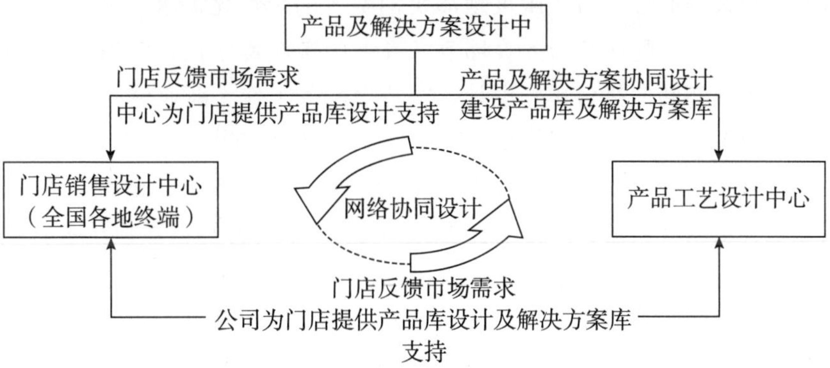

图 5 –1　维尚家具的产品设计和解决方案流程

3. 信息化终端服务

消费者使用手机等移动终端设备在海量房型库中搜索与自家房型相匹配的房型，

或者直接绘制房型，并把确定的房型上传到移动云计算服务平台。维尚家具的移动云计算服务平台针对家居方案关键信息对消费者进行“提问”，消费者根据自身需求，比如房间类型、家具类型及特点等，逐步“回答”平台提出的“问题”并提交。

维尚家具的移动云计算服务平台将根据消费者提交的需求，为消费者提供该房型的多种平面设计方案，以及由不同设计师设计的多种风格的空间解决方案，所有空间解决方案都包含了每一件家具的详细信息，包括材料、颜色、尺寸、品牌、分店地址及联系方式等，消费者选定某种方案后，可根据所提供的信息购买相应的家具。

5.1.3 服务化成功的经验分析

5.1.3.1 服务化所取得的成效

维尚家具在技术和产业层面通过信息化和工业化的高层次的深度结合，实现了真正的“大规模定制技术”——成为国内“两化融合”的典范。与同行业相比维尚家具典型经济技术指标如下。

生产效率是传统模式的 8～10 倍；材料利用率相比行业平均水平 85%，上升到 93%；出错率从行业平均水平 5%～8% 下降到 1% 以下；实现成品零库存，规避了企业库存占用流动资金及产品跌价风险，这是一般传统家具企业所无法做到的；资金周转率很高，相比传统同行年资金周转率 2～3 次，提升到 10 次以上。

5.1.3.2 生产技术优势

1. 生产技术优势

第一，服务导向技术。传统家具生产经营方式存在库存量大、资金周转慢、附加值较低等缺陷。针对传统生产模式的弊端，维尚家具大胆地进行创新技术和商业模式的改革，把生产技术与信息技术紧密结合起来，采用满足个性化需求的“定制化”柔性生产技术，把消费者从过去被动接受产品转变为主动参与到产品的设计、制造中来，实施全程数码化设计服务，最大限度地满足消费者的个性化需求。维尚家具把信息技术运用到设计、生产、配送和服务等环节，将生产操作程序化，大幅减少生产车间的工人，大量的人员都转向接订单、设计、安装等服务工作。商业层面实现了“客户需要什么，我们就设计什么、生产什么”的服务导向型发展模式。

第二，硬技术支撑。维尚家具目前拥有厂房 20 多万平方米，全面配备了国内外先进的全自动数控板材开料锯、全自动直线封边机、CNC（计算机数控技术）加工中心、钻孔机等数十台大型自动化设备，依赖先进的 3D 虚拟设计、3D 虚拟生产和虚拟装配系统，整合数字条码管理的生产流程控制系统，生产制造技术水平处于行业先进。如图 5－2 所示，维尚家具拥有自己的自动化车间生产线，每年有多个研发项目同时开展，主要针对设备改造、质量提高、技术创新等方面。维尚家具已获得 1 项发明专利、25 项实用新型专利、2 项外观专利和 17 项计算机软件著作权。在现有技术积累的基础上，未来公司将继续拓宽研发领域，加强在专业领域的研究深度，进一步提高自主创新能力，提升在行业中的技术地位。

图 5－2　维尚家具的自动化车间生产线

2. 商业模式优势

互联网时代人们的消费行为和消费习惯正在发生巨变，维尚家具通过基于互联网的实时交易和互动设计系统建立的“新居网”在线服务平台，采集了全国数千个楼盘的数万种房型数据，建立了“房型库”。与此同时维尚家具也进一步采集数百家家居企业及数千名第三方设计师的素材建立了“产品库”，通过“云计算和大数据”技术对不同人群在不同生活空间的行为和功能需求进行深入研究，研发出数百万个“空间整体解决方案”的“方案库”。再加上全国1000多间实体体验店以及佛山工厂的“大规模定制”系统无缝连接和全流程信息化，实现了真正的C2B和O2O商业模式。这种模式也成就了维尚家具在最近两年全行业增长停滞或下降的市场状态下依然保持高速增长。

3. 电子商务平台建设

维尚新居网平台的搭建，包括网站前台和新居管理系统，都是自主研发发展模式。“网站前台内容管理系统”和“楼盘方案制作管理系统”是新居网前台内容的管理系统，保证新居网方案和各频道版块的持续更新。如图 5－3 所示，为维尚新居的整体网运营架构图。

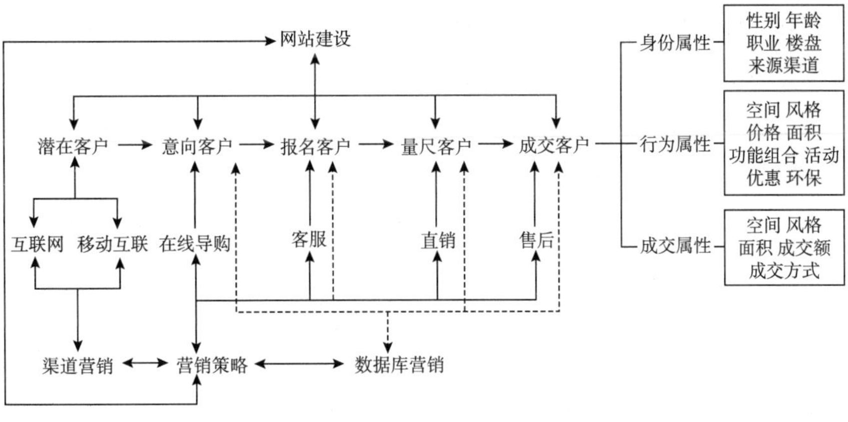

图 5－3　维尚新居的整体网运营架构图

5.1.4 启示

1. 研发经费保障，服务现行业务

维尚家具自成立以来十分重视对研发的投入，制定研究开发费用管理办法，研发经费投入占销售额的3%以上，用于提高研发人员待遇、改善研发条件，以提高公司的产品竞争力。保证了维尚家具获得了可持续发展的动力，并得到高速发展。

2. 正确把握市场，精确定位目标

据中国家具协会数据显示，2013 年定制家具（包括单品类和多品类）已经占到木质家具市场 30% 左右的份额。随着中国城市化进程的发展及中国进入二次房屋装修高峰期，加之 80 后个性化消费趋势等，2016 年定制家具产品（包括单品类和多品类）占到木质家具市场份额的 35%，产值上升到 1500 亿元。但是目前整个家具行业的市场占有率比较分散，全行业没有一家企业市场占有率超过 1%，而在定制家具行业，维尚家具的市场占有率在前十名，市场前景十分广阔。

5.2 邦界科技：整合产业链资源，提供定制化服务

5.2.1 基本情况

广州邦界光伏电子科技股份有限公司（简称“邦界科技”），成立于 2013 年 12 月，并于 2014 年 6 月开始运营，是英利集团旗下的一家专注服务于光伏产业的子公司。目前，邦界科技在国内分支机构有 2 家，境外分支机构有 1 家，分别是河北合能电子科技有限公司、北京全资子公司青扬科技有限公司、香港全资子公司力生国际贸易有限公司。作为光伏生产企业的供应链管理服务商，邦界科技利用自身在渠道、管理、资源整合等方面的优势，为客户提供原材料供应链采购服务，为光伏产业内上下游企业提供专业化、个性化和一体化的供应链服务支持。经营范围包括增值电信服务、信息技术咨询服务、工程技术咨询服务、新材料技术咨询、节能技术咨询、通信与自动控制技术研究和开发、货物进出口、技术进出口、商品零售贸易、商品批发贸易。

邦界科技经历了以下三个发展阶段。

第一阶段是单纯贸易阶段，邦界科技于 2014 年 2 月建立网络交易平台，2014 年 5 月完成团队建设，同年 6 月确定以光伏业原料类（硅原料）为业务重心，以光伏制造公司为最重要客户，依托网络平台，以产品为中心，以服务为辅助，以贸易为主要运营方式。

第二阶段是服务化初始阶段，邦界科技在 2016 年通过高层变动和公司核心成员改组，加入金融投资人员，开启投资类方向业务，以及增加外贸人员，加大国际市场开发力度。2016 年 3 月，公司确定以光伏业构件类（组件、电池片、硅片）为业务重心，

开启构件的相关服务业务，标志着邦界科技真正进入服务化阶段。2016 年 3 月和 12 月，分别设立研发小组和高新技术企业，主攻方向为光伏工厂生产线服务技术等。

第三阶段是多样化业务阶段，2017 年 3 月，邦界科技确定以光伏业构件类为主，服务为辅，辐射光伏业其他领域，不再局限于构件类，并向最终的光伏电站（分布式）靠拢，表明产品趋向于多样化。2017 年，邦界科技同时成立 3 家境内外分支机构，并投资 2 家科技有限公司。2018 年，邦界科技开启研发机构建设、开启光伏分布式电站投资项目和筹划广州全资子公司建立等。

5.2.2　服务化表现

2016 年年初，由于国际市场（双反）和英利集团（财务危机）的原因，更由于业务过于单一，邦界科技发展陷入瓶颈。邦界科技相信“痛苦会让人难受，同样会点燃激情!”于是采取了一系列转型动作：更换董事长；改组为股份制公司（非上市）；拓宽公司的业务方向；拓展市场，建立分公司、办事处和子公司；打破部门壁垒；制定“以人为本，增值提效”企业理念；确定小团队精英宗旨；专注内功修炼，建立自己的技术团队；增加服务内容，完善服务体系并加大国际市场开发等。邦界科技由此进入多元服务化的阶段，主要表现为以下三方面。

1. 光伏制造企业的构件定制化服务

光伏制造企业相关构件主要集中在硅原料、硅锭（多晶）、硅棒（单晶）、硅片、电池片、铝边框、EV、焊带、银浆、背板等方面，由于光伏真正形成产业化才只有短短二十年，尤其是单晶和双玻方面时间更短，且整个行业细则的标准并没有完全完善，故光伏制造企业在如何选择构件方面，会遇到各式各样的问题。

邦界科技针对这些企业制定了专属的定制化服务，简而述之即不再直接按照企业单纯的报需而供货，而是按照企业最终的产品及产品的相应执行标准，溯流而上推导其相应构件的规格，从而从根本上解决企业的构件匹配问题。例如：组件制造企业所采购的银浆，传统的做法是北方的企业因为天气相对较冷，故采用银浆的稠度较高，而南方则相反。但经过邦界科技的研究，在硅片加工成电池片再到组件的过程中，银浆的稠度并非仅仅一个天气参数就能解决的，这涉及组件最终的标准要求，比如增量的正负和数值等，因此知其目的，方能对症下药，做好相应更精确的构件配置。

2. 光伏电站开发企业的构件定制化服务

光伏电站开发企业的构件主要是组件 + 逆变器 + 支架 + 交流线缆 + （汇流）配电箱等。同为光伏制造企业的构建定制服务基本一致，邦界科技不但提取光伏电站开发企业的需求，也相应参考电站业主的需求，并经过实地勘测，给出相应的 EPC 材料配置方案。以安全为第一要求，美观其次。并且，邦界科技提供相应产品基于市场规则的质量保证和售后服务，并提供物流配送。

3. 光伏运维企业定制化服务

针对运维企业，邦界科技提供运维方案，并对电站远程数据给出意见书，这属于纯技术服务。目前邦界科技关于此部分的业务较少，这主要是由于运营时间的问题，运维的重要性还未完全体现。目前邦界科技除了运维，另开辟了光伏废旧构件的相关业务，除了原料组成，其中组件的很大一部分正在研究中，将来会是一片光明。

5.2.3 服务化成功因素分析

邦界科技经过短短几年的努力，从最初的单纯贸易走向服务化初始阶段，再到当今的多元服务化阶段，标志着邦界科技在不断改革、改变、改进的发展历程中，走出邦界科技自己的服务化之路。

5.2.3.1 服务化成效

据统计，2017 年邦界科技的主营业务收入为 13458.66 万元，净利润为 37.47 万元，税费合计 34.90 万元。根据下表所示，可以发现 2015—2017 年，邦界科技的服务业务人数占员工总数的比重呈上升趋势，由 37.5% 上升至 38.46%；服务业务收入占主营业务收入的比重也由 6% 增长至 36%，年均增长率为 27.84%，这说明了邦界科技服务化的效果明显。另外，邦界科技于 2016 年取得 8 个软件著作权证书并被批准成为高新技术企业，2017 年有 6 个商标注册成功。综上，目前邦界科技不仅呈现服务化的成效，也表明其极富有发展前景。

2015—2017 年邦界科技的员工和收入情况

年份	员工情况		收入情况	
	服务业务人数（个）	服务业务人数占员工总数的比重（%）	服务业务收入（万元）	服务业务收入占主营业务收入的比重（%）
2015	6	37.5	3194	6
2016	5	35.71	4342.8	26
2017	5	38.46	5220	36

5.2.3.2 服务化成功的因素

1. 瞄准用户需求

邦界科技服务化成功的因素中，最重要的一点是邦界科技紧紧抓住最终用户的需求，才是市场将来真正的需求。对此，邦界科技采用第三者公司小融资的方法，解决资金问题，首先保证公司活下去；改革工资制度，引入竞争体制，拉开收入档，来留住骨干力量，保证火种；严格要求供应商，质量上，没有任何情面可讲，筛选出真正的高质量产品（包括半成品）供应商；企业客户方面，最终用户的好评，就是对他们最好的回答；把员工实际工作中遇到的各种服务难题归集，采用借鉴、沟通、再借鉴、再沟通……直至逐渐完善的方法。

2. 打响“价格战”

针对市场竞争日益激烈，物美价廉也是邦界科技服务化成功的一个重要因素。邦界科技的构件 OEM 打包定制化服务和物流配套服务，总价上比企业单独采购所花的费用更低。一是邦界科技最初脱胎于英利集团供应总公司，对于采购渠道和各种产品性能非常熟悉；二是邦界科技有自己的网络平台，并能够及时跟随英利集团参加国内外各种大型展会，对于新产品能够第一时间得到第一手的信息，这样就能够更准确掌握最终用户的需求，从而更快捷推出新的 OEM 服务，满足市场的需求和更好地服务客户。

3. 发展理念前沿

邦界科技紧追时代发展，不断提高自身水平。虽然光伏制造业服务化尚未有标杆企业可以效仿，但邦界科技借鉴了一部分美国 First Solar（第一太阳能）公司的服务理念，并且从 2018 年开始，邦界科技开始尝试参与到制定行业细则的相应标准之中。

5.2.4　机遇与挑战

邦界科技虽然进行了一系列的改革并且还在继续，但在未来仍可能遇到诸多挑战，这也是邦界科技未来发展的机遇。主要表现在以下两个方面。

1. 消费观念与时俱进

随着光伏市场的逐渐成熟，尤其是分布式光伏电站的迅猛发展，光伏已经从原来的“贵族产品”变为更加贴近民生。原因固然有光伏主要构件——组件生产商的大幅度降价，也有各个国家尤其是近年来我国政府政策的大力支持，但更重要的是，中国的民众消费理念，已经悄然改变。虽然很多行业仍然向着各种寡头（比如手机类、通信类）方向集中，但是在新能源方面，尤其是太阳能发电方面，中国呈现百花齐放状态，无论是老牌的英利、尚德、晶科、晶澳、协鑫等，还是后来居上的天合光能、隆基乐叶、华为、小米等，相对来说，都没有完全一家能够呈现出压倒性的优势。这也说明了中国光伏市场的巨大潜力。

2. 产品的多功能需求

光伏市场的最终用户——民众，更加看重的不再单纯是投入和收益，而是多样化的要求。例如，除了发电，分布式电站是否还有其他作用？其降温的幅度多大？其是否可以同时起到遮阳棚或者停车棚的作用？其是否安全（如抗台风指数等）？其是否可以直接代替瓦片使用？……这样广泛的要求，促使光伏电站开发企业拿出更多的解决方案，从而也间接促进光伏构件制造企业向更加精细、更加高端的方向发展。那么，对于这方面的专业服务支持的需求，同样会激增扩大市场，并且呈现更加扩散的方向。因此光伏服务业不仅有前景广阔的巨额市场，而且很多地方还都是空白。随着触角的不断延伸，相应的产品侧重自然不同，那么与之匹配的服务就变得更为重要，如构件式光伏分布式电站的开发等。

5.2.5 启示

邦界科技，“强者敢为别人之所不敢为，谓之强者”。自 2013 年 12 月成立以来，大刀阔斧，推陈出新，紧抓客户需求，呈现迅猛的发展趋势。邦界科技作为成功的光伏制造业服务化的标杆企业，对于其他光伏行业或相关行业进行效仿有重要意义。主要有以下四方面的启示。

1. 以客户为本

学习邦界科技在定制服务化过程中，最重要的是以客户为本和满足客户的一切需求，以及敏锐的市场嗅觉和市场前瞻性等，这需要企业自身的不断努力和有意识的培养。

2. 避免资金的融资陷阱

针对企业融资困难和资金难以回笼的问题，希望政府或者行业组织为企业发展“保驾护航”，能够多开展一些针对中小型企业法律方面的公益培训，或者有相应的保护保障措施。

3. 强化人才队伍建设

光伏行业具有高技术、高附加值的特征，需要配套高层次的人才。政府可以协助企业开展企业员工培训，或者“产学研”相结合，为企业输出高水平的应用型人才。

4. 需要政府对电力知识的宣传与普及

光伏产业的电力知识宣传不到位。居民分布式光伏发电，是近年来光伏产业的发展热点，但相对来说，国家电力部门的宣传力度很小，导致很多用户去咨询都不得其果。政府可以在这方面进行宣传和普及，一方面可以提高居民光伏用电的意识，另一方面可以帮助企业追踪用户状况。

5.3 日立电梯：整合精益制造，提供优质产品及服务

5.3.1 基本情况

日立电梯（中国）有限公司（以下简称“日立电梯”）成立于 1996 年 1 月 15 日，由中日双方共同投资建立，总投资为 9000 万美元，注册资本为 6488 万美元。公司总占地面积为 25.5 万平方米，建筑面积为 12.3 万平方米，绿化面积达 9.30 万平方米。目前，日立电梯是华南地区最大的电梯生产企业，是日立电梯在中国的唯一制造商。经过不断发展，日立电梯现已形成“一个总部、5+1 全球研发体系、五大网络制造基地”的战略格局。多年来，日立电梯一直致力于各类电梯、扶梯、自动人行道等的研发、制造、销售、安装、维修、保养以及进出口贸易服务等，64 个营销分公司遍布全

国各个主要城市，并在广州、天津、上海、成都四个地方分别成立了大型制造基地，目前年产能超过6万台，是国内最大的电梯制造商和服务商之一。

中国在日立的全球事业中占据一个极其重要的位置。据日立电梯（中国）有限公司董事长佐藤宽早前公开介绍，日立在全球的电梯事业中，中国占了一半左右的市场份额。日立集团在中国的销售额中，有三分之一是电梯。据日立电梯提供的数据，自成立以来，日立电梯签梯台量年平均增速为18.1%，比中国电梯整体市场容量平均增速高约4%。截至2016年，日立电梯在中国市场占有率超过13%，电梯年销量达6.5万台，营业收入达190亿元。

5.3.2　服务化内容

日立电梯拥有广州大石、广州科学城、上海、天津、成都5大制造基地。通过行业领先的信息资源平台，日立电梯不断完善采购供应链，采取整合精益制造模式，构建覆盖全国的高效环保物流网络，集规模化、信息化、智能化管理于一体，为顾客提供先进、优质、可靠的产品及服务。

5.3.2.1　电梯维保服务

日立电梯始终以客户的角度为战略出发点，满足客户需求并创造新的标准与价值；从产品、服务、管理乃至公司内部各个环节着手，为成为中国"值得信赖的合作伙伴"而不懈努力。

1. 电梯服务支援系统

为了保障在用电梯的安全运行，日立电梯通过"电梯服务支援系统"的推广应用(见图5-4)，实现电梯24小时不间断的系统监视，自动捕捉异常征兆，及时响应，快速处理电梯故障问题，确保乘客的乘梯安全。

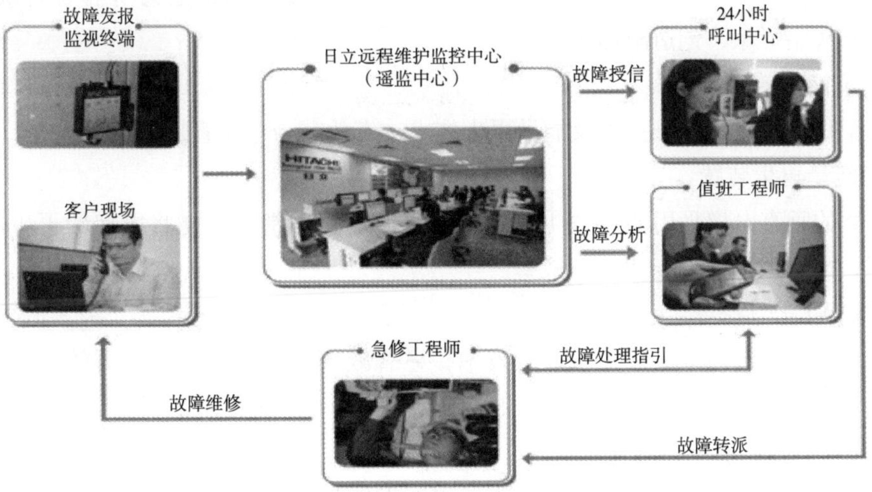

图5-4　日立电梯的服务支援系统

2. 日立电梯维修保养系统

MUG：Maintenance Up Grade——日立电梯维修保养系统，通过互联网实现全国日立电梯用户的统一管理。根据电梯运行情况、使用环境、部件调整周期、客户特别要求而自动制定电梯保养作业形式的动态控制系统，基于高速运转的信息平台，且能持续改进、不断升级。

5.3.2.2 电梯改造服务

1. 创新技术

基于对服务不断增值的思考，日立电梯开发无线技术平台，逐渐实现日立电梯信息系统数据库和技术专家库的移动办公，建立“互动式”的配件管理中心，以及客户信息透明化的安心服务等内容，目前已推出无线远程电梯监视系统、电梯技术信息数据无线查询系统等服务。

2. 安全优化解决方案

日立电梯从量身定制的电梯个性检测方案延伸到最佳维修方案，再通过国家最新标准及验收要求等各方面的严格测试与产品安装，配合 365 天 24 小时全天候全方位的维修服务，确保电梯安全运行。

3. 夹绳器

日立电梯夹绳器用于电梯改造中，以最低的成本，起到上行安全钳的作用，适用范围广，动作灵敏，安全可靠。

4. 更换电梯旧部件

日立电梯改造过程中，更换旧梯安全部件及磨损部件，可以确保电梯的故障率大大降低，提高了电梯的安全性能。

5. 价值提升解决方案

日立电梯为电梯的价值提升提供关于电梯装饰、品质与舒适感等各种解决方案，全面提升楼宇形象，创造附加价值。

6. 节能高效解决方案

基于日立先进的变频技术及能量再生技术，有效减少电梯管理及运行成本。

7. 能量再生装置

日立的垂直电梯采用能量再生、全可控有源能量回馈器，能将电梯的再生电能回馈电网，可实现有效节能。

8. VVVF 技术

日立电梯改造的电梯采用 VVVF 技术，显著减少了能耗和大楼所需的电源设备的容量，采用全数字控制装置和先进加工的高精度减速机，使能耗更低。

5.3.2.3 旧楼加装电梯服务

国务院印发的《“十三五”国家老龄事业发展和养老体系建设规划》中明确指出，鼓励多层老旧住宅加装电梯。截至目前，广州、北京、杭州等 20 多个城市出台政策，鼓励加装电梯。业内人士估计，加装电梯市场总量至少在250万台到300万台。

楼宇加装电梯是一项涉及面广、专业性强的工程，不仅需要电梯公司的专业技术，同时还需要各级政府部门、街道、物业公司、设计单位、施工单位等多方面的介入和配合。作为国内知名的电梯企业之一，日立电梯悉心关注社会需求，对楼宇加装电梯做了深入研究，并积累了丰富的经验。

5.3.2.4　免费提供咨询服务

日立电梯为客户免费提供以下服务：一是工程前期报建程序咨询；二是加装预算费用及费用分摊模式咨询；三是井道建设模式及建议；四是加建井道的相关技术要求或技术指导；五是现场勘测服务；六是电梯加装的设计方案；七是井道建筑施工管理及技术指导。

5.3.3　服务化成功的经验分析

日立电梯为客户提供各类型的服务内容，离不开日立电梯全面贯彻电动机制作的精良技术、对品质的精准追求和天天向上的日立精神，致力于建设成为中国最优秀的电梯曳引机研发、生产厂家，专业研发制造电梯永磁同步曳引机、电动机、门电机产品。依托日立集团强大的开发、制造、销售、服务能力，以满足客户对优质电机产品的需求为己任，为客户提供电机产品系统化的解决方案。

5.3.3.1　注重科技研发的投入

1. 引领革新技术

日立电梯从系统和长远的角度出发，不断完善自身并承诺提供具有新价值的产品与解决方案，致力于创造相同的信赖、不同的日立电梯。日立电梯创业以来，秉承“技术的日立”之精髓，为中国提供安全、舒适、便捷的楼宇交通解决方案。日立电梯拥有先进的技术和自主的事业，建有广东省重点工程研发开发中心、省级企业技术中心，全国电梯行业第一家企业博士后科研工作站，依靠日立在海外最大研发机构——日立电梯亚洲开发中心，集结中国、日本、新加坡三方的技术力量，开拓全球电梯市场。

2. 能量再生技术

日立电梯拥有20多年的电梯能量再生技术经验，通过将特定运动情况下产生的机械能量转化而成的电能，回归到电网以供使用。这项电梯环保技术实现能量再生利用率最大化，最大限度地利用了电梯机械运动产生的能量，同时，该项技术还通过改变传统不控整流谐波高的状况，实现回归电流总谐波畸变率最低化，以优于国家电力机构的标准，返回电网以供使用，帮助客户实现环保、经济双向利益。

3. 永磁同步技术

永磁同步技术的使用，消除了接触式传动不可避免的因机械磨损而导致的噪声加剧、传动效率下降等潜在问题。这能有效降低能耗，满足顾客在节能性、实用性、稳定性等方面的需求。

4. 无机房技术

日立电梯的无机房电梯将主机与控制柜设置在首层附近井道内，融合各项尖端科技及精湛工艺，多层面提升电梯性能，减少能源与机房空间的消耗。同时，日立电梯将曳引系统设置在首层附近井道内，可有效预防因地震等灾害引起的主机下坠等情况。

5. 扶梯一体化设计

日立自动扶梯创新“一体化结构”设计，使产品的组织装配、安装调试、维护保养同时满足精密、高效、便利三重需求；此外，扶梯产品整体的安全设计，诠释了日立电梯安全、人性化的设计理念。

6. 舒适空间

日立电梯的部件与装饰面精密结合，简化了轿厢内结构、美化了轿厢环境，使现代电梯的有限空间发挥出无限的张力，带给乘客舒适的乘车体验。

5.3.3.2 物联网技术的运用

日立电梯为一台电梯进行例行保养前，往往先掏出一台手机，通过手机移动终端信息平台确认维保内容。这个系统的另一端连接着位于日立电梯所处相应区域的远程遥监中心，当接入该系统的电梯发生故障时，系统将自动发出警报，接着，遥监中心的客服人员通过遥监系统、大数据分析，可以实现第一时间分配距离该电梯最近的维保人员到达现场。

日立电梯在中国售出的超过60万台的电梯中，接入遥监系统的电梯超过15万台。该系统通过物联网技术，能实现电梯产品从生产到售后整个流程的跟踪与维护。在电梯物联网技术上日立电梯是目前国内电梯企业中走在最前端的，也是接入电梯数量最多的一家，未来日立电梯将致力于实现遥监系统覆盖所有电梯产品。

5.3.4 服务化转型存在的挑战

电梯产品是周而复始的产品，电梯企业向服务市场转型无法回避，而随着整个市场的变化，维保市场和更新改造将成为行业新蓝海。

1. 行业竞争格局的加剧

从2012年开始，中国电梯行业有了明显变化。中国电梯产量虽然保持着不错的增长态势，但增速已明显放缓。根据前瞻产业研究院的报告，我国电梯市场快速增长，我国电梯产业已经形成外资品牌主导、民族品牌快速崛起的行业竞争格局。目前，国内大型地产商万达、中海等都开始选择国产品牌，国产品牌在技术上已经能与外资品牌相媲美，这在一定程度上对日立电梯发展造成严峻的冲击。

2. 企业面临巨大的利润压力

2018年中国电梯市场的竞争仍将进一步加剧。原因在于两方面，一是随着许多行业内的企业增产投入加大，可瓜分的市场蛋糕将越来越小；二是随着原材料的价格上涨，企业将面临更大的利润压力。因此，日立电梯未来的服务化之路任重道远，想要最大化分得一杯羹，仍需继续走可持续的服务化道路。

5.3.5 启示

1. 适应市场需求

面对不断发展的全球环境，感受着中国社会建设日新月异的变化，日立电梯把中国的都市建设事业纳入重要的发展领域，研发设计符合当地市场的产品。日立电梯自1996年进入中国以来，不断开发适合中国市场的高效产品，研究科学的、人性化的楼宇交通解决方案，通过迅速的成长与革新，现已成为中国市场上规模最大、实力最强的电梯企业之一。

2. 坚实可靠的产品品质

秉承日立电梯领先全球的尖端技术和近百年的电梯制造生产经验，日立电梯的电梯、扶梯产品因其优质高效和节能环保而倍受市场青睐。同时，凭借其稳固的产品信誉和尖端的电梯技术，得到了诸多房地产开发商的认可与信赖，并与万科、富力、合生创展、华润等数十家开发商建立起战略合作关系。

5.4 飞利浦：创新和以人为本，照明与医疗服务并行

5.4.1 基本情况

荷兰飞利浦电子公司（以下简称“飞利浦”）于1891年成立于荷兰，是世界上最大的电子公司之一。飞利浦是个综合性大集团，目前旗下部门有飞利浦优质生活、飞利浦照明、飞利浦医疗系统。飞利浦以生产家用电器、军用和民用通信设备、医疗设备、计算机、仪表和显示系统等著称于世。2007年全球员工已达128100人，在28个国家有生产基地，在150个国家设有销售机构，拥有8万项专利，实力超群。2011年7月11日，飞利浦宣布收购奔腾电器（上海）有限公司，金额约25亿元。2011年10月17日，飞利浦电子发布了第三季度财报，第三季度净利润同比下滑85.9%；同时宣布，飞利浦将在全球范围内裁员4500人。2013年1月底，飞利浦消费电子业务已全部剥离，将聚焦优质生活、医疗和照明设备行业。

飞利浦是一家“健康舒适，优质生活”的服务化公司，致力于通过及时地推出有意义的创新来改善人们的生活质量。作为全球医疗保健、优质生活和照明领域的领导者，飞利浦基于对客户需求的深入了解以及“精于心，简于形”的品牌承诺，将技术和设计融入了以人为本的解决方案中。

5.4.2 服务化表现

聚焦飞利浦服务化转型的内容，主要包括采取新服务模式，为企业提供照明服务；

转变传统观念，为医院提供医疗保健服务。

5.4.2.1 灯具照明方面

1. 提供照明服务

飞利浦照明改变了以往销售灯具的模式，与华盛顿地区的停车库签订为期10年的照明服务合同，并为这些车库安装LED（发光二极管）灯。在照明服务期间，飞利浦不仅需要提供高品质产品，还要持续做好服务——通过传感器、芯片让照明智能化，从而通过系统平台监控、运营和服务。从模式上来看，这是双赢的——用户得到他们需要的“舒适”，而制造和服务提供商的飞利浦取得了稳定而源源不断的利润。

2. 连入网络，便于楼宇管理者的全面监控

飞利浦的灯泡除了照明，灯具内部还安装有多种传感器，能够感知房间的温度、日照，甚至能够详细感知房间里的人数与活动情况，每一盏灯都能接入数据网络，给灯供电的并非电线，而是网线，这种被称为“有源以太网（Power over Ethernet，POE）”的供电方式还可以为IP电话机、网络摄影机等设备提供电力，同一条电缆里跑着电和信息，大大降低建筑的安装成本。楼宇管理者通过手机就能简单控制办公室的灯光或温度，随时掌握空间和能耗的使用情况，大大提升了楼宇管理和能源的使用效率。

3. 远程道路的照明服务

为了帮助城市打造更加安全、舒适和节能的环境，飞利浦推出了CityTouch（城市接触）远程道路照明管理系统，可以将设定范围内的所有路灯通过无线网络接入系统，可以根据具体要求调节光亮，降低能耗。例如：飞利浦为西班牙马德里市提供了22.5万盏新型节能路灯及创新的智能互联LED道路照明方案，这一方案能够为马德里市每年节省约44%的能源成本，而马德里的改造费用便是从节约的能源成本里支出，没有增加市民的负担，这也是一种商业服务的创新，让用户按服务效果来付费。

5.4.2.2 医疗领域

1. 用服务创新构建医疗保健的未来

智能化、移动互联、大数据、云计算、社交媒体，这是飞利浦着手未来健康关护服务的关键词。飞利浦着眼的是服务，不仅仅着眼于产品创新，更在于通过服务创新为消费者创造价值。服务创新的意义在于，一旦消费者习惯于某种服务带来的便利，将很难转向新的服务方式，就像苹果手机用软件服务吸引用户那样，人们生活在一个服务的生态系统中，转换成本高，也能阻断新来的竞争者。

2. 医疗服务分散化的发展模式

针对当前世界各国大部分的医疗服务均由医院提供，与此同时，医院也承担了繁重的医疗咨询工作，高度的集中让医院的运作不堪重负。飞利浦反其道而行之，正在设计一套医疗服务的分散化技术，将人们寻求医疗服务的核心场所分散至小型医院、

社区医疗机构乃至患者家中，将医疗健康管理从专家分散至一般医务人员甚至患者身上。

飞利浦的这套医疗技术不仅涉及设备的创新，也包括信息系统的创新。因为分散化，以往仅见于医院的大型医疗设备需要缩小体积，并且提高易用性，方便执业医生和患者使用。在信息系统方面，一些可以在手机上应用的软件也在研发中。通过采用小型设备和应用软件，患者在家中便可完成一些简单的测量，而不必专程赶赴医院，让病人能够成为自身医疗健康管理的副手。

5.4.3 服务化成功的经验分析

5.4.3.1 提供细致入微的照明服务

1. 托管服务

飞利浦提供的托管服务是一项全包服务，可提供从照明设施的设计、制造到运营和维护的所有产品和服务。用户也可以选择为所使用的照明服务付费，而无须再购买照明设备。这对于用户，轻松无忧、性能卓越、经济节能。

2. 照明资金服务

飞利浦已推出飞利浦 EcoPro 合同能源管理一站式解决方案，提供了从能耗评估到制定节能、资金方案，从项目施工到运行管理及维护的一整套服务，客户可以立即从中获益。借助谨慎构建的解决方案，节能降耗会减少能源费用，减少的费用用来支付节能项目成本后仍有剩余。另外，也无须花费宝贵的时间和精力去解决融资问题。

3. 项目服务

安装新的照明系统可能会是一项挑战。飞利浦照明项目服务可以帮助客户快速、低成本地安装，并尽可能减少对客户业务的干扰。飞利浦将提供完整的项目管理，所以客户无须与大量的供应商、承包商和运输公司交涉。如果客户已经拥有了一支管理团队，飞利浦也会与客户的管理团队进行协作以确保一切按计划顺利进行。

4. 咨询服务

飞利浦的咨询顾问会帮助分析客户的照明系统的效能，确定改进方案，并向客户报告升级有哪些益处。从简单的装饰照明到城市美化，飞利浦服务都可以为客户提供切合客户需求的合理化建议。

5. 生命周期服务

一是基础服务包，保障客户的投资。飞利浦延长照明设施的使用寿命，为客户的投资提供保障。包括进行预防性维护，及时发现并迅速解决问题；包含软件许可、帮助中心支持和服务请求；在工作时间内为客户提供远程协助，确保客户能迅速获得支持。二是高级服务包，确保客户轻松无忧，顺畅运行。飞利浦的高级服务包可以让客户安心无忧，轻松控制照明开支，服务内容除基础服务包中的所有项目外，还包括只需缴纳固定的服务年费，即可享受全面的综合服务；包含解决故障所需的人工和材料

（备件和/或功能性产品更换）；训练有素的服务工程师提供现场故障维修和预防性维护。三是尊享服务包，为客户优化系统性能。

6. 专业服务，有关照明的独到见解与定制设计

一是评估与设计服务。为了帮助客户做出明智决策，飞利浦将会首先评估客户当前的照明设备与照明需求之间的契合度。飞利浦将对客户的组织、设施或项目开展详细评估。现场收集到的数据将用于打造经过全面优化的照明设计，满足客户当下和未来的要求。

二是咨询服务。飞利浦明确了解客户的照明构想只是第一步，更为重要的是掌握将构想变为现实的方法。无论是简单的 LED 照明改造还是全新安装，飞利浦照明咨询服务都可与客户共同打造更为节能高效的长期照明方案。飞利浦还会协助客户拟定极具说服力的项目企划案，并为客户推荐融资方案，让客户的现金能够更多地用于核心业务。一旦客户设定全新照明设施的优先顺序和目标后，飞利浦咨询服务将协助客户完善细节工作，包括实施详细的用户体验设计，为客户呈现最终安装的视觉效果和提供实物模型。

5.4.3.2 智连融合，健康有道

飞利浦直击医疗系统的痛点，打破界限和壁垒；全面实现数据、技术和人的无缝连接；构建“整合”的医疗系统。飞利浦准确把握医疗行业的两面性。一方面，行业拥有大量创新成果、优秀临床医生、世界级研究、前沿技术和精密医疗系统，处理最棘手的病况；另一方面，融资、监管和医疗服务的复杂性在一定程度上抵消了这些巨大优势。似乎总有妨碍个性化有效医疗的壁垒，造成患者和医疗机构的负担，徒增成本，却无益于价值。

因此，飞利浦参与医疗系统的研究，与医疗系统保持密切的合作，打破壁垒，降低复杂性，在消费者最需要的时间、地点，以最适合的方式提供更加无缝连接的医疗护理。飞利浦还结合行业领先的技术，开创新型医疗服务解决方案。

5.4.4 启示

1. 细微观察现状，准确把握医疗领域的未来发展方向

医疗观念发生转变，医疗系统中的三大主角——管理者、医护人员和消费者也将随之变化。首先对于医院、医疗机构的管理者最关注的是如何构建一个“结果导向型”的业务发展模式，既能大量减轻医生的负担，又能提高治疗和护理效果，而且还能将优势的资源更好地实现共享，提高整体的医疗服务水平。其次是对于医护人员关注的是如何借助有意义的创新成果，更快、更好地做出诊断决策。此外，他们也希望能够获得有效的远程手段，管理和服务更多的病人。最后是对于消费者“自制化”的趋势越来越明显。例如，消费者关注“我希望知道我所获得的医疗服务是有效的、有价值的，而不是在信息不透明的情况下‘被消费’”，他们越来越愿意对自己的健康管理进

行投入，并寻求真正有意义的健康工具和服务。

依据这些趋势，飞利浦在深入研究后，根据自身的产品特性和能力，逐渐梳理出未来的服务创新的整体脉络。因此，飞利浦可以准确捕获商机、抢占最大额利润。

2. 勇于攻克难关，敢于进取

在医疗领域，飞利浦通过“化繁为简”，提高生产效率并围绕“人”（包括患者和医护人员）组建无缝互联和整合的医疗系统。要解决的挑战很多，飞利浦循序渐进，将首先专注于四个充满机会和潜力的领域：简化数据采集，提升数据洞察；改善治疗和疗效；消除系统中不必要的额外成本；改善患者和医护人员的体验。虽然任务十分艰巨，但飞利浦孜孜以求。

6 租赁化

6.1 持久钟表：钟联网时间服务系统，全生命周期管理

6.1.1 基本情况

烟台持久钟表集团有限公司（以下简称“持久钟表”）创建于1988年，以公共用钟的研发、生产、安装和服务为核心业务，属于高精密机械与信息技术相结合、现代“互联网+时钟”的先进智能制造业，是国内公共用钟行业规模最大的专业化龙头骨干企业。持久钟表的主要产品有时间同步系统、子母钟系统、船舶用钟、塔钟、世界时钟、城市景观钟等。产品广泛应用于机场、核电、地铁、高铁、车站、港口、舰船、场馆、海关、教育、金融、医院、房地产等领域，畅销全国32个省（市）区以及30多个国家和地区。

自1993年以来，持久钟表产品销量连续23年保持全国第一，综合市场占有率达80%以上，其中机场达90%上、高铁达85%以上、地铁达80%以上、核电达70%以上，建筑塔钟市场占有率达80%以上。持久钟表一直是国家级、省部级重点工程的首选品牌，如奥运会“鸟巢”、上海世博会、广州亚运会、深圳大运会等。2012年“持久”商标被工商总局行政认定为“中国驰名商标”，2013年获得烟台市第四届“市长质量奖”，2014年获得烟台市第三届“企业管理奖”。

6.1.2 服务化表现

2017年9月25—26日，由中华人民共和国工业和信息化部、广东省人民政府、中国工程院共同指导召开的首届中国服务型制造大会在广州举行。会上公布了首批服务型制造示范企业（项目、平台）名单，持久钟表获得2017年服务型制造示范企业称号。持久钟表此次获评的示范模式为“全生命周期管理”。

6.1.2.1 整体服务化内容

持久钟表成功将互联网、物联网、大数据、云计算等先进信息技术应用到时钟领域，在国内首创了“钟联网时间服务系统”。持久钟表把安装在世界各地的时钟用网络和企业的中心控制室连在一起，做到全世界时钟终端的互联互通，可以远程控制统一

校时、统一监控，出现问题马上就可以发出提醒，实现了随时随地全面感知，为个性化精准服务打下基础。

同时，开发应用基于信息物理融合的时间服务系统。通过开发智能化识别、定位、跟踪、配件及人员监控等关键技术，持久钟表实现对遍布全国的时钟设备的自动数据采集、智能控制、远程调度、高效检修、保障运维业务优质高效运转。

另外，持久钟表还形成了覆盖制造和技术服务的全生命周期的服务模式。接收高端装备、智慧楼宇等新行业时间服务柔性化定制，通过提供运营和代理维护等，既卖产品又卖服务，实现预防性维护、托管维护服务、服务计划和远程监测服务。

6.1.2.2　三个类型的整体解决方案

1. 建筑塔钟综合解决方案

持久钟表采用公司内部研制的高智能二针三针塔钟系统集传统钟表技术、微机控制技术、网络通信技术、计算机智能监控技术等于一体，该塔钟产品性能和质量达到国际领先水平。另外，建筑塔钟按外观风格分为西方欧式风格（罗马刻度、艺术花针）和东方现代风格（条形刻度、条形钟针）；按运行方式分为三针（时、分、秒）运行和二针（时、分）运行；按夜间照明方式分为钟盘整体内透光照明和钟针、刻度照明（见图6－5）。无论哪种方式都应以能够与整个建筑风格相适应，达到画龙点睛为目的，持久钟表还根据不同客户的建筑设计多种方案供选择，近20年来持久钟表为全国近5000家客户成功设计、建造了独具风格的塔钟，广泛分布于汽车站、海关、学校、港口、广场、火车站、教堂等公共场所。

图6－1　持久钟表的建筑塔钟

2. 子母钟系统综合解决方案

持久钟表的CJ－M9300子母钟系统的设计思想及特点：应用当今世界上先进的通信及计算机技术，采用分布式结构，具有集散控制、中心监控、双机热备份、自动切换及掉电保护、故障自诊断、故障隔离技术、软硬件冗余措施，提高系统的高精确性和高可靠性。子钟的外观设计上与现场装修风格相互协调，达到功能与观感的完美结合。

CJ－M9300子母钟系统的构成由GPS时间源、母钟、子钟、监控系统、（或NTP服务器）、分路信号输出设备、传输通道等组成（见图6－6），主要应用于火车站、标准厂房、汽车站、酒店宾馆、学校、医院、智能化楼宇、体育场馆、会议会展及机关办公大楼等场合。持久钟表通过中心母钟对各部分同步校时，从而保证每个信息点的时间标准统一。母钟接收来自GPS的标准时间信号，通过信号分路输出接口设备以及传输线路将标准时间信号传输给各处子钟，同时通过信号分路输出接口设备为其他各弱电系统提供统一的标准时间信号，通过NTP服务器给局域网提供标准时间信号，同步整个网内其他通信系统时间，从而实现整个区域内各弱电系统在统一的时间标准下运行。

同时，CJ－M9300子母钟系统标准配置可带模拟子钟和数字子钟400面，通信距离最大1200米，超过1200米可加中继器。通信采用标准的RS－422/485接口，交流220V供电。NTP服务器与其他系统接口基于以太网TCP/IP接口协议。

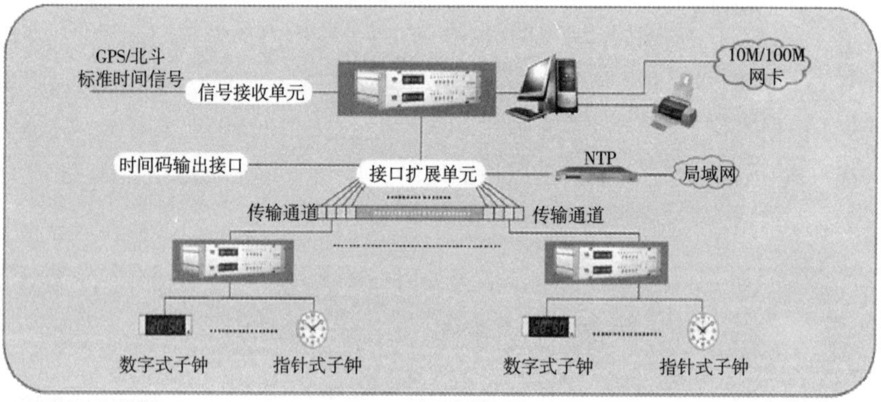

图6－2　CJ－M9300子母钟系统的分解图

3. 时间同步系统解决方案

由于场所需求不一致，持久钟表的时间同步系统解决方案包括CJ－M9300Ⅲ时间同步系统和CJ－M9500时间同步系统。

第一，CJ－M9300Ⅲ时间同步系统。时间同步系统从GPS卫星或北斗卫星上获取标准的时间信号，将这些信息通过各种接口类型传输给自动化系统中需要时间信息的设备（计算机、保护装置、故障录波器、事件顺序记录装置、安全自动装置、远动RTU），以达到整个区域内所有通信及自动化系统的时间同步。系统设计充分考虑今后扩展和兼容性，并在监控报警和远程报警方面作大量工作，系统具有在故障情况下自动报警和远程报警功能，系统具有多级全方位监控功能和友好人机操作界面。在软、硬件的设计上遵循了先进性与可靠性并重的原则。

CJ－M9300Ⅲ时间同步系统由外部时间源（GPS/北斗或上层网BITS）、中心一级母钟、(或原子钟定时设备)、二级母钟、子钟、监控系统、NTP 服务器、信号分路输出接口设备、传输通道等组成（与图 6 -2 一致)。该时间同步系统主要应用于：城市轨道交通网、大型机场航站楼附属设施、大铁路和高速铁路客运站专线网、大型交通枢纽工程、广电中心、火电站、大型核电站等大型区域超远距离通信工程，通过中心母钟实现对整个网络各线各点所有信息单元时间的同步校时及点对点监控。另外，CJ - M9300Ⅲ时间同步系统也具有子钟的管理功能，所带子钟与子母钟系统的子钟功能及外观相同。

为满足客户的需求，CJ - M9300Ⅲ时间同步系统的每台中心一级母钟可连接 60 ~ 120 台二级母钟，可处理4200 面子钟信息，并预留 20 个标准 RS -422/485 或 NTP 以太网接口为其他相关系统提供标准时间信号，一级母钟与二级母钟通过传输系统专用通道通信，适用于 PCM、ONT、ATM、SDH、IP 等多种传输制式，可通过 GPS/BITS 等校时，分三层网络结构，双机热备份，扩展灵活，可通过标准的 RS -422/485 接口为其他弱电系统提供标准时间信号，可通过 NTP 时间网络服务器局域网的计算机提供标准时间信号，一级母钟自带子钟通信距离最大1200 米，超过1200 米可加中继器。一级母钟采用恒温晶振，微机模块级监控，提供毫秒级信号。二级母钟与子钟通信距离为1200 米，可提供标准时间信号。

第二，CJ - M9500 时间同步系统。为了适应网络时代通信技术的快速发展，持久钟表采用当今世界先进的网络时间同步技术通过 NTP 网络时间服务器使大区域子母钟系统在同一时间标准下的运行得以实现，提高了时钟系统的兼容性和多平台环境适应性。

CJ - M9500 时间同步系统由外部时间源（GPS/北斗或上层网 BITS)、中心一级母钟、NTP 服务器（或原子钟定时设备)、二级母钟、子钟、监控系统、信号分路输出接口设备、传输通道等组成（见图 6 -3)。该系统主要应用于城市轨道交通领域、机场、核电、体育馆、大型火车站、医院智能楼宇等大型综合工程。该系统采用的 NTP 网络时间协议是用于网络时间同步的经典标准，其精度在局域网内可达 0. 1ms。在整个系统时间同步的过程中，NTP、母钟从 GPS/北斗/上层网获取标准时钟信号信息，将这些信息在网络中传输，实现网络授时功能。

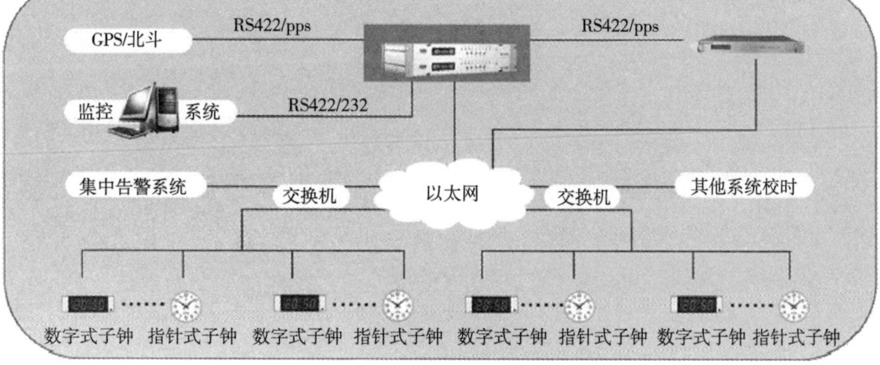

图 6 -3 CJ - M9500 子母钟系统的分解图

标准系统每台中心母钟连接二级母钟和子钟数量可根据客户需求及网络容量配置，传输距离与局域网规模等同。整个系统采用分层网络结构和双机热备份技术，随时可进行时钟的无缝切换，提高了系统的可靠性和扩展性。同样地，时间同步系统也具有子钟的管理功能，所带子钟与子母钟系统的子钟功能及外观相同。

6.1.3 服务化成功的经验分析

持久钟表是一家专业的“时间服务商”，成立以来依靠科技创新，成为以智能时钟的个性化定制和时间服务为主业的国家高新技术企业和行业龙头企业。

1. 围绕客户需求创造价值

持久钟表始终坚持围绕客户需求创造价值。制造业服务化由传统的产品系统发展成为集产品和服务于一体的产品服务系统，涉及企业商业模式和产品模式的变革，其核心是服务，其本质是通过产品服务、相关业务流程优化服务，为客户创造价值。这包含两个方面：其一是所提供的服务因各类客户需求的不同而不同；其二是所提供的服务要能帮助客户解决问题、创造价值，从而吸引客户并建立长期业务关系。因此，满足客户个性化需求是制造业服务化转型的关键。

2. 时钟领域物联网技术的开发

为更好服务客户，提高解决问题的能力和缩短解决问题的时间，持久钟表在各地用户终端设备设置了传感器，随时收集电流、电压、GPS 信号强度等影响钟表运行的指标数据，感知运行状态。这些数据实时反馈给烟台市莱山区持久大厦七楼的钟联网中心。在钟联网中心，这些数据会和正常值上下限进行比较，一旦指标超过警戒值，就会给客户和持久的专家团队同时发警报。而专家也会持续关注数据累积而成的曲线，研判曲线的发展趋势。这样一来，钟联网的预知、预判让持久钟表能够快速、准确地发现和解决问题。

3. 适应变化优化组织结构

持久钟表在由传统制造业向制造业服务化转型的过程中，其服务功能、业务内容、业务流程及内部联系等发生了较大改变。因此，持久钟表在向服务化转型过程中调整相应的组织功能、匹配相应的组织结构，更好地适应服务化变化。一是组织机构及其功能要聚焦核心业务，突出创新与服务功能，组织机构的调整要与制造业服务化转型路径和拓展方向相适应；二是组织构成要素及其结合关系要具有集成性，通过整合组织资源、优化内部联系，形成资源共享、匹配合理、精干高效、整体优化的流程型有机组织；三是资源配置要突出重点，着重在增强服务功能、优化关键流程、提升核心竞争力等方面优化资源配置。

6.1.4 启示

1. 为提高解决问题的效率，研发钟联网系统

在钟联网投入使用以前，持久钟表如果有一个塔钟出现故障，从有人发现车站、

机场等的钟停了，到解决问题往往需要一个星期。有了钟联网实时监测后，持久钟表的工程师可以随时了解到底哪里出了问题，直接快递备件给客户，指导客户解决问题。钟联网的应用让烟台持久钟表的设备平均无故障工作时间提高了30%。

2. 站在客户角度，以客户为本

目前，机场、地铁等时间同步系统的使用单位都自建有运营维护队伍，或者将系统外包给专门的运营公司，一年维护费用可能上百万。持久钟表把产业链从提供产品延伸到负责运营，客户的运营成本会降低，而持久钟表也获得了新的盈利渠道。

6.2　西伍服饰：利用大数据战略，提供产品生命周期管理

6.2.1　基本情况

佛山市西伍服饰有限公司（以下简称“西伍服饰”）成立于2008年12月8日。西伍服饰作为广东省电子商务示范单位、国内优秀的女性服饰为主导的互联网企业，是集研发、设计、生产、销售、自有标准化物流中心为一体的产业链运营模式。产品线涵盖时尚女装、首饰、鞋类、箱包及其他相关业务等。西伍服饰拥有1500多平方米时尚办公区，4000多平方米的规范化、标准化、专业化的仓储中心。西伍服饰现有员工230人，核心管理团队主要由高素质人才组成，在相关领域均有丰富的实践经验。西伍服饰在同行业已处于领先水平。2017年，西伍服饰在第五届中国商业创新大会的中国品牌500强发布会中获得中国品牌创新奖；并获得国家高新技术企业认定。

6.2.2　服务化表现

6.2.2.1　大数据发展战略

西伍服饰以数据为驱动，一切业务数据化。主要表现为：以数据驱动产品设计、生产、销售运营、过程监控等工作。西伍服饰的旧发展模式为：各部门信息相对割裂而相互独立，部门之间无关联；在统计、关联、集成分析过程中，效率低下，周期较长，严重影响到生产及销售。西伍服饰的新发展模式为：信息职能部门在产品设计、生产、销售运营等维度进行数据整合、流程优化及AI系统构建，快速实现集中化、流程化、智能化和服务化。首先，西伍服饰提供专业技术团队及汇集方案，解决合作伙伴多数据源整合、存储和统一输出，构建用户、产品、活动、内容等核心标签库。其次，西伍服饰基于自营案例库、竞品产品库等数据，通过历史数据盘点和流行趋势分析，实现设计系统全数据化功能。

1. 智能生产

西伍服饰的智能生产体现在精准预测，生产前置，快速发货。供应链协同系统，提供供应商自注册、自动匹配及询报价、供应商考核及供应商协同功能，并结合销售

预测系统数据，实现生产前置，快速发货效果。

2. 智能销售

西伍服饰根据历史销售数据、近期销售数据、用户流量及转换数据等数据，通过数学建模，实现销量预测、智能补单、活动选款及风险管理的全流程系统化管控。第一，实现精准预测，包括全量、实时精准销量预测，人均生产效率提升 50%；第二，实现智能补单，西伍服饰通过实时、准确补单，库存周转次数提升至 9 次；第三，进行风险控制，通过数据监控，确保生产运营安全；第四，智能选款，西伍服饰通过全量、智能化选款，销量提升 30%。

3. 智能监控

西伍服饰对产品销售实施全程监控，采取智能调整策略。通过整合线上线下、ERP、OMS 等系统数据，根据运营监控全流程，实现智能决策及调整，从 BI 进化到 AI。

6.2.2.2 大数据企业孵化器

西伍服饰有十年电商经验，五大智能系统，实体通过打通上下游链路，助力传统企业实现数据化、智能化升级。如图 6-4 所示，西伍服饰有完整的产品生命周期智能化的发展框架，包括商品规划、商品设计、商品生产、商品销售、客户服务、物流管理，以及相配套的技术支持和运营支持。主要服务对象是转型升级的传统零售企业、电商品牌、设计师品牌等；涉及服务类目包括服饰、家具建材、艺术品、眼镜、表、珠宝首饰、鞋帽、箱包、化妆品、家电。

图 6-4 西伍服饰的产品生命周期智能化的框架图

6.2.3 服务化成效

西伍服饰利用大数据，进行精准品牌设计、做方案。服务化历程包括 3 个阶段，一是 1.0 版本，简单的生产和销售；二是 2.0 版本，O2O 概念，即电商发展模式；三是 3.0 版本，新零售发展模式。西伍服饰的服务化发展取得了巨大的成效。如图 6-5 至图 6-9 所示。第一，交易额在 2009—2017 年，增长 3249 倍；第二，税后销售收入从 2009 年的 20 万元增加到 2017 年的 47050 万元，增长 2352 倍；第三，纳税额在

2014—2017 年，呈快速增长的趋势；第四，办公用地面积从 2009 年开始，一直呈现上升趋势；第五，员工人数，除了 2017 年出现下降，其余年份保持上升趋势。

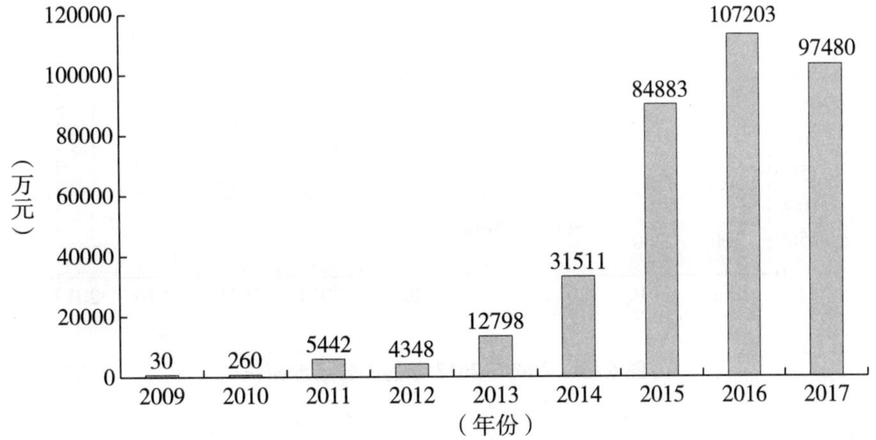

图 6－5　2009—2017 年的交易额

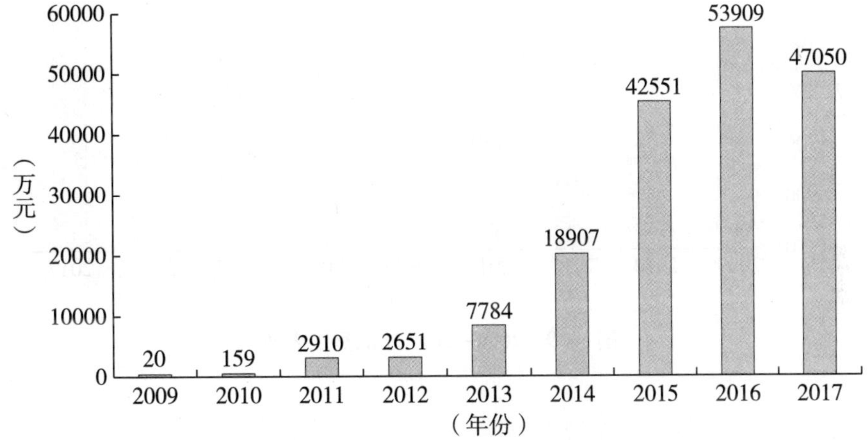

图 6－6　2009—2017 年的税后销售收入

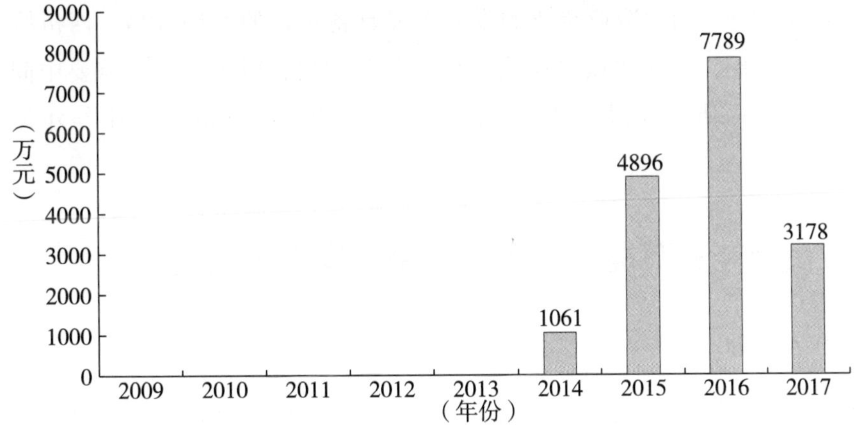

图 6－7　2009—2017 年的纳税额

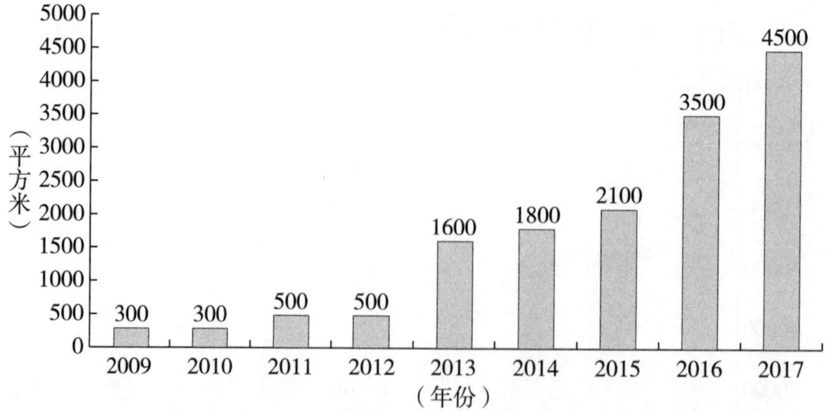

图 6 –8　2009—2017 年的办公场地面积

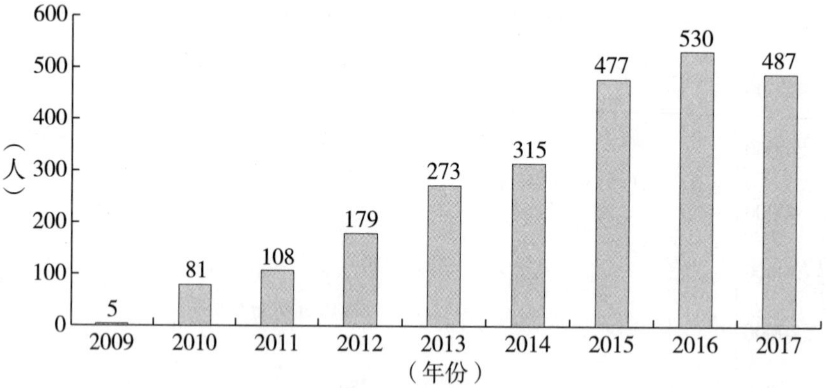

图 6 –9　2009—2017 年的员工人数

6.2.4　启示

纺织服装、鞋、帽制造业企业的发展需要具备长远的发展战略。西伍服饰立足于服务业务的发展，增加“微笑曲线”两端的附加值，减少甚至不需要中间环节的附加值。因此，西伍服饰只负责产品的设计及销售，将制造生产业务外包给其他企业。

6.3　双良节能：节能节水环保，系统集成服务商

6.3.1　基本情况

双良节能系统股份有限公司（以下简称“双良节能”）成立于 1982 年，地处经济繁荣的长江三角洲。30 多年来，双良节能专注“节能、节水、环保”领域的技术创新

和业务拓展，用实际行动践行着“节约能源，改善环境、提升品质”的企业使命，已累计节能与减排相当于再建27万公顷森林、节水24.6亿立方米，被中国制冷协会誉为“挽救了中国溴化锂制冷机行业”，被央视聚焦纪录（央视纪录片《大国重器》）誉为“造福人类，大国重器”。2016年12月，双良节能获得国务院设立的中国工业最高奖项——中国工业大奖。2017年，双良节能被工信部授予“服务型制造示范企业”称号，公司的溴化锂机组荣获中国制造业单项冠军。

双良节能拥有溴化锂节能装备行业00001号全国工业产品生产许可证，取得IS0 9001、IS0 14001、职业健康安全管理体系认证、国家机械安全认证、计量体系认证、美国ASME、CE、中国节能产品等相关认证。拥有国家认定的企业技术中心和博士后科研工作站，成功申报相关技术专利400余项，采用世界先进的DFM制造技术和生产管理流水线。双良节能在全球50多个国家和地区建立了完善的营销服务体系，已为超过30000家客户提供了卓越的产品和全生命周期的服务支持。

6.3.2　服务化表现

双良节能通过工程总承包、合同能源管理等模式，利用系统集成、模块化设计、自动化运行、集约化管理等新方式来大力推进制造业服务化工作。

1. 利用云平台系统，提供产品全生命周期管理

双良节能根据大数据分析按需定制，为客户提供全流程的个性化体验。双良节能还积极整合产业链，基于物联网技术和4G、互联网通信技术开发的SLREMOTE云平台系统，并结合远程监控、云端备份、大数据分析、远程专家诊断、预知式提醒五大智能化服务，通过在线监测、云服务，实现线上线下互动服务，客户查看手机上的“云平台”，就能随时随地了解设备的运行状况，维修人员可远程诊断并进行修复，延伸了产品的全生命周期管理。

2. 用户使用周期的全生命周期的管理和服务

双良节能率先深耕于“互联网+先进制造业”领域，针对用户能源利用效率偏低、管理水平粗放的问题，成功自主研发了“双良能效智慧云平台”，为双良节能庞大存量客户群打造“专家+管家+互联网”的全生命周期服务。目前，双良云平台已应用到数百家国内外用户的1000多台能源设备中，为不同用户综合节能5%~20%，延长设备寿命5~10年。简而言之，双良节能云平台的建立既实现了高精度下的高效率，也实现了产品从生产周期到用户使用周期的全生命周期的管理和服务。

3. 全程监控，远程诊断

连接是工业互联网发展的基础，具体体现在可联网、可感知、可控制。双良节能云平台依托国内外知名品牌的传感器，自主采集耗能设备的水体温度、蒸汽压力、液体浓度、变频器频率、能耗数据等运行参数，借助4G、有线通信，传输至双良云平台，用户与服务工程师，可在手机端、计算机网页端，24小时了解耗能设备的运行情况。

例如，利用双良节能云平台，双良工程师可以快速地掌握迪士尼乐园能源设备运行状态、机组参数、实时曲线、实时报警、历史报表、历史曲线等信息。同时将专家经验固化成故障预测模型，不断地训练模型，让设备故障预测更加准确，一旦设备出现故障迹象，会立即收到预警邮件，可以及时通知用户处理，减少故障发生率，并进行精准远程诊断。

4. 升级改造生产线，增加智能化运用

双良节能精心布局全产业链，做强节能环保产业。自动化升级改造正在深入双良节能的各类产品及生产线，溴冷机事业部在台达高阶泛用型控制器 AS300 系列基础上，进行控制系统全系列开发设计，提升控制系统的稳定性及其智能化水平，进一步降低控制系统成本，提升产品竞争力。同时还成功研发了模块化的撬装式输配系统，智能下料生产线也早已持续稳定使用。空冷器事业部的焊接自动化效果显著，同时也在积极使用空冷塔温度场控制系统，为业主提升效益。

6.3.3 服务化的成效与成功因素分析

6.3.3.1 服务化成效

1. 服务业务的日益开展

2017 年，双良节能的服务分公司在公共建筑节能领域的订单、主营业务收入均创历史新高。双良节能在医院及政府行业实施了重点拓展，新增智慧能源管理项目 11 个，智慧运维项目 9 个，与江阴便民中心签约最大公共建筑服务 EPC 项目，与上海百联集团再次签约上海复兴大厦 EPC 项目等。

2. 扩大海外服务外包业务

双良节能按照“原有市场稳固占有率、一带一路为主线、产品多样化、营销模式再造”的策略，多维度开发海外渠道，实现了新开发 40 余家国际总包公司、在多国开设直属海外办事处的目标，外销增加至 50 个国家，溴冷机外销收入同比增长 30%。

6.3.3.2 服务化的成功因素分析

双良节能注重平台保障，同步优化 EMC 流程管理体系、引进转型人才、提升品牌资质。具体表现如下。

1. 规模价值

双良节能始终站在世界暖通技术前沿推动中国空调和锅炉产业的发展，为客户提供大量的优质工程和服务，迄今为止，双良节能服务公司已为国内外 30000 多个客户提供服务支持。规模经营达到最优成本，规模优势提供最有力保障，规模管理为客户持续创造价值。

2. 技术价值

依托双良节能三十余年的沉淀与开拓，同步于双良节能服务公司 10 余年的技术优势与经验积累，形成了双良节能服务公司最强大的专业技术竞争力。双良节能服务公司非常注重服务工程师梯队的培训及成长，定期进行专业技能培训及技能比试活动，使得双良节能服务公司的员工技术素质永远走在行业的前端。

3. 网络价值

双良节能服务公司是国内规模大、服务网络完备、服务技术实力强的空调、锅炉系统的服务商，在国内拥有100个服务网点、300名服务工程师。双良节能总部还凝聚了丰富的人力资源与技术力量，拥有专业的产品服务工程师、系统设计工程师、软件开发工程师、系统水质保养工程师、技术培训讲师等。各服务网点同时汇集了多类产品以及经验丰富、训练有素的专业服务人员，技术力量雄厚，并进行统一培训、统一服务规范、统一管理、统一考核，实现专业人员专业上岗，为客户提供高品质的服务。

4. 资源价值

双良节能服务公司持续打造服务硬件资源平台，服务工具装备价值逾2000万元以上，从有形设备上更好地保障了现场调试与保养服务的专业性与精确性。另外，双良节能服务公司依托双良在全球的备件采购网络，与世界主要暖通器件品牌建立友好合作，保证为用户提供质量可靠的专用或原厂备件。双良节能服务公司总部设有备件总库，库存备件价值3000多万元，备件存量保证充足，各服务分公司（办事处）设有不同级别的主用备件仓库，以此为客户提供第一时间的主用备件响应服务。

5. 关怀价值

“机动、快速、优质”是双良节能服务公司长期秉持与形成的职业素养（特质），双良节能服务工程师可以全天候地为客户的空调、锅炉系统提供快速的专家级支持服务，第一时间的电话支持、7×24小时不间断全程服务关怀、基于Web的远程诊断维护及完善的CRM（客户服务管理系统），最大限度地贴近客户，更细致入微地满足客户的实时工作需求。

双良节能SLRemote云平台，将物联网产品与互联网通信技术有效结合，实现对双良节能设备的远程监控、云端数据备份、大数据分析、远程维护诊断、设备异常推送邮件短信等功能，采用计算机客户端及手机App访问双良节能云平台，实时了解设备所有状态、信息，力求向客户提供真正贴心的服务。

6.3.4　服务化的问题与挑战

1. 经济增长幅度下滑的挑战

由于整体经济的下滑，不可避免地会对双良节能的未来发展规划造成影响，会对其产品销售的预期造成偏误。

2. 铜、钢材、铝材等原材料和产品价格波动的风险

双良节能系统是中国中央空调行业的领导企业之一，双良节能的主要产品有溴化锂吸收式制冷机（蒸汽型、直燃型、热水型）、吸收式热泵等中央空调主机及末端产品。双良节能产品的制造需要铜、钢材、铝材等原材料的投入，因此这些原材料和产

品价格的波动，会对双良节能产品的生产和销售造成巨大的冲击。

6.3.5 启示

双良节能在产品全生命周期管理、总集成总承包服务方面具有突出表现。对于其他电气机械及器材制造业行业进行效仿有重要意义。主要有以下两方面的启示。

1. 具有明确的发展前景

双良节能紧紧围绕系统集成、制造业服务化和国际化发展，利用公司领先的溴化锂吸收式制冷制热技术，为全球工业企业、公共建筑的冷热能源利用提供有效的解决方案。在经营模式方面，双良节能致力于制造业服务化和国际化两方面的转型，逐步向系统集成、工程总承包和合同能源管理的方向发展，最终促进能源利用效率与环境持续发展，成为领先的综合能源服务商。

2. 提供良好的售后服务

在保修方面，双良节能对产品一律保修 18 个月，保修期内双良节能负责提供免费维护与维修，还对产品实行终身服务、终身管理。在运维方面，为确保双良节能产品长期、精确、高效的运行，双良节能产品必须严格按照维护标准定期进行维护。在抢修方面，双良节能在全国各地设有服务分公司（办事处），常年派驻资深服务工程师，并配备专用服务车及尖端调试设备。在备件方面，双良节能向所有新老用户终身提供备件服务。在培训方面，在设备调试期间，双良节能服务工程师为用户进行现场技术培训。

6.4 罗尔斯·罗伊斯：航空发动机在线维护，租用服务时间

6.4.1 基本情况

罗尔斯·罗伊斯公司（Rolls – Royce Ltd.）于 1906 年在英国成立，在全球航空、能源、船舶和国防市场影响卓著。罗尔斯·罗伊斯的愿景是通过航空和陆海两大主要业务部门来提供变革世界原动力。这些业务凭借两个强有力的技术平台——燃气涡轮和往复式发动机来满足市场需求，航空业务包括民用航空和防务航空，陆海业务包括船舶、核能和动力系统。罗尔斯·罗伊斯广泛的客户群遍布全球 120 个国家，包括 380 多家航空公司和租赁客户、160 家防务客户、4000 家船舶公司（包括 70 家海军用户）和超过 5000 家动力和核能客户。

1980 年以来，航空发动机市场发生巨大变化——由产品竞争走向服务竞争。罗尔斯·罗伊斯紧紧抓住新的发展机遇，率先提出制造业服务化转型，并取得优异成效，跻身全球三大航空公司之列。罗尔斯·罗伊斯不仅在国际支线航空制造领域具有影响力，同时还作为大型豪华公务飞机生产商湾流公司的主要发动机提供商，占据着全球

1300 架湾流公务飞机中的大部分发动机市场。

6.4.2　服务化表现

6.4.2.1　为客户量身定制服务

罗尔斯·罗伊斯公司针对不同客户群提供异质性服务。

1. 为公务机用户提供公务机维护（Corporate Care）服务

罗尔斯·罗伊斯作为公务机发动机的领先供应商，客户相信其能够为现役发动机提供卓越的支持服务。罗尔斯·罗伊斯与全球最富经验的维护服务提供商合作，可确保为全球日益壮大的 Corporate Care 客户群提供行业领先的服务水平。

2. 为航空公司提供全面维护（Total Care）服务

罗尔斯·罗伊斯的全面维护服务包括发动机动态在线监控、故障诊断、维修支持、配件管理等。

3. 为国防发动机客户提供项目管理方案

罗尔斯·罗伊斯根据国防发动机的特征，为其提供详细清楚的项目管理方案，（Mission Ready Management Solutions，MRMS）保证其正常运行。将服务从低到高分为若干级别，供军队按需选择，包括基础服务支持、初级服务支持、高级服务支持、全面服务支持和延伸服务支持。

4. 为飞机租赁商客户提供开创性的（Lessor Care）服务

目前，罗尔斯·罗伊斯宣布推出专为飞机租赁商客户量身定制的开创性新服务——Lessor Care，这是罗尔斯·罗伊斯与租赁商 AerCap 联合设计和推出的服务。Lessor Care 将满足飞机租赁商对简捷灵活服务的需求。Lessor Care 将一系列服务综合到一个总体框架之下，同时让租赁商能够在发动机的整个生命周期内调整服务水平。

在 Lessor Care 框架下，客户只需签署一份简单协议即可涵盖罗尔斯·罗伊斯全系遄达发动机。协议将囊括了客户要求的所有服务，包括：第一，客户支持。让租赁商能够享受罗尔斯·罗伊斯的技术支持网络、技术出版物和培训，优化响应速度，保持租赁飞机的持续创收能力。第二，交接服务。让租赁商能够享受广泛的维护和可用性服务，确保租赁飞机在承租人之间更快和更有效地流转。相关服务包括退租条件管理、再营销支持及维护价值转移等。第三，资产管理。罗尔斯·罗伊斯通过与全球航空公司密切合作积累的丰富经验让我们能够帮助租赁商在发动机的整个生命周期内实现价值最大化。这包括将 OPERA 协议的增补内容综合到 Lessor Care 服务之中。

在这些初期服务之上，罗尔斯·罗伊斯还将继续与租赁商客户共同进一步开发 Lessor Care，力求将发动机维护服务更加紧密地整合到租赁商与航空公司的协议中。这将使罗尔斯·罗伊斯和租赁商能够在飞机的出租和交接过程中，为共同客户——航空公司提供更大价值。

6.4.2.2 以租赁方式出售发动机

作为波音、空客等飞机制造企业的供货商，罗尔斯·罗伊斯公司并不直接向他们出售发动机，而以“租用服务时间”的形式出售，并承诺在对方的租用时间段内，承担一切保养、维修和服务。并且发动机一旦出现故障，不是由飞机制造商或航空公司来修理，而是由发动机公司在每个大型机场的常驻人员修理。这样，发动机公司得以在发动机市场上精益求精，飞机制造商也“落得轻松”。也正因如此，廉价航空公司也才有发展的空间，因为它们不用专门养一批发动机维修队伍。

6.4.2.3 以服务合同绑定用户，增加服务化程度

近年来，罗尔斯·罗伊斯通过改变运营模式，扩展发动机维护、发动机租赁和发动机数据分析管理等服务，通过服务合同绑定用户，增加了服务型收入。罗尔斯·罗伊斯销售的现代喷气发动机中55%以上都签订了服务协议。罗尔斯·罗伊斯在过去18个月中民用发动机订单有80%都含有服务协议；2007年服务收入达到公司总收入的53.7%。罗尔斯·罗伊斯在参加NBAA美国国家公务航空会展前夕，宣布进一步拓展为Corporate Care客户提供支持的全球授权服务中心网络（ASC）。授权服务中心是罗尔斯·罗伊斯服务组合的重要组成部分，增强其现有全球服务能力。

6.4.3 服务化的成功经验与面临的挑战

6.4.3.1 服务化的成功经验

1. 加快商业模式创新，让利于客户

罗尔斯·罗伊斯从1995年开始，采取以绩效保证式合同（Performance－based Contracting，PBC）供货，广泛见于航天和国防企业的维修合同中，具体是指报出发动机价格的同时，包含了发动机保养及在线化的维护服务。核心内容是航空公司根据双方协商认可的发动机单位飞行小时费用付费，罗尔斯·罗伊斯为发动机的支援和维修提供完整的解决方案。这一方面有利于给客户加大折扣力度；另一方面有利于罗尔斯·罗伊斯对发动机进行在线监控、故障诊断等专业判断和维修。

以波音公司为例，该公司在销售飞机波音787梦想飞机（787Dreamliner）时还配有保养、维修和航材管理配套服务。波音对外宣传该服务配套可以提高787整个服务年限中飞机的出勤率、降低成本和提升效率。波音由以前只对外销售航材配件，到现在对航空公司销售的是“按飞行小时包修合同”服务。

2. 建立全球的发动机维护服务体系

罗尔斯·罗伊斯通过商业并购，在全球建立了航空发动机维护和及时响应的服务体系，目前在伦敦、中国香港、新加坡、法兰克福、印第安纳波利斯、阿布扎比等地建立了维护中心，据统计大约有4000台发动机组成的民用机队，为用户提供全方位全天候的支持服务。另外，罗尔斯·罗伊斯在全球还部署了全球化的航空发动机服务网络，支持服务的员工达到8000多名。

3. 为航空公司提供管理培训

罗尔斯·罗伊斯的发动机为30多种机型提供动力，全球有1万4千多台发动机正在服役。现场服务工程师常驻各大机场，为客户提供现场技术服务支持。罗尔斯·罗伊斯与中国民航局（CAAC）及中国各航空公司合作，为民航系统中青年领导干部提供管理和技能培训。

6.4.3.2　服务化面临的挑战

1. 开展在船舶领域的服务化

罗尔斯·罗伊斯日前宣布与谷歌签署协议，进一步开发智能感知系统，用以提升现有船舶的安全性。该系统是实现无人驾驶船舶的关键。根据签订的协议，罗尔斯·罗伊斯将利用谷歌云机器学习引擎，进一步训练其基于人工智能的分类系统，用于探测、识别和跟踪船舶在海上可能遇到的各种物体。

罗尔斯·罗伊斯将使用谷歌云软件来创建定制机器学习模型，以更好地阐释其创建的大型和多样化船舶数据集。罗尔斯·罗伊斯还将利用自身在船舶领域的专长来准备数据，训练模型，确保数据的相关性和充足数量，以建立数据的统计学意义。作为机器学习过程的一部分，模型的预测能力将在实际船舶应用中进行评估，从而得到进一步优化。通过结合大量传感器数据以及自动识别系统和雷达等现有船舶系统提供的信息，智能感知系统将提升船舶的安全性、方便性和作业效率，让船员更加全面地了解船舶周围环境。

2. 推出智能发动机，增加服务化程度

2018年，罗尔斯·罗伊斯在新加坡航展上推出了开创性的“智能发动机（Intelligent Engine）”愿景。随着航旅客流的高速增长以及对高效旅行需求的不断提升，罗尔斯·罗伊斯为飞机动力制定了未来愿景，旨在帮助航空业更加可靠和高效地运输旅客。

在数字化时代，除设计、测试和维护发动机之外，“智能发动机”愿景描绘了航空动力的未来。更强的互联性、情景感知以及理解力，将有助于进一步提升发动机的可靠性和效率：第一，与其他发动机、支持生态系统以及客户实现互通互联，实现多方规律双向信息流；第二，感知运行环境、制约因素和客户需求，实现无须人工干预自动响应；第三，从自身经验和所在网络中学习，调节自身行为，实现最佳性能。

6.4.4　启示

1. 敢于创新与挑战

罗尔斯·罗伊斯公司是一间百年老店，其发展过程一波三折，曾多次徘徊在波长边缘，但都顽强地重新崛起并注入活力。罗尔斯·罗伊斯站在时代的发展前沿，把握住全球制造业发展的脉搏，成为全球的主要发动机提供商。

2. 有最优秀的团队

罗尔斯·罗伊斯与全球最杰出的专业人才合作，为可靠、环保动力系统的未来做出贡献，最大限度地提升自身技能和专长，以及通过供职于一家卓越、可靠和诚信的企业获得国际从业经验。罗尔斯·罗伊斯人有着至诚至信精益求精的专业态度以及对未来愿景的不懈追求。

6.5 卡特彼勒：供应链管理服务，工程机械的服务化先驱

6.5.1 基本情况

卡特彼勒公司（Caterpillar lnc.）成立于1925年，总部位于美国伊利诺伊州，是建筑和采矿设备、柴油和天然气发动机、工业涡轮机及柴电机车领域的全球领先制造商。20世纪80年代至90年代初，卡特彼勒遭遇日本企业的强势竞争，全球市场份额及营收不断下滑。90年代中期，卡特彼勒发起组织变革，并开始布局全球业务链，其中服务业务成为其重要一链。卡特彼勒由此挽回颓势，重新屹立于业界。2017年，卡特彼勒全球销售及收入总额为455亿美元，位列《财富》美国500强排行榜第74位。2018年，卡特彼勒再接再厉，在《财富》美国500强排行榜中跃升至第65名，并居该榜“建筑与农业机械”行业榜首。

90年多来，卡特彼勒不懈努力，促使可持续进步成为可能，并在全球各大洲积极推动变革。卡特彼勒协助客户进行基础设施建设、能源和自然资源的开发。卡特彼勒主要运营三大业务板块：资源行业、工程机械、能源和交通行业，并通过金融产品部门提供融资及相关服务。卡特彼勒已18次被列入道琼斯可持续发展指数。2017年年末，卡特彼勒在全球拥有98400名员工。

6.5.2 服务化表现

卡特彼勒以提升产品全生命周期为起点，形成全球的营销管理服务体系，增强供应链的精益化水平，创新发展金融服务手段和模式，走出一条新型的服务化道路。

1. 具有双重的风险管理机制的融资租赁服务

20世纪90年代，国际机械工程厂商都认识到了融资租赁的重要性，因此融资租赁服务成为一种流行的制造业服务化方式，卡特彼勒也不例外，它将自己的金融服务部门独立出来，成立了专门的金融服务公司。卡特彼勒的特色在于它的融资租赁服务不仅高效，而且风控得当。

原则上，卡特彼勒在接到资信材料后24小时给予审批结果答复，但风控上它建立了两道屏障，第一道风险屏障是为有效防止人情因素引起的风险，首先由代理商负责项目开发，租赁公司完成项目审批，然后由代理商负责筛选与资信材料送达，卡特彼勒融资公司负责项目审批。第二道风险屏障是权与钱管辖分离。卡特彼勒融资租赁公司只有审核权，其拨款与否需要卡特彼勒金融服务公司再次审核才能决定，这样避免

了审批者因自己可以动用资金而放松项目审批的标准。

融资租赁业务快速成长，助推卡特彼勒业绩增长，1991—2009 年其金融服务收入增加了 8.2 倍，年均复合增长率达到 13%，而同期公司总收入增加了 2.2 倍，年均复合增长率为 7%。

2. 覆盖全球的高效物流服务网络

早在 20 世纪 80 年代，卡特彼勒就建立了物流中心，开始时只为自身产品用户提供零部件供应服务，但到 90 年代，随着卡特彼勒的全球业务链的展开，卡特彼勒着手建立全球统一的物流体系。目前，卡特彼勒旗下的物流服务公司，通过全球 25 个国家或地区的 105 家办事处和工厂，为包括汽车、工业、耐用消费品、技术、电子产品、制造业物流及其他细分市场内，超过 65 家的领先企业提供世界级的供应链整合解决方案和服务。现在位于全球任何地方的客户，都可以在 48 小时之内得到所需的零部件，为客户及时恢复作业提供了保障。卡特彼勒是全球最重要的第三方物流企业之一。

卡特彼勒首先有完善的面向全球的产品分销体系，在全球建立了规模最大的独立工程机械分销体系，代理商从 1988 年的 1400 多个增加到 2009 年的 3158 个，代理商雇员超过 13 万人。其次是实施供应链管理发展战略，目前卡特彼勒构建了遍布全球的售后零配件多级供应网络，其物流在全球 26 个国家的 100 个物流设施向超过 200 个国家提供物流服务，服务于福特、沃尔沃、东芝、霍尼韦尔等 50 几家的大客户。

3. 全面开展再制造服务

再制造是卡特彼勒核心竞争力重要的组成部分，它在卡特彼勒的业务流程中起到了一举多得、各方收益的作用，并完善了二手设备市场业务。对客户而言，有些客户将不再使用的设备返销给卡特彼勒实现资本流动，有些用户的设备用再制造零部件进行检查维修，降低了机器维护费用，同时也增加了客户购买新机器的愿望。对卡特彼勒而言，再制造产品成本不到新品的 50%，售价却可以达到 55% ~65%，因此与新品比较，利润率高、性能不相上下，但价格优惠，有助于打开价格敏感市场。

同时，卡特彼勒详尽的维修记录，与提供金融服务和二手设备销售挂钩，一直可以跟踪到设备报废，这样一来卡特彼勒就将客户纳入了自己的全生命周期服务体系。此外，为了激励代理商支持再制造业务，卡特彼勒将很多利润放在了售后的服务环节，同时客户在购买设备时，销售价格里面都包含了一部分“押金”，客户只有在退回旧件时才能收回这部分押金，这样就解决了再制造的原料问题。

6.5.3　服务化成功的经验分析

卡特彼勒的服务化转型取得成效，表现在加强和巩固全球市场的领先地位，销售额实现稳步增长；培育了公司新的业务增长点，业务产品种类繁多，包括物流服务、金融服务和再制造服务等；增强了企业的市场竞争力。

6.5.3.1 让代理商成为伙伴

卡特彼勒将分销系统视为客户需求信息的反馈渠道，能够促使公司推出新产品和改进服务。因此，卡特彼勒严格挑选代理商，与那些熟悉当地情况、接近客户并掌握实际需求状况、能够提供快捷服务的代理商建立了一种长期、稳定的关系，并将不压榨代理商作为其最主要的原则。在此基础上，卡特彼勒的“一站式服务”水到渠成。

所谓的“一站式服务”就是，不管客户是哪种类型，有钱的还是没钱的，想买新设备还是二手设备，想租赁还是分期付款，想维修还是卖出现有设备，客户都能在代理商的营业网一次性解决。由于卓越高效的代理商网络，卡特彼勒能将因机器故障造成的损失降到最低，也使卡特彼勒的承诺——“对于世界上任何地方的卡特彼勒产品，都可以在 24 小时内获得所需的零件和售后服务”真实可信。

6.5.3.2 先进的技术，助力于服务化

无论是首台蒸汽动力履带式拖拉机、平地机，还是标志性的高架履带轮，卡特彼勒的创新产品与技术始终积极推动着全球工程机械行业的发展与进步。

1. 大型矿用卡车的自动化操作系统

卡特彼勒应用大型矿用卡车的自动化操作系统，帮助客户提高工程作业的安全性和生产效率。其可以准确判定附近物体的位置、预测其他车辆的行驶轨迹、实时传输设备的位置和运行状态。还可以帮助客户争分夺秒，将工作效率提高到极致。

2. 3D 打印

2016 年，卡特彼勒在美国伊利诺伊州 Mossville（莫斯维尔）市开设了增材制造（3D 打印）工厂。通过 3D 打印，卡特彼勒可以将多个零件合并为一个，从而减少组装工序、降低潜在的质量问题。同时，利用这项技术，卡特彼勒可以为客户提供量身打造的零部件，帮助客户更好地完成工程作业项目。

3. 无人机技术

通过无人机技术，卡特彼勒可以实现数据收集、地形测量等任务，通过进一步的数据分析处理，绘制出高精度、高密度的地形图。借助无人机和摄影测量技术，卡特彼勒为客户提供了更多解决方案，包括材料库存管理、建立站点地图和监测项目进展等。

4. Cat© Connect 智能技术和服务

卡特彼勒的 Cat©Connect 致力于通过向客户提供必要的数据和分析，帮助其提高生产力、生产效率与安全性，从而解决甚至预测客户所面对的挑战。

5. 虚拟仿真技术

通过虚拟仿真技术，卡特彼勒的工程师们可以探索潜在的产品和工艺设计，而不必耗时耗力耗材去制造样机。同时，虚拟仿真技术的应用可以有效缩短产品验证时间、提高产品开发效率，减少重新工作的时间，最重要的当然是技术创新的进程得以大幅加快。

6.5.3.3　真诚服务客户的态度

卡特彼勒船舶动力 MaK 提升产能与服务，为客户成功定制解决方案。对于今天的船运业来说，效率显得至关重要，因此卡特彼勒一直在帮助客户降低维修时间与成本。比如，卡特彼勒同时在中国安庆设立了 MaK 装配工厂，为亚洲地区的本地客户提供更加值得信赖的 MaK 发动机产品。在 MaK 位于安庆的装配工厂，卡特彼勒可以为客户提供他们所期望的 1020～3000 KW MaK 发动机，保证质量和准时交货。MaK 安庆工厂采用与德国的 MaK 工厂完全相同的工艺，使用完全相同的质量标准，只为更好地满足客户的需求。

另外，为了帮助客户成功，卡特彼勒正不断提升 MaK 安庆装配厂的产能和服务，并提供专业咨询和定制服务，依据客户的运营需求确定最适合的发动机和推进系统，其成千上万个遍及全球的服务点也组成了世上最顶尖的服务网之一，为客户提供坚强后盾。正因为技术与服务兼具的特色，几十年来，数百万船舶制造商和船东一直信赖卡特彼勒船舶动力和 MaK 品牌，使其船队持续强韧运作。

6.5.4　启示

卡特彼勒在遭遇日本企业的竞争时，果断放弃价格竞争的市场策略，加速企业的战略转型，使服务业务成为公司的重要一链，这对于其他工程机械企业的服务化转型具有重要的借鉴意义。

1. 注重技术创新与研发

创新是卡特彼勒的 DNA。在如今的加速时代，卡特彼勒也正在加快创新速度，加强与外部的合作并紧跟客户需求与行业趋势，目标就是一个：用卡特彼勒的解决方案，帮助客户构建更加美好的世界。

2. 积极履行社会责任，实现可持续发展

在助力供应商提升管理水平和产品质量，构建可持续的生产和经营机制的同时，卡特彼勒也积极带动供应商遵守与环境相关的法律法规，通过节约水资源、减少温室气体排放、提高能源使用效率和减少废弃物等多方面的努力，减少对环境的影响，使其经营模式能够更加可持续性地发展。

7　智能化

7.1　翼卡车联网：利用“车联网大数据”，提供智能化服务

7.1.1　基本情况

广东翼卡车联网服务有限公司（以下简称“翼卡车联网”）成立于2011年5月，注册资本3900万元，注册地在佛山，是一家大数据的行车安全服务运营商。翼卡车联网是一家通过链接车厂、后装、车主产生人车行为大数据，为智能网联汽车行业的UBI（Usage Based Insurance，汽车里程保险）车险、高精度地图、汽车消费金融、自动驾驶等提供基础支撑的平台型公司。在智能网联汽车的大时代背景下，翼卡车联网凭借成熟的人工服务基地、七年丰富的服务经验、强大的技术后台支持、社会各界的认可、夯实的客户基础，利用人工+智能的方式专注行车安全服务，守护车主每一次的行车安全，现在拥有的核心战略产品“行车SOS”通过真人视频陪伴，强大的人工服务后台，实时进行紧急救援，时刻守护车主安全。翼卡车联网取得一系列荣誉，2015年获批成为高新技术企业；2017年获得第六届中国创新创业大赛国赛的三等奖、第十九届中国专利优秀奖等。

7.1.2　服务化表现

翼卡车联网集自主研发、系统集成、服务运营、产品销售于一体，竭力为客户提供安全、便捷、舒适的车联网技术应用与互联网+产品服务。图7－1为翼卡车联网商

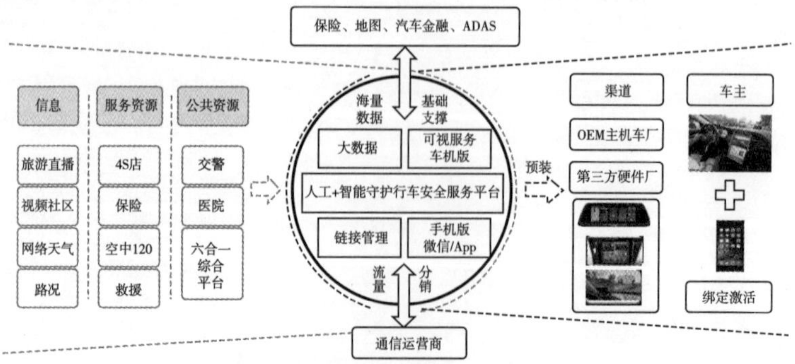

图7－1　翼卡车联网商业生态图

业生态图，可以看出翼卡车联网主营业务涉及互联网 + 制造行业，实现制造业服务化转型智能化服务，研发出以车联网大数据场景应用的解决方案，充分利用“车联网大数据”及移动互联网的发展大势，针对车载厂商与车主用户的需求提供灵活、可控、稳定的车联网大数据解决方案。

1. 翼卡车联网具有强大的智能服务化平台

翼卡车联网在行业沉淀七年，用户数近 450 万，就平台、服务、用户及资源而言，是国内最大的车联网公司。翼卡车联网拥有行业领先的智能化驾驶服务平台，300 亿次/月场景计算、每年超过 500T 的数据收集、端到端全数字化运营、OEM 主机厂成功案例平台数据支撑；呼叫中心 300 多个座席、1000 万次年语音服务、5 万多车主救援服务经验构成成熟强大的人工服务后台；并且用户月活跃数达 150 多万，拥有市场 225 家战略合作伙伴的支持；用最低成本的流量资源打造平台 + 服务 + 用户 + 资源核心竞争力（见图 7－2）。

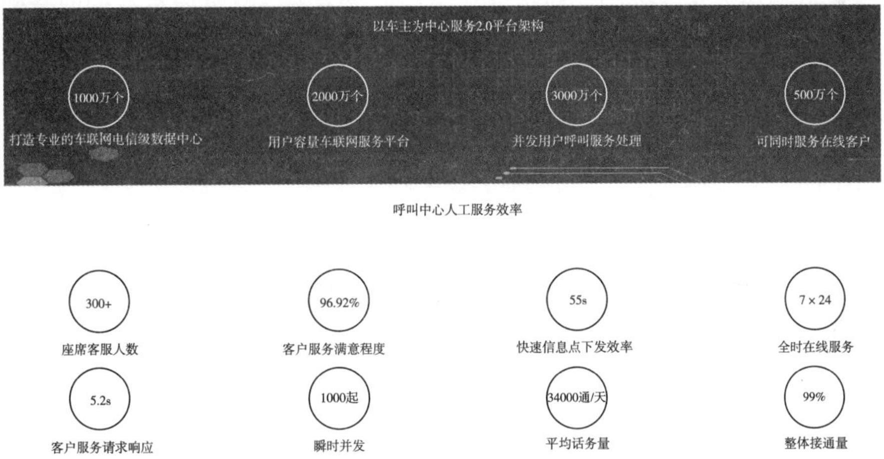

图 7－2　翼卡车联网的智能化驾驶服务平台

2. 为车主提供系统性解决方案

推动智能化分支车联网大数据的普及，让翼卡车联网在线场景服务应用受益于更多的车主，让解决方案更有效地在汽车电子行业中得到广泛的应用，提供有价值、有体验感的服务给广大车主用户。如图 7－3 所示，翼卡车联网的战略规划分为 4 块：针对车主（行车全周期的安全服务）、行业（增值配套，助力产品升级）、产业（增值变现，推动产业发展）及社会（优化驾乘环境，安全护航）。从产品服务着手可划分为 4 类：行车 SOS、轻奢翼族服务、蓝牙一键通和 TSP 平台定制。从业务体系着手可划分为 4 类：后装智能硬件类（翼卡 + 智能后视镜 + 大屏机）、OEM 业务类（以数据应用为着力点，以增值运营为核心，与车厂深度合作双赢）、金融保险类（保险公司与翼卡车联网联合成立项目，翼卡车联网为保险公司特别定制服务与合作）、用户运营类（7

年超过400万，一段探索车主渴望的征途）。

图7-3　翼卡车联网的战略规划

3. 为车厂提供整体解决方案

翼卡车联网还为保险公司、高精度地图、消费金融等提供海量数据的基础支撑，为OEM车厂提供TSP（旅行商问题）整体解决方案，进行合理的价值变现。另外，针对车主端，通过用户运营，提供车主续费率，并且引导车主小额消费，打造个性化VIP（重要人士）安全小额增值会员包。

7.1.3　智能服务化历程

翼卡车联网实施服务化转型的决定原因是发现通过服务才能同B2C端用户进行连接，通过通信端连接拉取用户大数据，通过用户的数据才能产生更多精准服务及营销，共联更多的商业模式。翼卡车联网服务化转型经历以下三个阶段。

1. 初创期（2010—2015年），简称1.0阶段

在1.0阶段主要是对标“安吉星”模式，建立后台呼叫中心提供后台的安全服务、一键导航、道路救援等，在此期间创新了蓝牙一键通发明专利，借助用户手机低成本地解决了通信车机导航不能承载硬件通信费用成本的难题。第一靠服务，第二靠为硬件产品销售增加了溢价及卖点，第三靠智能手机未替代车机导航的时机。翼卡车联网用户对一键导航的依赖性，主要是通过续费产生利润增长，当时续费率在20%~25%，因而能在初创期生存下来，活下来，坚持下来。

2. 业务拓展期（2015—2017年），简称2.0阶段

2015年，智能网联汽车时代初现，翼卡车联网发现连接是一次重要的商业机会，接入了三大电信运营商（电信、移动、联通），构建共享流量池，利用多年运营形成的渠道业务分发能力，将流量分发到联网的设备厂家，翼卡车联网帮其统一接入并通过免费方式分发给硬件厂家，降低了制造厂家的成本及销售难度，引领网联汽车的发展，翼卡车联网从安全服务后台+安全连接形成了两个刚需的服务产品，在此期间推行会员服务，把这两个服务能力，打包成会员特权，通过无限流量的特权及

无限次安全服务的提供，为企业打造人工加智能的安全服务，使公司得到了很大的发展（见图7－4）。

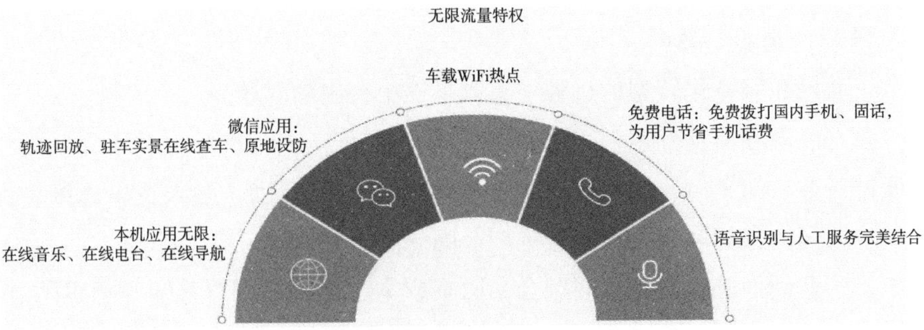

图7－4　翼卡车联网的业务拓展期表现

3. 智能网联风口期（2017年至今），简称3.0阶段

传统制造业影子带来了发展束缚、难以拉入资本投资进行运作等问题，以此为转型的契机，2016年9月，翼卡车联网从好帮手制造业体系内剥离，将翼卡车联网变成独立运营公司，迎接智能网联风口期发展的新机。2017年6月翼卡车联网获得4000万人民币A轮投融资，现在的翼卡车联网拥有一个“资本＋产业机会＋自有核心服务沉淀的大规模市场”形成的商业模式，在这个阶段，翼卡车联网完成了用户会员付费的转化率，续费转化率达到了47.5%，使翼卡车联网从送流量转化成用户付费，实现经济收益，让翼卡车联网现金流达到持平并能持续运营。

7.1.4　成功因素与经验教训

1. 服务化成功转型的因素分析

翼卡车联网服务化成功转型归因于其具有灵敏的市场嗅觉、强大的技术团队、符合时代发展的契机。翼卡车联网在未来也将坚定不移地深化服务化，随着智能网联汽车的出现，基于车主安全服务和产业链价值已经很清楚，在深化过程中，能通过更多的人、车驾驶行为的大数据，连接金融、保险、二手车、内容电商等一系列无限空间的智能未来商业。

翼卡车联网进行智能服务化转型的契机是2009年好帮手集团进行五年战略规划时，将苹果跟诺基亚的商业模式进行深度分析，得出以下三个硬件商发展痛点。

第一，随着智能硬件的普及，纯粹靠硬件盈利的模式比较单一，竞争壁垒比较低，对技术要求很高，需要不断开发新技术，才能产生新的高利润，随着行业的发展成熟，技术周期越短，意味着纯粹硬件的利润越低。

第二，竞争的压力特别大，竞争压力的背后就是低价，把利润拉低，打价格战，质量品质杂乱单一缺少特色。

第三，随着汽车电子的装配越来越高，市场规模越来越大，会吸引更多的玩家进来，竞争日益加剧，好帮手越来越认识到不能单靠纯粹硬件盈利，必须要转变成硬件销售后给车主提供更多的服务，形成一个可持续盈利模式，2009 年 12 月 18 日的好帮手五年战略规划会议上决定，转型的任务落在翼卡车联网身上来实现。

2. 服务化的经验与教训

翼卡车联网在服务化转型的过程中有以下三个突出的问题。

第一，互联网和移动互联网的思维，在车联网及其产业思维上并不完全适用。需要不断通过行业认知角度，积极加入互联网圈子和论坛活动，融入逻辑思维，保持与车厂、保险公司的密切联系，才能融进产业圈子。

第二，产业硬件思维与互联网融合，面临成本、渠道、用户感知等意识困难问题。在这方面，翼卡车联网还需要通过引进专业人才，吸纳来自互联网、通信、保险、车厂等高管的加入。

第三，跨界时期，对跨界内的产业价值不能尽快地融合识别。需要通过外聘行业顾问，进行深入研究，针对车主服务的触点，去深度了解车主使用场景。基于用户使用需求拉动构建商业逻辑。

3. 深化服务化转型的主要障碍

目前存在跨界的产业异构，产业互联网的特征是互联网纯粹地大规模发展用户，通过长尾效应去获取利润，由政策的行业机构关注智能网联下的生态玩家、生态企业能更好地推动产业发展。

第一，政府层面要多出鼓励性政策支持，包括但不限于引进人才的激励、产业集群的扶持、土地厂房和办公场所租赁的税收优惠，服务产业的创新周期比较长，在贷款、产业资金扶持等方面得到一些支持。

第二，研究机构要更多鼓励创新产业深化的典型标杆，在各类研究报告、政府场所和行业盛会去大力推广典型标杆，引领产业做出的贡献，取得政策及公众的认可，让团队更有信心及动力前行。

7.1.5 启示

1. 制造业服务化标杆企业的借鉴

随着制造业服务化大流的发展趋势，其他企业需要借鉴制造业服务化的标杆企业。翼卡车联网是行业典型的服务化转型企业，将被更多企业借鉴和学习。

2. 敢于创新的魄力

制造业公司转型需要从以下 2 个维度去思考，第一需要深化自身制造硬件的核心能力，敢于跨界把自己的硬件作为基础去引进产业生态玩家，共同把智能硬件发挥到最大化。第二需要更多的开放，在保护硬件的核心能力价值基础上，更多地大胆创新。

7.2　金邦达：用“芯”更精彩，智能金融服务化

7.2.1　基本情况

金邦达宝嘉控股有限公司（以下简称“金邦达”）成立于1995年，于2013年12月成功登陆香港联合交易所主板。金邦达是中国唯一一家同时获得中国银联、维萨、万事达、美国运通、JCB（吉士美）和大莱六大信用卡组织认证的产品提供商，同时也是国家高新技术企业、商务部重点联系服务外包企业、广东省企业技术中心。金邦达主要为全球客户提供支付系统平台、嵌入式软件和安全产品、数据处理服务、发卡系统、多应用终端以及针对客户定制化的解决方案等，业务涉及金融、社保、卫生、交通、零售、移动支付、身份认证、第三方支付、智能城市、智能健康等诸多领域，全力打造本集团在金融支付与信息安全产业中的生态系统圈。

作为全球顶尖的金融卡和数据处理服务提供商，金邦达在积极参与国家相关行业标准编制、起草的同时，坚持对互联网金融、移动支付、智慧城市、主机控制仿真技术（HCE）、基于身份加密（IBE）和技术属性加密（ABE）算法等前瞻性技术领域持续研发投入，以客户需求和前沿技术驱动创新，使公司始终处于行业前沿，引领行业发展。

7.2.2　服务化表现

1. 金融智能服务解决方案提供商

金邦达承接工信部推广国产芯片、国密算法在国家金融领域的应用示范项目，是全国仅有的三家国密算法国产芯片金融IC卡推广示范企业。金邦达在产品研发、安全控制、质量保证、服务时效、定制化程度等方面均处于行业领先地位，现工艺技术和装备达行业领先水平，亦是同业质量及信息安全管理标杆。

2. 金融外包服务产业链的延伸

金邦达不断自主摸索智能化流程体系用以推进集约高效生产网络，实现服务型制造企业的转型升级，巩固金融智能服务核心业务，进一步提升金融智能服务产业竞争力。专注安全，金邦达致力打造更高级别安全保障体系，持续引领行业安全标准，全力打造金融信息安全产业生态圈。

以互联网+思维为战略指导，金邦达延伸金融外包服务产业链，借助云服务平台实现产品设计定制化、发卡服务云端化、终端设备共享化的创新发卡模式，积极开拓产业上下游的资源整合及协同发展。以智慧工厂为抓手，金邦达依托集成化、智能化运营服务系统，实行数字化运维、高效与安全的新型服务化制造模式，实现生产信息的集成与共享，提升生产全流程的成本管控、质量控制和安全可控，巩固行业引领者

地位。

3. 业务流程的智能优化

金邦达积极探索智能制造，为实现卓越的金融智能服务解决方案提供坚实保障，通过持续地对研发设计、生产运营、定制化服务、风险控制、供应链管理等业务流程的智能优化，建立面向未来的综合竞争优势，推进金融智能产品智能制造升级，为金融、政府、卫生、交通、零售等广泛领域客户提供定制化、个性化以及柔性化增值服务，最大限度地增强客户黏性，为中国金融智能服务产业全球市场竞争提供可复制、可推广的产品及服务。

4. 打造服务平台和产业链生态系统

金邦达持续推动“平台 + 服务”的战略升级，GCaaS 云平台是金邦达金融科技在 O2O 模式下的业务创新，是在巩固发展原有核心业务的基础上，与合作伙伴及客户联手打造的一个共赢服务平台及产业链生态系统，可为全球发卡机构、商户、持卡人提供包括电子商务、业务综合管控、数据任务综合处理以及智能卡应用服务等一站式解决方案。另外，GCaaS 云平台以个性化解决方案向运营商的职能升级，渗透进入信用卡运营、城市交通运营等领域，通过个性化、定制化的“平台 + 服务”进一步拓展到不同的应用领域。

7.2.3 服务化成效及成功因素分析

7.2.3.1 服务化所取得的成效

金邦达现有职工人数 1600 余人，专职研发人员 400 余人。金邦达 2013 年销售额首次突破了 10 亿元，近四年保持稳健增长，2016 年全年实现营业收入 14.22 亿元、净利润 2.4 亿元、税金 1.03 亿元。其中，金邦达服务化进程步伐加快，从表7 - 1可以发现，计算机、通信和其他电子设备制造业务收入在 2015—2017 年期间出现下降趋势；相反，金融技术服务收入占比突破 2015 和 2016 年的 15%，2017 年达到 17%。这一方面说明金邦达加快智能金融服务化的进程，另一方面说明金邦达服务化效果明显。

表 7 - 1　　金邦达的主要业务名称及其收入占比

年份	主要业务名称及其收入占比	
	业务 1	业务 2
2015	计算机、通信和其他电子设备制造业 85%	金融技术服务 15%
2016	计算机、通信和其他电子设备制造业 85%	金融技术服务 15%
2017	计算机、通信和其他电子设备制造业 83%	金融技术服务 17%

7.2.3.2 服务化成功的因素分析

作为智能卡制造行业、金融智能服务领域的龙头企业，金邦达在服务和市场开拓等方面有着行业综合领先优势，产品研发、质量保证、服务时效、生产过程的安全控制、定制化程度等方面均处于行业领先地位，在业内积累了卓越的品牌影响力。

1. 积极调整发展模式，适应市场需求

针对生产订单及供货的市场需求多变给智能卡生产企业的生产组织带来较多变化和不确定性的因素，金邦达结合多区域生产格局、差异化的生产模式、传统工艺与创新工艺并存的模式，积极创新管理模式，以智慧工厂系统为支撑，适用多样性生产流程，开展集成化、智能化运营生产管理平台建设，不断提升生产组织运营能力、质量控制能力、成本控制能力，全面满足市场及对外合作的需求。

2. 产品不断推陈出新，满足多样化需求

金邦达积极与世界顶尖学府、全球领先的安全技术公司和芯片厂商展开技术交流与合作，致力于安全加密技术的前瞻性研发，目前已经在物联网安全模块、手机 App 白盒技术、智能家居、机器交互等领域进行技术储备。在电子身份与应用领域，金邦达亦有成熟的技术和产品。未来，这些技术将被充分地运用在智能金融自助设备、海外市场身份证件等新兴领域，成为金邦达新的增长动力。

3. 完善相配套设施，保障智能服务化顺利运行

金邦达智慧工厂优化资源管理层，包括不断优化现有企业资源管理平台 ERP 系统、建设实施工艺管理平台 PLM 系统、完善供应链协同管理 SCM 系统、开发建成仓库管理 WMS 系统；建立现场执行层，包括实施数字化车间管理 MES 系统和高级自动排产 APS 系统；配置智能化设备，研发数据采集平台，实现数据实时采集和共享；实施条码化管理，实现资源层、执行层、设备的无缝对接、互联互通，并进行生产数据的智能化分析。

7.2.4 服务化的问题与挑战

7.2.4.1 服务化存在的问题

1. 市场缺乏金融安全解决方案

金邦达所在金融信息安全领域涉及安全加密技术及敏感信息的安全传输，各类金融体系和监管机构对信息安全要求特别高，市场没有现成、适用的解决方案。金邦达智造升级及平台拓展的实施模式以自主开发为主，利用现有成功的经验和技术，还将进一步开发模块式的工业互联网系统，向潜在的第三方提供相关的工业互联网技术咨询服务。

2. 缺乏政府相配套的资金支持

金邦达由于“平台+服务”系列项目周期长、投入资金大，通过项目落地实施将实现全生产过程管控优化、生产设备管理优化、供应链协同制造等可观的应用成效，

带动行业应用安全、高效的运营模式以及产业上下游的有效对接配套，希望政府方面可以给予项目相应的配套资金支持。

7.2.4.2 服务化面临的挑战

1. 产品更新快，个性化定制需求

随着国内芯片卡发行量的大规模迁移完成，智能卡应用领域也在不断拓展，“小批量、个性化、定制化”已经成为智能卡行业共同面临的问题。随着市场需求的多样化、产品更新换代速度的加快，传统的企业运作模式已经不再适应企业发展的需求。仅从生产的角度看，传统的生产方式难以按市场要求组织多品种生产，生产计划控制能力弱，导致高库存和高成本，不能对市场进行灵敏反应，供货及时性难以保证。在这种情况下，建立高效率、高柔性和低成本的生产系统，进行多品种小批量的快速生产，满足用户需求成为当务之急，智能生产模式的全面导入势在必行。智能卡制造企业需建立智能化运营生产服务系统进行多品种小批量的快速生产。

2. 智能化设备改造，需要生产管理相呼应

近年来金邦达积极推进的智能化设备改造为实施智能化生产提供了现实基础。金邦达自 2013 年开始启动金融 IC 卡及个性化生产线的智能化设备改造，改造工程完成后金邦达现工艺技术和装备达到行业领先水平，工艺装备总体改造进一步提升企业信息化水平。生产现场的变化给生产管理提出了新的挑战，需要站在系统管理的高度，对原有管理模式进行整合重组，搭建适应行业特点的集成化、智能化运营生产管理平台“金邦达智能卡智慧工厂”，强化运营优势，通过提升运营综合能力，打造集约高效、安全可控的智能卡生产网络。

7.2.5 启示

金邦达是国内智能卡制造行业、金融智能服务领域的龙头企业，连续五年蝉联中国市场第一，国际市场占有率仍在稳步增长，在行业内属于技术和产品双领先的领军企业。对于相关行业实施服务化转型，具有重要的借鉴意义。

1. 企业上下游联系紧密，精细化运营

金邦达智慧工厂以生产管理为核心，实施智能化改造、信息化运营，形成以数据驱动、工艺路线为准绳的生产流程控制管理平台。精细化运营服务系统进行生产现场数据的实时采集和分析，联动在线订单、智能排产、电子工艺、仓储物流等，确保信息流、指令流、实物流的连通，实现生产信息的集成与共享，提升智能卡生产全流程的成本管控、质量控制和安全可控。

2. 提高企业运行效率

金邦达现智能运营水平处于全球同行业的前列，通过投入建成柔性、快速的集成化、智能化运营服务系统，实现缩短交期、快速响应客户定制化诉求和降低成本的运营目标，实现了个性化产品、弹性运营和控制生产成本三者的平衡，有效提升

了运营效率。精准、高效的智能运营体系、技术及管理经验已成为金邦达核心竞争优势。

7.3　广电运通：高科技循序渐进，打造服务化产业链

7.3.1　基本情况

广州广电运通金融电子股份有限公司（简称“广电运通”）前身是广州广电运通金融电子有限公司，成立于1999年7月8日，是集自主研发、生产、销售及服务全产业链于一体的现代化高科技上市企业（股票代码：002152）。广电运通聚焦从金融安全到城市大安全的战略布局，致力于成为全球领先的行业人工智能解决方案提供商，业务涵盖智能金融、智慧政务、智能交通与平安城市等领域，在生物特征识别、区块链、人工智能等前沿科技领域进行了大力研发并取得成功应用。

目前，广电运通的智能金融装备解决方案已进入全球80多个国家和地区的1200多家银行客户，在俄罗斯、土耳其、德国等国家设立分支机构，全球ATM安装总量超过25万台，连续十年位居中国市场销售占有率首位，综合实力排名全球前4强。广电运通还拥有全球领先的智能金融科技研究院及人工智能研究院，由4名院士领衔、12名博士带头的近千人专业研发团队，设立了国家级企业技术中心、博士后科研工作站等。在新一轮信息革命浪潮中，广电运通将持续打造基于公共安全的人工智能技术与服务的优势，以智能金融业务平台为主体，向高端服务和人工智能创新产业延伸。

7.3.2　服务化内容及服务化能力建设情况

1. 夯实传统制造业务的传统基础优势

广电运通始终坚持“全球视野·本土运作”的发展战略。在现金清分方面，广电运通全资子公司中智融通开发出系列业界领先的现金物联网解决方案与智能现金处理产品。在智能交通方面，广电运通旗下运通智能在国内自动售票类设备市场占有率居榜首，核心模块方面占据70%以上市场份额，设备及核心模块在中国超过60多条地铁线与30多条高速铁路客运专线得到广泛应用，同时在港澳台地区及南美等国家批量应用。基于移动互联网技术，广电运通率先研发了互联网售检票设备，在广州、深圳等6个城市的地铁实现上线运营，极大地推动了中国轨道交通的智能化进程。

2. 以服务为纽带建立协同共赢产业链

广电运通积极把握“中国制造2025”，推进实施制造强国的发展战略，大力推行生产制造企业向制造服务企业的转变，以及基于“互联网+”行动的机遇，构建顺应技术发展趋势的“互联网+”的自助设备服务平台，充分发挥广电运通在金融

自助设备外包服务领域的龙头企业优势。依托广电运通坚实的技术基础和强大的技术创新研发以及服务能力，围绕银行客户对自助设备运维服务快速响应的需求，创新性地将互联网技术应用于自助设备服务领域，打造自助设备服务生态圈。

截至目前，广电运通旗下广电银通、广州穗通、广电汇通、汇通金融等专业化的金融服务外包企业，已在全国34个省级行政区超过600个城市建立了一支近20000人的专业金融服务团队，用现代化科技运营手段承接和整合银行传统业务，帮助银行实现现代化转型升级。在金融武装押运领域，广电运通旗下广电安保已在全国并购、建立约40家武装押运及金融外包、安防服务企业，以“技术+安防”模式打造中国金融科技智慧服务平台。

3. 引导企业围绕核心技术优势加速创新转型

围绕着“行业同心多元+技术同心多元”的战略定位，在创新业务领域，广电运通与南航、百度三方联合建设了国内首个“人脸识别智能化登机系统”，集成了人工智能生物识别技术，实现了App装载、安检和登机全流程人脸识别，快速完成旅客身份的验证和识别。

在非现金领域，广电运通目前研制的STM（超级柜台）、指静脉售货机、云购票机等智能化设备支持受理非接触、生物识别、二维码扫描等一种或多种支付方式，未来还将不断推出智能时代市场所需的创新产品；在金融科技创新拓展领域，广电运通设立Fin tech（金融科技）研究中心针对区块链、金融智能、大数据等金融科技技术进行立项研发。

7.3.3 服务化转型的历程

7.3.3.1 制造业服务化转型的动因

广电运通母公司广州无线电集团在2008年就积极提出了“高端高科技制造业、高端现代服务业”的战略定位，并通过掌握核心关键技术，实现制造业的高端升级，为制造业向服务业转型发展提供源源不断的助力。

1. 快速响应外部变化

广电运通具有敏锐的市场嗅觉，很早就判断出金融机构对于全外包服务及解决方案的需求变化，结合对国家政策的理解，快速提供适应市场需求的产品及服务。

2. 滚动进行战略调整

广电运通每年都会进行滚动战略研讨，对未来几年进行市场分析、自我竞争力研判，以及产品和技术的预研，做到了战略的与时俱进。

3. 保障创新的可持续

广电运通通过成立研究院，每年投入占营收8%以上的费用用于研发，广电运通保障了创新的可持续性，从而为企业的转型升级提供了技术基础。

7.3.3.2　制造业服务化转型的路径和方向

广电运通围绕金融自助设备一体化综合服务设备的全生命周期管理开展服务，解决生产与服务脱节现象，搭建一个全国性的“全国金融自助设备公共服务平台”，提高我国金融自助设备的总体服务能力及服务水平，推动传统制造业和服务行业的转型升级，促进现代服务业的快速发展。

1. 路径方向一

在保留原有生产制造的基础上，提供基于产品的增值服务，从总体上提升客户的产品使用体验，走“产品服务化路线”。

2. 路径方向二

从聚集产品生产的阶段出发向前端拓展，走“知识技术密集型的高端服务路线”。在保留广电运通原有的生产制造业务的同时，面向专业化市场或新的业务领域，基于拥有的核心技术、研发设计资源能力优势，向咨询策划、试验检测、标准制定和自主产权技术知识支持服务拓展，为客户提供知识密集型、技术密集型的高端服务。

3. 路径方向三

从聚焦核心制造业务环节出发同时向两端拓展，走“产品服务一体化路线”，提供给用户一整套的解决方案。

7.3.3.3　制造业服务化转型的三个阶段（见图7－5）

1. 发展初期

广电运通在全国建立服务站，提供ATM（自动取款机）售后的安装、调试、维修和保养服务，初步建立了服务网络。此阶段，广电运通专注于ATM的制造和研发，服务作为配套和补充。

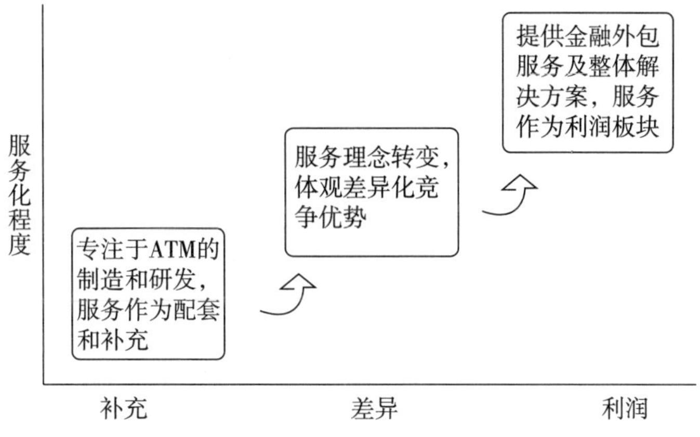

图7－5　广电运通制造业服务化转型的三个阶段

2. 发展中期

2006 年广电运通成立广电银通，开始对高端服务深耕细作。通过在全国建立服务中心，并开始探索全外包运营项目，加上在 2008 年取得了奥运“服务站”零故障的成绩单，服务在这个阶段开始体现一定的差异性，也为广电运通产品提升了附加价值。

3. 成熟期

在 ATM、AFC（自动售检票）等智能设备发展成熟后，广电运通提出了“高端制造＋高端服务”，以及“同心组合”的战略，相继成立广州穗通突破金融外包服务领域，成立中智融通提供清分流水线系统解决方案，并在全国范围内收购武装押运企业布局全产业链战略……有了这些业务延伸基础，加上过硬的产品核心技术和质量，广电运通近年来推出了国产 ATM 系统、VTM 远程视频银行、轨道交通互联网售票设备等解决方案，服务化进程向提供高质量金融外包及综合性解决方案演进，且高端服务作为新动力推动公司成长，成为广电运通新的利润增长点。

7.3.4 成功经验与问题挑战

7.3.4.1 服务化的成效

1. 产品构成

根据表 7－2，可以发现广电运通的货币自动处理设备的收入占比呈明显的下降趋势，由 2015 年的 63.98% 下降到 2017 年上半年的 35.59%；而设备维护及服务业务的收入占比呈快速上升趋势，由 2015 年的 22.27% 上升到 2017 上半年的 43.23%；其他产品收入占比的变化不明显。以上说明广电运通服务化趋势加强，服务业务比重逐渐增加。

表 7－2　　广电运通的主要产品名称及其收入占比

年份	主要产品名称及其收入占比		
	产品 1	产品 2	产品 3
2015	货币自动处理设备 63.98%	设备维护及服务 22.27%	其他 13.75%
2016	货币自动处理设备 56.72%	设备维护及服务 29.55%	其他 13.73%
2017 年上半年	货币自动处理设备 35.59%	设备维护及服务 43.23%	其他 21.18%

2. 人员构成和服务业务收入情况

根据表 7－3，可以发现在 2015—2017 年上半年间，员工总数由 11957 人增加到 23537 人，表明广电运通的生产规模不断扩大。其中，服务业务人数占员工总数的绝大比值，由 86.07% 上升到 90.48%。另外，服务业务收入占主营业务收入的比重也呈现快速的上升趋势，2017 年上半年，其占比超过 50%，达到 52.78%。这同样说明广电运通服务化效果明显，而且服务化趋势加强。

表 7-3　　广电运通的员工构成和收入占比情况

年份	员工构成		收入占比	
	员工总数（人）	服务业务人数占比（%）	主营业务收入（万元）	服务业务收入占主营业务收入的比重（%）
2015	11957	86.07	397294	24.78
2016	20521	90.27	442365	32.66
2017 年上半年	23537	90.48	152995	52.78

7.3.4.2　可借鉴的成功经验

广电运通通过“智造中心”和“全国金融自助设备公共服务平台”的相继建立，在国内率先实现货币智能处理设备制造的数字化、网络化和智能化，提高产品质量的同时提升公司的生产率；结合远程运维服务应用模式，将金融自助设备资源集中智能管理，从而实现风险可控；通过对设备管理的生命周期覆盖，从而减少管理成本。广电运通在促进工业转型升级和发展方式转变的同时，在金融自助设备领域树立智能制造的行业标杆，具体有以下几点经验。

1. 循序渐进的发展模式

智能制造是具有综合性、系统性和整体性的系统工程，广电运通按照“整体规划、分步实施；效益驱动、突出重点；由易到难、逐步完善”的发展思路，分阶段完成，由局部到整体，逐步扩大应用规模，使广电运通的智能制造得到有计划、有步骤地推进。目前，广电运通通过对 PLM（产品生命周期管理）、CRM（客户关系管理）、ERP（企业资源计划）、MES（制造企业生产过程执行管理系统）等系统的建设，借鉴国内外先进的管理方法，理顺组织体系，逐步构建统一、集成、共享的一体化企业级管理信息平台，使各方面资源配置更加科学、有效，增强了广电运通信息系统集成应用水平，使广电运通的智能化发展跃上一个新的台阶。

2. 善于抓重点，破难点

广电运通的智能制造涉及智能产品、智能设计、智能装备、智能工厂、智能供应链、智能服务各方面，为实现真正的智能制造，广电运通抓住获取企业核心竞争能力这条主线，制定出“关键环节技术应用、整体技术应用、运通智造”三步走策略，将智能制造作为主攻方向，从基础到高端、从单项到集成，由点到面，逐步铺开，拓宽应用范围，加深应用层次，最终实现从“制造”到“智造”的转变。

3. 运用高端信息化技术

广电运通将物联网、新一代信息技术等高端信息化技术与产业相结合，使金融服务外包产业逐渐转移到技术密集型产业。未来广电运通将努力使更多的新科技、新元素注入行业中，为储户创造一个安全的用卡环境和体验，为其他厂商生产的金融自助设备提供相应的维保等服务，为各银行的金融自助设备营运服务外包产业降低成本，提高企业和工作效率，为社会创造更多价值。

4. 与时俱进，不断优化

广电运通坚持效益原则、实用原则、适用原则、系统性原则、可扩展性原则。坚持以经济效益和提高竞争力为目标，以“解决实际问题、产生实际效果”作为追求；以“适用、够用、好用”为衡量标准，考虑整体发展需要，实现应用集成，能适应管理模式与工作模式的不断变化，并不断优化，逐步完善。

7.3.4.3 遇到的主要问题与挑战

目前，广电运通正在布局农村金融网络，由于我国农村地区及基层社区支付结算环境存在“基础设施不到位，服务方式单一、服务手段落后”等瓶颈，阻碍了普惠金融的发展，目前存在的主要问题包括以下几点。

（1）农村地区支付结算服务供给不足。

（2）农村地区金融自助机具布设不平衡进一步加剧了供求矛盾。

（3）农村地区基础设施不到位，金融服务方式单一。

（4）最主要的现金存取款服务难题并没有得到有效解决。

7.3.5 启示

1. 注重创新研发，是服务化的原动力

广电运通依托国家级企业技术中心、博士后科研工作站，与中国科学院和中国工程院“两院”院士等专家进行紧密的合作，成立了广电运通研究院。广电运通坚持研发高投入，每年的研发投入占公司总营业收入的8%以上，支持自主研发、自主品牌的技术创新，以市场为导向，不断开发新产品，逐渐完善核心技术，全面提升综合竞争力。截至目前，广电运通有效专利总量超过2000项，80%左右的发明专利应用在公司的核心产品上。

2. 混改转制搞活机制，保障服务化顺利开展

广电运通洞察外界环境变化与行业变革，通过资本运作、并购、投资孵化创新项目等形式，实现产业链全面扩张与国有资产有效增值。2000年前后，广电运通进行混合所有制形式改制，引入职工持股，要求经营班子带头入股，号召骨干员工积极入股，鼓励其他员工自主选择入股。2015年，广电运通实施定向增发和员工持股计划，通过持股将职工利益特别是经营、管理和技术骨干的切身利益与企业利益结合在一起，有效建立起了企业的长效激励与约束机制，使企业与员工形成“利益共同体”，从而奠定了公司后续持续快速发展的制度基础。

7.4 苹果公司：整合数字内容，注重用户体验

7.4.1 基本情况

苹果公司是美国的一家高科技公司，核心业务为电子科技产品，总部位于加利福

尼亚州的库比蒂诺。苹果公司由史蒂夫·乔布斯、斯蒂夫·沃兹尼亚克和罗·韦恩于1976年4月1日创立，在高科技企业中以创新而闻名世界，知名的产品有Apple II、Macintosh电脑、Macbook笔记本电脑、iPod音乐播放器、iTunes商店、iMac一体机、iPhone手机和iPad平板电脑等。

苹果公司1980年12月12日公开招股上市，2012年创下6235亿美元的市值记录，截至2014年6月，苹果公司已经连续三年成为全球市值最大公司。苹果公司在2016年世界500强排行榜中排名第9名。2013年9月30日，在宏盟集团的“全球最佳品牌”报告中，苹果公司超过可口可乐成为世界上最有价值品牌。2014年，苹果品牌超越谷歌（Google），成为世界最具价值品牌。

7.4.2 服务化表现

7.4.2.1 互联网的运用

苹果公司创立之初，主要开发和销售个人电脑。截至2014年，苹果公司致力于设计、开发和销售消费电子产品、计算机软件、在线服务和个人计算机。苹果的Apple II于20世纪70年代开启了个人电脑革命，其后Macintosh接力，于20世纪80年代持续发展。苹果公司硬件产品主要是Mac电脑系列、iPod媒体播放器、iPhone智能手机和iPad平板电脑；在线服务包括iCloud、iTunes Store和App Store；消费软件包括OS X和iOS操作系统、iTunes多媒体浏览器、Safari网络浏览器，还有iLife和iWork创意和生产套件。

1. 对基于互联网的娱乐终端与在线音乐资源的整合

苹果公司于2001年开始实施新的商业模式，即推出“硬件（iPod）+渠道（iTunes）+内容（音乐等）”的捆绑销售模式，这颠覆了传统的音乐生产销售运行模式。iPod的销售量由2001年的不如意，在2003年出现转机，再到2008年的1000万左右销售量，迅速占领了整个在线音乐服务。2008年，苹果公司成为美国第二大音乐零售商。

2. 对基于互联网的移动终端与应用软件资源的整合

苹果公司在个体娱乐终端商业模式所取得的成功，促使苹果公司将这一发展模式运用到移动通信市场。至此，苹果公司已从一个电子产品生产制造商转型成为基于终端的内容服务提供商。

7.4.2.2 关注顾客的购物体验

人类社会正在逐渐走向体验经济的时代。IT产业的生命周期相对较短，人才、技术和产品的更新迅速。这种环境下，传统保持公司优势的做法是微软发展模式，即技术不断升级，或以IBM为代表的模式，即服务不断升级。苹果采用的是客户体验升级模式，使用更简洁的设计、更友好的用户界面、更方便的使用场景、更为高雅的外观和更为舒适尊贵的持有感等，这些构成了更好的用户体验。

这种客户体验基于卓越设计的产品之上，包括企业与客户接触沟通的每一个触点上。许多客户第一次走进苹果的店面时，最大的感受就是苹果店的环境设计有别于其他 IT 电子产品的店面。在看上去朴实无华的桌架上，各种产品的展示、使用都恰到好处。

7.4.3 服务化成功的经验分析

营销的成功得益于苹果公司体系的优越性：产品围绕顾客打造，同时给予营销最大的支持；产品和零售传递客户体验。

1. 产品围绕顾客打造

苹果公司在打造一款产品的时候，围绕的中心思想只有一点：顾客体验，在一项技术没有成熟到提供足够好的客户体验的时候，是绝对不会拿出来的，这就是传闻 iPhone 5 会配备指纹识别而在 iPhone 5s 上面才得以真正实现的原因，再来说 Mac，苹果公司奉行"开箱即可使用"的强大功能，所以打造了 iLife、iWork 等一系列的自主应用。

苹果公司的产品和应用都有一个共同特点：基本不需要学习成本。所以在宣传片中会看到 4、5 岁的小孩子也可以非常熟练地使用 iPad、iPhone 等产品，像 iMovie 这样的软件，经过一个小时的店内培训就可以让小孩子们制作出非常不错的预告片，可以说，用户体验功不可没。

2. 产品给予营销最大的支持

在苹果公司 iPhone 5s 的营销策略中，M7 协处理器的命名其实就是一门学问，相对于其他概念，"协处理器"这个概念更容易被绝大多数人所接受。

毫无疑问，苹果公司的 M7 是为了用户体验而打造的，其对营销的支持也是显而易见的，当产品和营销全部指向用户体验的时候，根据产品特性起一个容易被接受的名字，开启一个更容易被讨论的话题，这些都是手段相对高明的营销。

例如，Apple A7 芯片相比于 ARM 11 时代（第一代 iPhone），CPU 处理速度快了 40 倍，图形处理能力快了 56 倍，这些容易记住的数据让用户很快就记住了。

3. 产品和零售传递客户体验

Apple Retail Store（苹果零售店）最大的功能是"探索、发现和购买"，用户在这一过程中，经历了"不知道—知道和了解—认同并接受"，因此良好的购物体验是重中之重。

为此，苹果公司有自己的一套"Apple Customer Experience"（苹果顾客经验）的培训课程，教会员工们如何探寻需求、如何与顾客交流、如何促成购买，这套课程反映到苹果公司的那些视频里，最典型的就是 iPad 的视频资料。

7.4.4 启示

苹果公司近年来成为电子产品领域最具创新活力的公司，包括技术创新、商业模式的创新。在"智能终端 + 内容分发渠道 + 应用软件与数字内容服务"的商业发展模式下，苹果公司成为IT产业发展史上新的经典。其对其他电子信息行业的服务化转型发展具有参考价值。

1. 以“体验经济”取代“产品经济”

苹果公司认为“产品与客户共鸣”“制造让客户难忘的体验”成为新时代先发企业的制胜法宝。在爱立信实验室对全球iPhone用户的调研中发现：70%以上的iPhone用户认为，iPhone是一个时尚且前卫的群体的标识。

2. 全方位传递价值观

价值观的传递是苹果公司最厉害的也是最不让客户察觉到的，每一次介绍硬件产品，最后都会出来关于能源之星认证的一张图片，这是第一项：环保。每一次的视频中，都会有发展中国家甚至是欠发达国家的镜头和故事：苹果公司产品拓宽了他们的信息渠道和展示内容的方式，为世界发展做出了贡献。每一次的视频中，都会有残障人士的加入：苹果公司产品可以提升弱势群体的生活质量。

还有很多高端的、中端的镜头，甚至于企业级的、工业领域的……苹果公司通过宣扬其产品无处不在，为世界做着贡献，慢慢地改变着世界，润物细无声地传递着他们的价值观。

7.5　米其林轮胎：关注道路交通安全，提供一体化售后服务

7.5.1　基本情况

米其林公司自1889年发明首条自行车可拆卸轮胎与1895年发明首条轿车用充气轮胎以来，在轮胎科技与制造方面发明不断。作为全球轮胎行业的领导者，米其林致力于提高货物及人类的可持续移动性，其制造及销售的轮胎被广泛应用于飞机、汽车、自行车/摩托车、工程机械、农机设备以及卡车等多种交通运输工具之上。同时，米其林还通过ViaMichelin. com网站提供出行方面的电子移动支持服务，并出版旅游指南、酒店和餐饮指南、地图及道路地图集。米其林总部位于法国克莱蒙费朗，目前在全球17个国家拥有68家工厂，在超过170个国家中共有112300名员工。米其林设有技术中心，并在欧洲、北美和亚洲各地设有多个研发的运营机构。

米其林除了生产轮胎以外，还生产轮辋、钢丝、移动辅助系统（如PAX系统）、旅游服务（如GPS）、地图及旅游指南，其中地图与指南出版机构是该领域的领导者。米其林还负责生产及推广包括米其林在内的一系列产品，有BFGoodrich（百路驰）、Uniroyal（永耐驰）、Warrior（回力）等品牌在内的各类轮胎。

7.5.2　服务化表现

1. 统一的店面形象和服务标准

米其林的发展策略之一就是将服务视为销售的新动力。近年来，随着产品售卖渠

道的日益丰富，引进驰加店是米其林的服务策略之一。这是米其林在全球推出的轮胎零售服务网络品牌，拥有统一的店面形象和服务标准。

在整洁明亮的零售店中，不仅摆放着米其林的轮胎和润滑油，还配有改装件、蓄电池、车内装饰、驾驶眼镜等多种与驾车相关的产品。它完全颠覆了传统的路边轮胎店概念：统一的米其林店面形象，码放整齐的设备和工具，统一着装、训练有素的员工，都传达着安全、值得信赖的信息。在硬件服务方面，米其林卡客车专业店除了提供轮胎拆装、充气、检查、换位等全方位基础服务外，还提供包括专业的刻沟、翻新、修补、动平衡、车轮定位等服务，全面满足卡客车用户对轮胎安全和效益的需求。米其林卡客车专业店还为客户提供了加入米其林无忧行俱乐部的机会，为客户的安全和效益又增添了保障。

2. 售后服务的延伸

米其林引入驰加店实施制造业服务化战略。驰加汽车服务网络以其全球专业化、标准化的理念闻名于世，服务围绕轮胎、机油、制动三大核心内容展开，消费者能在驰加汽车服务中心免费体验 31 项车辆安全检查，除了多项专业的轮胎服务，如高质量的多品牌轮胎产品选择、四轮定位检测、充气、轮胎修补、动平衡等外，还可以享受到车辆快速检测、更换轮辋、润滑油、刹车、电瓶等二十多项轮胎之外的汽车增值服务。

3. 引入安全管理技术方案，守护公交安全

米其林正与国内外领先机构开发安全管理技术方案，包括 ARIS－V 商用车辆巡检机器人，可帮助车队在夜间进行轮胎检查，提升巡检频率，实现车队资产的数字化、远程智能管理；疲劳驾驶预警系统通过人工智能算法，实现声音报警提示，将疲劳驾驶数据实时同步至云端。

另外，米其林深知车队安全、经济、环保的重要性。米其林将物联网、移动互联网和大数据引入公交行业安全管理，期望让更多公交车队体验工作的便利和效率的显著提升。

4. 共推头盔刹车灯，提高道路交通安全

2018 年 4 月 4 日，米其林与 Cosmo Connected 公司签署了一份为期 4 年的许可协议，面向中国和泰国市场推广智能摩托车头盔刹车灯（Cosmo Moto）和自行车头盔刹车灯（Cosmo Bike）。两款产品的设计理念简单精妙。头盔刹车灯固定在普通头盔后方，位置与后车驾驶员视线平行，刹车灯亮起时十分醒目。一旦发生交通事故，它能侦测到碰撞，并向亲友、急救人员发出救助信息。Cosmo Bike 专为自行车骑行者打造，其闪烁模式能够帮助其他道路使用者更准确地预判骑行者的路线，有利于各方安全通行。

5. 为车队提供全新且全面的解决方案

2017 年，在法国里昂举办的 2017 重卡及专用车辆展览会上，米其林解决方案发布了四款创新数字应用程序，帮助驾驶员和车队经理获得车辆最佳性能和最低使用成本，

同时大幅简化车队日常管理作业，实现资产和运输活动的经济效益最大化。米其林解决方案提供的是有针对性的服务项目，为客户量身定制个性化服务，车队经理可选择并整合最为相关的项目，并最终实现某一管理目标。这四款创新数字应用程序大幅革新了以下车队管理的几个方面：一是最佳路线（My Best Route），帮助运输行业的专业人士选择最佳路线；二是车辆检查（My Inspection），实现车辆检查的数字化和标准化，能针对任何车辆建立简单便捷的适用程序；三是培训课程（My Training），促进和实现驾驶员培训的数字化，便于培训师快速有效地训练驾驶员，并逐渐提高他们的驾驶技能；四是道路挑战（My Road Challenge），该应用程序提供了一个有趣的界面，每天、每周对同一家公司驾驶员的日常驾车习惯进行排名，鼓励良好驾驶行为，以此激发他们的积极性和职业认同感，从而提高整个车队的行车安全。

7.5.3　服务化成功的经验分析

米其林承诺安全性，耐用性，省油性，舒适性，操控性……，米其林服务化成功的最重要因素是其全能表现科技，致力于为用户提供能够展现全面性能的轮胎，消费者无须再从这些看似相悖的性能中做出取舍（见图7－6）。具体内容为以下两点。

图7－6　米其林的全能表现

1. 全力以赴，直面挑战

米其林全面把握客户需求，提供安全可靠的轮胎。轮胎在行车过程中起着几个关键性的作用：车辆的抓地力，动力传送力和方向控制力。通过米其林全能表现科技，米其林持续不断地对轮胎的各个方面性能进行优化，并且不做任何妥协。凭借着对用户需求的深刻理解、卓越的创新能力以及对于领先技术的实践能力，米其林直面挑战，将相互牵制的性能最大化地集合到一起，并植入到米其林的每一款轮胎中，更好地服务客户。

2. 资深的专家提供保障

为确保用户安全，以及可持续发展，米其林有优秀的综合性专家。米其林对于消费者，专业车手以及研究机构的承诺表现在以下几点：一是深入了解驾驶者的期望，以及汽车制造商的需求；二是通过和轮胎领域内一流研究机构的通力协作，致力成为意外防范处理专家；三是以强大资源致力分析轮胎的生命周期、每个周期内为了提升性能表现需要的条件及因素，并据此不断提升轮胎在整个生命周期内各方面的表现；四是超过350个领域的专家、一座国际化的研究中心，这些在研发上的重大投入无不广泛而持续地推动着米其林研发的能力。这同时也加强了用户对米其林的信任与支持，让米其林获得长远发展。

7.5.4 启示

米其林是全球轮胎科技产业的领先企业，全球轮胎三巨头之一。米其林不仅有品质安全可靠的产品，更是以优质的售后服务赢得了用户的信任与支持。米其林服务化转型成功主要源于米其林以客户为本，高度关注客户的需求，以及以推动社会安全发展为己任。

1. 关注客户需求

米其林（中国）投资有限公司作为全球轮胎科技领导者，始终致力于通过不断地创新，满足中国消费者日益增长和多样化的需求。为了更好地应对中国市场日益增长的数字化传播需求以及提升中国消费者用户体验，米其林对其中文官方网站（www. michelin. com. cn）进行了全新的改版，并正式发布上线。米其林新版官方网站是米其林在全球统一设计制作的全新数字平台，它将全方位触达终端用户并给所有用户带来全新的数字化体验。

2. 具有大格局，履行社会责任

米其林的使命是为人和货物移动性的进步，以及更广义地讲，为社会的进步做出贡献。米其林的所有业务活动都是围绕这一使命而开展的，比如：技术创新的轮胎产品和移动性辅助系统、为司机和旅行者提供帮助的地图和指南、通过探索新能源和新技术来推广人类可持续发展移动性的“米其林开拓前行”、推广使用“绿色轮胎”和回收废旧轮胎等环保行动以及促进道路安全等各种安全活动。

7.6 奔驰：打造汽车“新零售”模式，迈入数字化服务时代

7.6.1 基本情况

戴姆勒－奔驰汽车公司（以下简称“奔驰”）是世界上最成功的高档汽车厂商之一，其完美的技术水平、过硬的质量标准、推陈出新的创新能力以及一系列经典轿跑车款式令人称道。戴姆勒－奔驰拥有梅赛德斯－奔驰品牌外，还拥有迈巴赫、Smart这些品牌。奔驰三叉星已成为世界上最著名的汽车及品牌标志之一。

奔驰资产超过500亿美元，每年的净利润达12亿美元，雇员约40万人，奔驰年产汽车近百万辆，其中轿车只限量生产五十五万辆，这是为了保证高质量和“物以稀为贵”。奔驰的总部设在等斯图加特，在总部内设有庞大周全的接待设施，为客户提供温馨细致的服务。

7.6.2　服务化表现

作为2016亚洲消费电子展（CES Asia 2016）的参展汽车企业之一，奔驰汽车在此次展会上不仅带来了最新的空气动力智能概念车，还展示了已在全球推广的“car2go”汽车共享项目。这表明，奔驰汽车正从一家单纯的汽车制造企业开始向提供解决方案的服务企业转型。

1. IAA空气动力智能概念车

奔驰在汽车展展出的“IAA空气动力智能概念车”如同电影中的变形金刚，在时速超过80千米后，车辆的尾部、轮毂、进气格栅等部位就会自动产生变化，使整体车身更加符合空气动力学，风阻系数可以降到0.19的超低值。不仅是外形上的变化，这款概念车在智能化方面也有了质的提升，它搭载了“Car 2X智能云端交互系统”，在实现自动驾驶的同时，也能进行车与车之间的交互通信，而这一技术将于不久后在奔驰车上普及。它为工业4.0时代的汽车未来，指明了数字化、智能化的全新开始。

在奔驰不久前发布的全新一代E级轿车上，就已经使用了这款概念车上的很多设计和功能，其装备的全新驾驶辅助系统与安全系统、主动式制动辅助系统带横向行人车辆探测能够在存在碰撞风险时向驾驶者发出警告。

2. 智能化出行解决方案

奔驰还开始为客户提供全面的智能化出行解决方案。2016年4月15日，戴姆勒股份公司的全资子公司——戴姆勒智能交通服务集团的汽车共享服务品牌car2go于重庆正式上线并开放会员注册，400辆奔驰smart fortwo可在重庆市内约60平方千米的运营区域内实现随时随地“自助取车”和“自助还车”。car2go项目的具体内容为：主要采用奔驰smart组成单程、自由流动式汽车即时共享体系，租车人无须在指定地点租车和还车，租车用车更为便捷、灵活。

car2go不同于传统汽车租赁的是，乘客只需用手机App寻找附近的可租车辆，用智能卡解锁汽车后即可按分钟租用。用完车后，不用开车回租赁指定点，而是交付到市区任何一个合法停车点，即可用银行卡或支付宝完成付费。

7.6.3　服务化成功的因素分析

7.6.3.1　注重售后服务

1. 上门取送车服务

“省时有道，分身有术”是奔驰一直推崇的宗旨，奔驰为客户提供专门的上门取送车服务。奔驰充分尊重客户的自由时间，特别推出贴心高效的“上门取送车服务”。客户只需通过关注 Mercedes me 车主官方微信服务号或支付宝 App 生活号内的“梅赛德斯－奔驰官方服务站”，并按提示进行操作，即可轻松预约专业人员上门取车，让爱车保养变得更加便捷无忧，为客户省去更多时间。

2. 快修专享服务

奔驰主张把时间留给生活，提供快修专享服务。奔驰快修专享服务可以为客户提供更高效的基础保养，节省等待时间，妥善安排日程：通过电话预约，奔驰将提前备件，并在保养过程中配备双人快修技师，大幅度提升工作效率；更有快修专属停车位、快修工位及洗车优先等专享服务，让基础保养全程畅通无阻。

3. 保修服务

奔驰为客户提供安心无忧的维修保障。奔驰授权经销商/服务中心，依照现行有效的当地相关法律法规、奔驰保修政策以及车辆销售合同及其附件的相关约定，对在新车保修期限内出现的缺陷或瑕疵，使用奔驰原厂配件（包括奔驰原厂再制造零件）依据合理有效的方法提供维修服务，并承担由此发生的相关费用。

4. 事故救援服务

奔驰为客户提供终身免费事故救援服务，从专业高效的救援团队、完善的保险理赔咨询，到高品质的原厂维修，奔驰一站式专业服务将保障卡户的权益。客户可以享受以下的服务：一是免费拖车服务；二是出险咨询；三是出租车费用报销 。客户还可以享受以下的贴心保障：复查式定损；优化的理赔方案并陪同办理理赔手续；有奔驰认证维修技师、专业的维修设备、工艺以及纯正的原厂零配件；车辆保值等。

5. 销售道路救援

奔驰的宗旨是通过提供 7×24 小时全天候的紧急救援支持，为客户出行带来无后顾之忧的安心惬意，以全面提升客户的驾驶体验。确保客户以下的权益：家中或道路救援服务；拖车服务；租车、出租车等公共交通费用报销服务；维修完毕后车辆交付服务。

6. 开展售后服务调查项目

即时了解客户需求，关注提升客户体验，奔驰一直致力于改善售后服务水平，为此，北京梅赛德斯－奔驰销售服务有限公司聘请专业的咨询公司进行售后服务客户满意度调研。

7.6.3.2 注重客户体验与品牌价值

奔驰的工作重心绝非不惜代价地寻求数字增长，而是保持业务健康、稳定、有盈利能力和可持续的发展，这样的业务发展模式才能不断新生资源，敦促奔驰将资源合理投入到客户珍视的产品和服务之中。2016 年，除了 Mercedes me 三里屯体验店之外，奔驰还在中国开设了全球首家 AMG & MAYBACH 专营店，并借由全新的数字化管理模式与创新化服务模式进一步满足市场变化中的客户多样化需求。

在提升客户服务方面，2016 年奔驰引入了全新服务子品牌 Mercedes me，并推出了一系列数字化客户体验的试点项目，以满足数字化时代消费者对出行服务的专业化和多样化需求。通过建立便捷服务卫星网点项目，让更多客户能够更为便捷地享受到奔驰的原厂高品质售后服务；推出了数字化营销展厅，在经销商店内为消费者提供无缝式数字化购车体验；在线服务预约/上门取送车服务帮助客户足不出户便可为汽车进行保养。不仅如此，2016 年奔驰还对易损及重要零部件价格进行了调整，进一步降低了用车成本。

7.6.4　启示

1. 提高客户体验，以客户需求为导向

奔驰旨在将“最佳客户体验”渗透到服务的方方面面，令广大消费者无论通过线上服务还是线下体验都能够感受到奔驰的品质。无疑，智能化、新能源等新变化正在改变着传统汽车产业的结构，以客户需求为导向开始成为汽车行业重要的关注点。

2. 提供健全的售后服务

奔驰为客户提供无微不至的全方位服务，奔驰仅在德国西部就有 1700 个维修站，有五万多人从事保养维修工作，在公路上平均每 25 千米就有一家奔驰维修站，买主只负责开车，一旦发生故障，打个 24 小时服务电话，一般不超过半小时，维修站就会赶来处理。“奔驰家族”的优越感就直接体现在周到的售后服务和终身保修上，不仅在德国，在全世界 171 个国家和地区内设有 4300 多个维修点，雇员达 7 万多人，高质量、高信誉正是“奔驰”这家百年老店所蕴藏的最宝贵的珍宝。

7.7　奥凯种机：农作物“交钥匙工程”，提供整套解决方案

7.7.1　基本情况

酒泉奥凯种子机械股份有限公司（以下简称“奥凯种机”）是集科技研发、产品制造、市场营销为一体的现代化种子、粮食、农副产品深加工机械装备制造企业。奥凯种机至今已有 60 多年农机制造发展历史，是国内最早研制、生产种子加工机械装备的专业化龙头企业。奥凯种机是国家高新技术企业、国家技术创新示范企业、首批国家级知识产权优势企业、甘肃省战略新兴产业骨干企业、中国农机工业 100 强、中国农机工业 AAA 级的信用企业。奥凯种机构建了“数字化设计、智能经营、智能生产制造、售后服务”的产品全生命周期的信息管理系统，形成了集种子坚持干燥、精细选别、包衣包装和平安仓储的全流程工程咨询、设计、生产、装置、服务、运程诊断服务于一体的“奥凯模式”，提供整套的智能化解决方案。

奥凯种机研发制造各种农作物种子清选加工设备、种子加工成套生产线、玉米果穗干燥生产线、种子/粮食农产品干燥装备、金属钢板仓储装备、田间育种机械、戈壁农业工厂化自动育苗机械、电气控制、环保除尘、提升输送10大系列500多个产品。涵盖了粮食、蔬菜、花卉、牧草、林果及各种农作物种子清选加工、干燥、仓储等多个领域。

7.7.2 服务化表现

2017年9月25日，首届中国服务型制造大会在广州白云国际会议中心召开。会上公布了首批服务型制造示范企业（项目、平台）名单，奥凯种机获评工信部“首批服务型制造示范企业”，也是甘肃省唯一家上榜企业。奥凯种机作为专注种业服务的龙头企业，将继续发挥行业的引领作用，通过持续优化产品的研发、改善产品的制造和为用户提供增值服务等方面创新，实现种业装备产品的智能化、制造过程的柔性化和服务的个性化。

1. 以人为本，提高科技服务化水平

奥凯种机注重提升科技服务化水平，让工人远离危险。例如：动动手指，操作一下计算机，钢板就被机器切割成需要的样子；编辑好程序，自动焊接机器人，就会将机器零件焊接的严丝合缝，让你远离四溅的火花和刺眼的焊光；借助全自动的喷漆设备，就能将一周的工作一天完成，还能让工人远离油漆粉尘，远离职业病。走进酒泉奥凯种子机械有限公司的车间，这里的机械化自动化水平令人惊叹，用科技换安全是他们的做法。

奥凯种机坚持以满足市场需求和客户服务为导向，以推进企业技术进步和科技创新为根本，以打造具有国际化竞争力的一流种业装备研发制造企业为目标，加快产业结构调整步伐，做精种业装备。奥凯种机跻身中国农机工业100强，成为国内研制生产种子加工机械的龙头企业，行业综合排名第一，产品畅销全国各地，并出口法国、荷兰、以色列、牙买加、泰国、菲律宾、澳大利亚、朝鲜等30多个国家。

2. 确立四大产业板块和四个配套系列产品的服务化发展方向

奥凯种机确立了四大产业板块和四个配套系列产品的服务化发展方向。具体包括：做精种子加工装备，打造行业知名品牌；做强做大种子、粮食、农副产品干燥装备；智能保质金属钢板仓储装备；拓展智能化田间育种机械、工厂化自动育苗机械领域。发展四个配套系列产品：提升输送设备；电气和液压自动控制设备；环保除尘设备；机器人在农业工程中的应用技术产业。下设酒泉、兰州、北京、无锡4个技术研发中心和新疆、四川、云南、吉林、内蒙古、安徽等15个区域销售、技术服务中心，为用户提供工程咨询、规划、设计、安装和服务的整体解决方案。

7.7.3　服务化的经验分析

1. 突出技术研发创新，加快农业高精尖产业培育

奥凯种机为国家涉农、涉种领域重大科技基础设施项目提供服务保障，积极争取种业自主创新计划等国家科技重大专项和有关国家重点研发计划在园区落地。支持国际顶尖研发机构、跨国企业研发中心在园区落户。推进农业科学，特别是种子科学与材料、电子信息、工程机械等学科的交叉融合和协同攻关，在工程化育种、生物信息、精准测试等产业前沿方向进行技术探索，提升新种质、新品种创制能力。

2. 实施用户满意工程，对有缺陷产品实行召回制

2016 年以来，奥凯种机实施用户满意工程，主动召回近几年已经销售到市场中由于各种原因没有达到客户满意，造成客户抱怨的产品。奥凯种机决定，以市场营销部牵头，由专业化的技术和生产人员组成小分队，对近几年销售出去的产品进行“回头看”“再服务”，特别是对那些客户有抱怨声的加工生产线，现场进行服务和整改，同时帮助他们建立产品使用维护管理制度和方法，再次培训操作人员，争取创建客户满意工程。

7.7.4　服务化的问题与挑战

7.7.4.1　服务化存在的问题

1. 研发周期长，服务化见效慢

奥凯种机注重产品研发和创新，但是研发创新是一个长期投资的过程，短期内可能不会那么快就能看到成果和收益。因此，奥凯种机前进的步伐中，需要政府的大力支持。

2. 下游种子行业波动的影响

奥凯种机的种子加工装备是种子行业提升生产规模与产品质量的重要保障，其市场需求直接受种子行业景气程度的影响。种子行业景气程度受宏观经济形势、下游农业发展情况等因素的影响较大。奥凯种机所处的种子加工领域与种子企业规模和投入关系较为紧密，如果种子行业出现波动，将对奥凯种机的服务化进程和投入产生影响。

3. 国际种机企业进入造成的影响

在我国种机行业市场需求不断向高端产品转移的背景下，如果国际知名种机企业在中国加快实施本土化战略，加快高技术产品的转移速度，将会对包括奥凯种机在内的本土种机企业的经营发展和服务化战略的实施造成巨大的冲击。

7.7.4.2　服务化存在的挑战

1. 研发和技术壁垒

奥凯种机提高服务化程度，需要不断突破对种子机械的研发、试验、产品鉴定、制造装配等，这需要有经验丰富、专业知识基础扎实的研发人才。同时对于种子机械

的市场营销和售后服务，也需要一批既懂得种机市场营销又懂得技术服务的复合型人才，大型种子加工、干燥、仓储工程的规划设计、生产制造、安装、调试培训都需要专业的技术团队。因此，奥凯种机需要建立起完善的人才引进、培养和激励约束的制度体系。

2. 品牌壁垒

提高品牌知名度，更好地为客户提供整套的解决方案。随着种机市场的品牌化发展，奥凯种机需要在产品质量、企业文化、渠道建设、技术创新、售后服务以及广告宣传等多方面进行长期不懈的努力才能获得种子加工企业的认可，树立起良好的口碑。

7.7.5 启示

奥凯种机为客户提供农业工程规划设计、生产制造、工程安装、调试运行和人员培训等一条龙“交钥匙工程”的智能化解决方案，为农、林、牧、渔、水利机械制造业实施服务化战略带来以下启示。

1. 加大产品研发力度

奥凯种机以种业全程机械化高端装备技术研发制造为目标，重点突破成套设备制造技术难题，集成研发先进高端的系列种子加工机械、干燥设备、金属仓储等产品，加快种子加工关键技术及核心技术创新，力争使产品制造达到国际领先水平，引领行业发展。

2. 加大技术改造力度

奥凯种机积极参与“中国制造 2025”，打造智能数字化工厂，逐步实现“机器代人工程”。用“互联网 + 种业装备技术”提升公司智能制造装备技术水平。

3. 抢抓“一带一路”倡议实施机遇，“走出去”拓展国际市场

奥凯种机在已建立法国销售技术服务中心的基础上，进一步建立中亚—哈萨克斯坦、东南亚—泰国技术销售服务中心，实现奥凯种机全球化经营的战略目标。

8　组合化

8.1　美的暖通事业部：利用“美的智慧”，全方位服务化

8.1.1　基本情况

广东美的集团股份有限公司（以下简称“美的”）在广东佛山创立于1968年，是一家生产、研发消费电器、暖通空调、机器人与自动化系统、智能供应链（物流）的科技集团。美的在世界范围内拥有约200家子公司、60多个海外分支机构及12个战略业务单位，同时为德国库卡集团最主要股东（持股约95%）。美的提供多类型的产品种类，包括厨房家电、冰箱、洗衣机及各类小家电的消费电器业务；家用空调、中央空调、供暖及通风系统的暖通空调业务；以库卡集团、安川机器人合资公司等为核心的机器人及工业自动化系统业务；以安得智联为集成解决方案服务平台的智能供应链业务。

美的坚守“为客户创造价值”的原则，致力创造美好生活。2016年，美的营收1598亿元，净利润159亿元，在全球有数亿的用户及各领域的重要客户与战略合作伙伴，并拥有约13万名员工。美的在2017《财富》世界500强排名中位列450位，利润排名第208位。2017年美的财报显示，营业总收入为2419.19亿元。

其中，美的智慧家居科技有限公司（简称“美的智慧家居”）成立于2014年，肩负全面整合美的智慧生活科技成果的使命，依托美的家电多品类优势构建系统化服务能力，致力成为提供智慧家居整体解决方案的领军型科技公司。公司专注于智能家居产品与服务领域，通过整合物联网、云计算、大数据及人工智能等先进技术，面向全行业提供从无线通信模块、智能家居套装、端到端连接协议、云平台管理运营、系统安全防护等一站式整体解决方案和第三方物联网平台。同时面向大众市场研发、生产、销售智慧家庭单品，定位“智能提升生活品质”，为用户提供更加优质的生活体验。智慧家居产品见表8-1。目前，美的智慧家居基本上完成了全国销售体系布局搭建，拓展省级经销18个，拓展家装公司16家，全国销售渠道包括智慧家居体验馆、集团旗舰店、暖通专卖店等1000多家销售终端。

表 8-1　　美的智慧家居产品的类型

智慧家居产品	控制中心	智能网关、mini 网关、ZigBee 中继器、信号转换器、红外控制器、智能路由器
	安防/探测	门窗探测器、可燃气体探测器、红外人体探测器、水浸探测器、环境质量探测器、一键报警器、双品牌摄像头
	智能硬件	健康秤
	开关插座	智能开关面板
	智能门锁	LA012 系列智能门锁、BF202K 系列智能门锁、LA014 系列智能门锁、BF300 系列智能门锁、LA015 系列智能门锁

8.1.2　服务化表现

美的暖通设备有限公司及智慧家居公司承担了美的集团从传统家电制造业向科技型企业转型中至关重要的服务化转型任务，帮助美的集团从单一家电与暖通产品销售进化为产品销售及服务一体化的企业。在服务化转型过程中，美的致力于实现集成化、定制化、智能化和租赁化四大目标。

1. 集成化

美的 M-Smart 智慧家居系统，秉持开发生态和互通互联的平台方针，除了支持美的全系列家电产品、智能门锁和红外、烟雾、可燃气体、水浸、门磁传感器等新产品外，还集成了如晾衣架、开关面板、窗帘电机、风雨传感器、推窗器、摄像头、智能音箱、魔镜等诸多第三方产品，共同打造便利、安全、舒适的家居生活环境。触摸屏、语音控制、手势识别、指纹识别等最新科技成果，都已无缝集成到美的智能家居系统及产品中，提供多样化的人机交互体验。

2. 定制化

美的推出了适应不同户型大小、结构、楼层的智能家居套装产品，覆盖从单身公寓、普通公寓到大型别墅的全方位定制化解决方案。针对大型地产楼盘，美的可提供全楼宇的智能家居定制及 5M 智慧社区方案，使住户从入住第一天开始，即可享受美的智慧家居带来的美好生活服务。同时，美的还跟家装公司合作，为大量有房屋智能化改造需求的住户，提供一对一定制化设计与施工服务。在连接方式上，美的智能家居系统可以支持无线局域网（WLAN）、蓝牙、ZigBee、GPRS（2G）、CDMA（3G）、窄带物联网（NB-IoT）等不同的连接标准，以适应复杂多变的设备安装与运行环境。

3. 智能化

美的集团致力于提升家电家居智能化水平，以满足人民大众日益增长的美好生活追求。除了能通过 App 远程控制家电和家居设备，美的智能家居系统还提供各类智能场景，例如在回家前自动调节室内环境、离家时一键关闭电器并激活安防系统，通过智能门锁下发一次性临时密码等。用户可以通过 App 很方便地添加自定义场景，充分享受 DIY 的成就感和成果。同时，美的国内规模最大的基于大数据和人工智能的智能家居平台，还能根据用户及设备反馈的信息，及时提供例如最佳烹煮程序、耗材更换提醒、健康饮食推荐等各项智能生活服务。

4. 租赁化

“租”作为共享经济的具体体现，美的集团在业内率先推出以校园 U 净洗衣机为代表的租赁家电新模式。校园洗衣机运营方从美的购买智能洗衣机，并部署在校园宿舍内。学生可通过微信预约洗衣服务并付费使用，通过微信接收洗衣完成提醒和查看洗衣流程。运营方及学校间进行费用结算，达到共赢。该模式也被成功应用于校园饮水机，用于酒店、KTV、棋牌室等场所的共享空气净化器，租赁冰柜等其他家电产品。

8.1.3　服务化转型的历程

美的暖通设备有限公司及智慧家居公司承接美的集团服务化转型任务，从时间轴上划分，分为以下 3 个阶段。

1. 起始阶段

2014 年，美的集团成立集团直属的智慧家居研究院，作为美的智能化窗口和引领者，与小米合作，开始探索大型家电企业智能化的道路。智慧家居与智能制造，成为美的集团向科技型企业转型的双智战略。在研究院成立之初，因团队尚未组建完成，主要采用自主设计、外包开发的原则，快速完成了 M－Smart 家电互联协议制定，以及家电和 App（端）、家电无线局域网通信模块（管）、智能家电大数据平台（云）三大系统支柱，完成了整个智能家电基础体系的构建，为集团顺利完成家电智能化演进打下良好的基础。

2. 成熟阶段

2015 年，智慧家居研究院改制为美的智慧家居科技有限公司，正式进入公司化运作。在传统家电智能化之外，还进行了大量外延智能产品的研发。通过两年的努力，自主研发了智能套装、智能门锁等明星产品，并接入大量的第三方产品，打造了合作共赢、可持续发展的生态圈。同时，市面上大量的通信模组并非为家电设计，其性能、功耗、成本等各方面不能很好地满足智能家居的需求。因此，基于充分实践和持续优化，美的智慧家居开发了第二代及第三代家电专用无线局域网，在配网、小型化、安全等关键技术上达到了国际领先水平。

此外，智慧家居的 ZigBee、蓝牙、GPRS、CDMA、窄带物联网等通信模组也相继研发成功，保障了家居设备在不同环境下的稳定连接，为万物互联时代的美的智能家居打下最坚实的基础。在云端和数据层面，美的智慧家居打造和完善了家电业内最大的智能家电及家居平台，并实现全球服务。

3. 引领阶段

2018 年，智慧家居公司并入中央空调事业部，将智能家居与智能照明、智能建筑相结合，将服务领域和产品从家庭进一步拓展到智能建筑、智慧园（社）区和智慧城市。通过此次架构调整，使智慧家居的技术和产品优势与美的暖通公司的工程和渠道优势形成有机结合，强强联手，必将大力推动智能家居、智能建筑的普及。

8.1.4 经验与挑战

8.1.4.1 可借鉴经验

美的智慧家居科技有限公司秉持“创造更美的智慧生活”的品牌理念，以全新的姿态，致力于为用户打造更智能、更便捷、更舒适的智慧生活体验，提供更多优质的产品和服务，用“美的智慧”，连接未来。

1. 掌握市场时机

家电智能化的大规模研究，除了有智能手机及 App 大规模普及的基础外，也得益于移动互联网浪潮所带来的移动物联网市场需求与技术成熟。无线局域网的普及和芯片的成本降低，也是规模应用的重要推手之一。

2. 勇于技术变革创新

自成立以来，智慧家居不断推动技术创新，适应市场发展的需求。2016 年 9 月，美的整体智慧家庭解决方案 1.0 上市；2017 年 1 月和 2018 年 2 月，美的整体智慧家庭解决方案 2.0、3.0 版分别推向市场，还配套开发和推出了多款智能门锁、芯片和音箱等。

3. 联网运行，绿色环保

当前大部分的商用空调、新风系统等商用和家用暖通设备，均无联网功能。尤其是用于智能建筑的大型商用暖通及照明系统，其能耗水平占据整体建筑能耗的 30% 左右。美的通过智能运行参数实时采集和环境自适应能源优化策略，能够大幅节约建筑能耗，支持实现节能环保的绿色中国目标。

4. 智能安全保障

在智能门锁方面，美的智慧家居将进一步推动家庭智能门锁的普及应用和智能公寓解决方案的普及，支持国家公租房推广政策。通过与恒大、碧桂园、美的地产等全国知名地产商的合作，推动智慧社区和智慧城市的落地。

8.1.4.2 存在的挑战

美的智慧家居全方位布局全屋智慧家居产业，基于智能家居整体解决方案，推动全屋整装、地产集采、集团家电集采、家庭套装一站式购买等。基本完成全国销售体系布局搭建，但在发展中仍面临不少挑战。

1. 对高技术的需求

在设备数量上，从家庭到建筑，智能网络支撑的设备数量将从百台量级上升到千台量级乃至万台量级，对于网络连接的稳定性和云端服务器的支撑性能，都提出了更高的要求，需要家电企业的相应智能化团队能够提前预测并支持需求。同时，由于 AR/VR 等新的交互界面的逐渐引入，现有家电上的低速无线局域网模组，将无法满足需求。因此，高速无线局域网等大容量连接技术和窄带物联网等海量设备连接技术，将是下一步智能家居和智能建筑应用中需要解决的问题。

2. 需要产学研相结合

“中国制造 2025”的目标之一，就是供给侧结构性改革，实现制造业的定制化开发，即在生产环节就实现一户一系统。而这一目标的实现，需要对现有制造业的整体产业链，包括供应链、工厂、物流、设备等各个软硬件环节进行全面升级，需要政府的统一指导支持，以及产、学、研全产业链的通力合作。

3. 缺乏可借鉴的服务化标杆企业

在服务化转型上，美的缺乏可资借鉴的标杆。与传统的家电销售与售后模式不同，新型智能家电通过服务，将美的这类传统意义上的家电制造商转变为家居生活服务商，对于美的的技术支持与产品售后团队都提出了新的要求。

8.1.5　启示

1. 与时俱进，不断创新

美的在服务器架构设计遇到瓶颈时，根据实际需要，进行了云端架构的重新设计与整体升级，目前能支持上亿量级智能设备和用户的接入和服务。同时，美的智慧云与国内领先的阿里云实现了深度合作，基于阿里云的弹性架构更好地支撑了业务的快速发展。在海外，则与亚马逊达成合作，在日本、美国、德国分别部署了面向各自区域的智能家居平台，为美的集团及合作伙伴的智能产品进军全球，提供了有力保障。

2. 积极学习，承担社会责任

美的智能家居团队向 BAT 等互联网公司学习，提升自身软件团队的开发能力、响应速度和服务水平，从硬件为主逐步转型到软硬并重。美的试图通过自身努力，摸索一条适合中国大型家电制造企业的服务化道路，打造中国制造业的标杆。此外，为了给社会提供最佳的环境解决方案，为了改善人类的生活条件，美的以不断突破的精神在专业领域努力探索行进。

8.2 博澳斯：制冷与创新，定制化和智能化并立而行

8.2.1 基本情况

广州博澳斯电器有限公司（以下简称“博澳斯”）是意大利达克斯有限公司于2003年在中国广州注册的独资企业。博澳斯与有着20年制冷设备生产经验的广州兴南电器有限公司合并。因此，博澳斯已成为国内外制冷设备市场的重要制造商，位于广州市白云区均禾街罗岗工业区内，厂房占地面积6万多平方米，拥有多条先进的自动化生产设备，年生产能力100多万台商用冷柜，现有员工600多名，专业致力研发、生产冰箱、冷柜等制冷产品。博澳斯产品已取得世界多个权威结构的产品认证证书，产品广泛用于饮料、医用、家用、商用等行业，已成为世界多个知名饮料公司配套的商用广告柜的指定生产商。

博澳斯有明确的经营原则。在国内市场，博澳斯致力于推出其公司品牌，并有信心能获得成功。在国外市场，博澳斯专注于质量控制、技术开发和环境保护的OEM项目。在质量控制方面，一是博澳斯控制公司自产的零部件质量，如塑料件、金属件、模具和工具以及其他相关产品；二是严格遵守市场准则，如CCC、CE、CB、UL的认证。在技术开发方面，博澳斯强有力的研发团队继续开展以下方面的技术开发，这也是博澳斯长期坚持的开发方向，包括节能、食品安全和鲜度、空间的有效运用、人体工学设计、产品可靠性、降噪和环境保护。在环境保护方面，为迎合欧洲市场，博澳斯严格按照RoHS和WEEE生产。

8.2.2 服务化表现

博澳斯主要工业设计外包各种冰箱和冷柜，国外一般以企业对企业（Business-to-Business，B2B）形式和互联网营销推广方式进行外包，产品规格超过200个。博澳斯现今有以下两种服务化模式的突破。

1. 定制化

博澳斯定制化具体流程为：首先，通过阿里巴巴、广州交易会等平台，博澳斯与客户初次接触，粗略与对方洽谈产品需求，以定制化形式，接受客户委托，定制生产客户所需求产品。其次，博澳斯接收客户发送的设计图纸，博澳斯内部经与技术工程师商讨，开设模具，生产样机，定出标准价格以及与客户协商MOQ（最小订单量）。最后，客户满意下单后，博澳斯及时出货，并且提供适当换取零配件，以便客户维修。

为满足定制化生产的需求，博澳斯技术部涵盖各产品层次，细分到每种类型配备一位高级的工程师带动几位初级工程师研发，配备工艺部门的各位工程师到生产现场

配合生产，以便出现设计性问题能及时处理，满足客户的需求。同时，博澳斯可以大大提升其产能，缩短生产时间，最大限度配合客户适当与合理的船期和运价，提高客户满意度。

2. 智能化

博澳斯收发订单现已开通新企业资源规划（Enterprise Resource Planning，ERP）系统功能，在接收到客户 PI 后，将客户订单需求录入 ERP 系统。首先，博澳斯根据客户源头进行分门别类，以及对客户的需求做出进一步的透彻分析。其次，依据上述分析，博澳斯能进一步为客户做好产品引荐并改进新产品功能，同时也能智能化下发订单给生产等部门，确保博澳斯的运行效率得到进一步提升。最后，博澳斯同时整理好多方面的数据，让相关部门领导能有效、准确地开展新工作，提升了公司的产能。

8.2.3　继续服务化深化的原因

8.2.3.1　业务在同行处于较高的地位

1. 目前占领市场情况

博澳斯产品与中国其他同类型企业产品相比居于领先地位，在广东商用冷柜行业更是排行第一，并荣获广州著名商标之称。在整个白云区，博澳斯排名前 10。博澳斯产品畅销我国华南、西南、华东、华中各地区，还出口东南亚、非洲、加拿大、欧洲等地。在 2004 年创造总产值 1 亿元人民币，出口产值 500 万美元。2015 年公司再创高峰，出口产值高达 4000 万美元。

2. 与同行的竞争优势

博澳斯品牌知名度高，企业整合资源能力强，品类多达 250 个型号，经营范围可外延，管理规范，服务体系健全，发展空间大。另外，博澳斯专业做冷柜，有明确的战略目标，政策更灵活，注重与客户的沟通，具有区域独家代理权，获利更有保障。此外，团队营销能力强，产业整合力强，这是博澳斯争取客户和赢取订单的重要条件，也是定制化和智能化生产的必备条件。

8.2.3.2　优秀的团队和合理的人员构成

目前为止，博澳斯有 700 多员工，20 多个中、高级工程师，拥有 10 位制冷行业资深的研发工程师和技术质量工程师，管理和销售人员 60 多人。这是博澳斯定制化和智能化生产顺利进行的前提条件。博澳斯还制订培训计划，定期进行安全、质量意识、生产力提升的培训。

在 2015 年，博澳斯与出口客户 MGB 和 TUV 公司启动了联合国国际劳工组织的“企业可持续发展项目（SCORE）”项目培训和多个改善项目，在生产力提升、现场管理、质量改进进行了项目改善。

8.2.4 服务化成功经验与问题挑战

8.2.4.1 服务化成功经验的分析

博澳斯从2003年建厂开始，就意识到需要不断服务化转型才能维持更多的客户。同时经过政府的协助和带领，博澳斯积极做好出口外贸工作，引进新的人才与设备，换代更新，完善好博澳斯内部各部门的工作。

1. 积极寻求契机，满足客户需求

博澳斯在刚刚开始生产经营时，由于定制化的订单数量不多，同时型号很散，生产起来成本往往很大。在相关部门的引荐下，博澳斯积极通过与其他外贸商进行合作，包括阿里巴巴、MADE IN CHINA等平台，不断扩展客源，且在网站做大量宣传。另外，博澳斯按季节性地变更生产线来满足客户需求，经过逐年的改进和完善，博澳斯在制冷行业做到遥遥领先。

2. 智能化管理，密切追踪客户

定制化业务给博澳斯的生产经营带来大量的工作与麻烦。为解决此问题，博澳斯引进了智能化ERP系统，针对客户下单、生产、库存到出货进行了逐步调整，不断改进技术单与生产单，细致化各个零部件，让工厂在流程上更加顺利。同时，博澳斯在针对定制化的产品上，每月做好统计表格，每月上中下旬做好生产计划表，以便更好地与客户沟通下单。

博澳斯每天都会有更新好的下单数据，以及分析到各车间的数据，以便采购部与生产部能协商好如何完成客户需求订单，缩短生产过程，大大提升产能。同时，这些数据可确保博澳斯的相关部门主管能针对季节性变动的产品准确下达命令，规划如何正常运营。博澳斯在2017—2018年3月间的下单汇总数目如下图所示。

8.2.4.2 服务化的问题与挑战

1. 专业人才的需求

基于服务外包是“人脑+电脑”工程，将公司的非核心业务托付给专业的服务商来完成经济活动。博澳斯现在加快服务外包的发展力度，但是目前服务外包培训制约了服务外包产业的发展。因此，博澳斯目前迫切需要经过专业培训的大学生。

2. 希望增加财政补贴或减少税收

博澳斯希望政府对制造业服务化的公司做出积极鼓励，给予相应的资金补贴或者税费上相应地减少。同时，博澳斯希望对制造业服务化的公司做资金补助支持时不要把技术与生产货款分离，若分离后公司的成本会大大提高，无法达到减少生产成本的初衷。

2018年下单汇总数目													
月份	1月	2月	3月	4月	5月	6月	7月	8月	9月	10月	11月	12月	总数
卧柜	1693	54	850	0	0	0	0	0	0	0	0	0	2597
酒柜	3791	858	3219	0	0	0	0	0	0	0	0	0	7868
立柜	7637	2358	7852	0	0	0	0	0	0	0	0	0	17847
大立柜	1756	2039	2187	0	0	0	0	0	0	0	0	0	5982
大卧柜	558	108	920	0	0	0	0	0	0	0	0	0	1586
厨房柜	466	10	934	0	0	0	0	0	0	0	0	0	1410
蛋糕柜	19	0	69	0	0	0	0	0	0	0	0	0	88
海鲜柜	0	0	0	0	0	0	0	0	0	0	0	0	0
点菜柜	0	0	0	0	0	0	0	0	0	0	0	0	0
冷冻柜	10	0	60	0	0	0	0	0	0	0	0	0	70
本月需交订单总数	15930	5427	16091	0	0	0	0	0	0	0	0	0	0
上月遗留数据	0	0											
当月下单总数	15930	5427	16091	0	0	0	0	0	0	0	0	0	37448

2017年下单汇总数目													
月份	1月	2月	3月	4月	5月	6月	7月	8月	9月	10月	11月	12月	总数
卧柜	2493	1369	3099	5162	1195	1251	2498	545	1929	537	1630	808	22516
酒柜	1046	3157	3272	2820	2767	2692	2866	2241	3318	1400	1935	2959	30473
立柜	2456	12568	8544	8453	4675	6378	9725	5562	10497	2510	9428	7985	89781
大立柜	408	1677	2096	2004	1726	1595	1341	1079	2943	986	1817	2565	20954
大卧柜	325	796	1702	1105	1043	623	1089	409	1278	322	726	839	10257
厨房柜	1251	0	115	0	89	557	33	63	0	316	53	852	3337
蛋糕柜	26	40	38	74	46	227	117	0	31	0	43	156	798
海鲜柜	0	0	0	0	0	0	0	0	0	0	0	14	38
点菜柜	0	0	0	0	0	0	0	0	0	0	0	0	3
冷冻柜	17	21	60	27	34	54	75	78	0	0	113	111	539
本月需交订单总数	9022	19631	18879	19648	11575	13377	17764	10699	19996	6071	15745	16289	178696
上月遗留数据	无录单日期	270	5051	3563	3469	1307	3245	6445	1716	1670	3370	3180	
当月下单总数	18044	19901	23660	18160	11481	11215	19702	13899	15267	6025	17445	16810	187718

博澳斯在 2017—2018 年 3 月的下单汇总数目

8.2.5　启示

1. 术业有专攻，专注于定制化和智能化

博澳斯致力于国外市场创新，严格按照国外标准制定管理体系，并将推出专为欧洲国家设计的新型冰箱和冰柜。尤其在定制化和智能化生产方面，严格按照客户需求生产，满足客户的需求；积极引入 ERP 系统进行业务管理，提高公司的产能。

2. 与时俱进，不断调整生产方式

以现代服务业转移为主要特征的新一轮世界产业结构调整方兴未艾，博澳斯以知识流程外包（Knowledge Process Outsourcing，KPO）为主要服务形式，通过业务专长为客户创造更大的价值。

8.3 通用电气：走进数字工业化时代，提供全方位服务业务

8.3.1 基本情况

美国通用电气公司（以下简称“通用电气”）是世界上最大的提供技术和服务业务的跨国公司。从飞机发动机、发电设备到金融服务，从医疗造影、电视节目到塑料，通用电气致力于通过多项技术和服务创造更美好的生活。通用电气是全球数字工业公司，创造由软件定义的机器，集互联、响应和预测之智，致力变革传统工业。全球知识交换系统——“通用电气商店”让所有业务共享技术、市场、结构与智力，每项发明都推动跨界创新应用。通用电气深刻理解行业之需，讲述工业语言，以全球人才、服务、科技与规模，为客户创造非凡业绩。

通用电气已有138年的发展历史，是道琼斯工业指数1896年建立时唯一存在的公司。通用电气目前拥有8大业务集团与10大全球研发中心，业务遍及全球180多个国家和地区，2015年全球总收入达到1174亿美元，拥有333000多名员工。通用电气的业务主要包括两大类，一是全球的基础设施建设，包括航空、医疗、发电、可再生能源、能源管理、石油天然气、运输、照明等；二是横跨各部门的数字化和金融垂直业务。在所有区域市场，通用电气致力于协同与整合各业务部门的技术所长、市场优势、全球规模，以及专业知识和领导力，为客户提供非凡产品和服务。

8.3.2 服务化内容

通用电气旗下公司有通用电气资本、通用电气航空金融服务、通用电气商业金融、通用电气能源金融服务、通用电气金融、通用电气基金、通用电气技术设施、通用电气航空、通用电气企业解决方案、通用电气医疗、通用电气交通、通用电气能源设施、通用电气水处理、通用电气油气、通用电气能源、通用电气消费者与工业、通用电气器材、通用电气照明、通用电气电力配送。这些子公司都不同程度地实施了服务化转型战略，以下是部分子公司在中国的服务化内容。

8.3.2.1 发电领域

1. 在蒸汽发电领域

通用电气先进的蒸汽发电技术、产品和解决方案广泛应用于许多重要大型燃煤发电和核电项目上，作为行业全球顶尖的设备供应商致力于帮助客户取得成功。通用电气蒸汽发电业务产品和技术以质量好、性能优在市场中赢得良好声誉。

2. 在水处理及工艺过程处理领域

通用电气与客户携手合作，提供水处理、废水处理和工艺系统的解决方案。通用电气的技术可以帮助客户降低成本，符合环保法规，并为其行业不断变化的需求做好

准备。例如，在2008年北京奥运会前，通用电气为我国国家体育场提供了纳滤膜雨洪回用系统。该系统利用地下积水池处理雨水并产生可回用水用于景观绿化、消防及卫生清洁，直接解决了体育场的常规用水消耗。

8.3.2.2　航空领域

通用电气是世界领先的民用、军用、公务和通用飞机喷气及涡桨发动机、部件和集成系统制造商。近年来，通用电气还与中国东方航空公司合作，推出试点项目支持数字化转型。比如通用电气与东航飞行安全技术研究院协作开发 MyFlight 应用软件。通过 Predix 云平台，MyFlight 分析每一次航程中产生的海量数据，并通过移动终端将各项飞行指标反馈给飞行员，从而优化飞行员的操作流程，提高机队的飞行安全。

8.3.2.3　医疗领域

通用电气医疗提供革新性的医疗技术和服务，以满足客户需求，使全世界更多的人能以更可负担的成本获得更好的医疗服务。近年来，通用电气正在将工业互联网引入医疗领域，并成功实现了提升核心医疗设备如 CT、NMR 和超声设备的开机利用率。比如上海仁济医院就试点了一套智能化、科学化的资产绩效解决方案 APS（Asset Performance Solution）。基于 Predix 云平台，APS 打通设备间的传输瓶颈，通过精确定位与大数据分析，大幅提升设备开机率。通过诊疗大数据分析，该医院将关键设备的利用率提高了20%以上。患者的等待时间从6～8周缩短到了1周。

8.3.2.4　运输领域

通用电气运输致力于以革新的技术、服务和数据分析帮助运输行业的客户解决最棘手的问题。第一，通用电气运输从20世纪80年代开始服务中国，至今为中国市场提供总量超过1200台内燃机车，其中包括青藏线格拉段全部78台 NJ2 高原机车，并在大秦线及其他货运主干线开始提供基于工业互联网的数字化解决方案以提升运营效率，为智能化运输带来了机遇。第二，通用电气运输在维修、维护服务等方面在华拥有强劲的本地实力。2016年4月，通用电气运输在上海成立了地区配送中心，以更加灵活的物流减少交货时间，提升服务水平，服务中国乃至亚太地区的客户。第三，通用电气矿业业务提供矿用卡车驱动系统及井工矿设备，更为矿业客户提供数字矿山、电力及水处理等整体解决方案以应对能效的挑战。

8.3.2.5　照明领域

通用电气在照明方面进行了无数的创新，在中国市场致力于为来自商业、零售、道路、工业、体育场馆、酒店餐饮和医疗的客户提供更绿色环保的创新能源及高科技的智慧环境解决方案，并为可持续化城市建设做出更大的贡献。通用电气在中国为不同行业客户和一系列重大活动提供了定制化的照明解决方案，包括2008年北京奥运会、2010年上海世博会和广州亚运会、2014年南京青奥会；为 GAP 店面提供标识照明系统；为华润万家超市提供 LED 标识系统和室内照明系统等。

目前，通用电气旗下能源企业 Current 正与天津市合作在其方圆 4.8 平方千米的中央商务区部署基于 Predix 的智慧环境，搭载通用电气 Predix 云平台的路灯，通过配置摄像头与传感器采集数据。它能管理城市车位，监测违章停车，并通过移动终端实现信息发布、逐向导航与停车费支付；实时感应路口人流，调整信号灯时长；同时昼夜不停地监测周遭环境，提高城市安全等级。该区域的路灯所消耗的能源也将降低 50% 以上。

8.3.2.6 金融领域

通用电气金融是全球领先的金融机构之一。在大中华区，通用电气金融最主要的业务是推出有创新特色的金融产品并提供相关的服务，其中包括医疗保健金融服务（HFS）、设备融资、公务机融资、商业分销融资（CDF）、私募股权、资产保证型贷款等项目，与通用电气金融航空服务部门一道为当地和国际的商业客户提供高品质服务。通用电气金融也在不断扩大其在中国地区的金融合资业务，如最近通用电气和英大国际控股集团（国家电网子公司）合作，成立了一家合资企业。

8.3.2.7 数字集团

通用电气数字集团是 2015 年 9 月 GE 在全球新成立的业务部门，将原先的软件与 IT 职能合并，旨在加速通用电气转型的进程，构建公司数字工业能力。由通用电气数字集团设立的 GE 数字创新坊（Digital Foundry）将全球各个通用电气创新中心连接起来。通过这些创新中心，通用电气数字集团与客户合作研发新的工业应用软件，并共同打造全球化的软件开发者生态系统。

8.3.3 服务化转型的历程

1. 初始阶段

通用电气 20 世纪 80 年代在全球 24 个国家（地区）共拥有 113 家制造厂，其产值中传统制造产值的比重高达 85%，服务产值仅占 12%。

2. “技术 + 管理 + 服务”阶段

目前，通用电气的“技术 + 管理 + 服务”所创造的产值占公司总产值的比重已经达到 70%。通用电气作为一家高速运转的扁平化的企业经营管理机构，既灵活又敏捷，还富有柔性，更具创造力，使企业快速地将决策权延伸到企业生产、营销的最前线，极大地提高企业效率。

3. “工业互联网”实施增值服务阶段

“工业互联网”的概念是通用电气于 2012 年提出并不断推进实施的，并确定将围绕“工业互联网”的增值服务作为公司未来增长和价值创造的重点。通用电气创建了“工业互联网”，主要是在大数据、云计算技术支撑下，围绕人和机器的生存、运行产生数据，实现人与机器、机器与机器的数据交换，改进和优化生活，提高运行方案的执行效率，从而达到为客户节约各类消耗、实施系统优化的目的。其基本模式是，通过开发传感技术并镶嵌入各类设备，建立大数据分析和运用能力，为设备采购方提供智能、远程和不间断的日志记录、设备检测、故障诊断、自动修复等服务，并在商务合同中加入服务增值条款。

8.3.4　服务化成功的经验分析

1. 提高科技研发水平

通用电气的中国研发中心（CTC）是GE十大全球研发中心之一，是跨业务集团、跨研究领域的研发机构，为电气各业务集团提供基础科学研究、新产品开发、工程开发和采购服务。该中心筹建于2000年，目前坐落于上海张江高科技园区，占地面积47000平方米，于2003年5月投入使用，是国内最大的独立外资研发机构之一，也是国内极少数具有基础科学研究能力的企业研发中心。

通用电气在中国有近3000名研发人员，在上海、北京、成都、西安和无锡等地设立了150多个拥有世界一流设备的实验室。通用电气中国研发中心为通用电气全球业务提供全方位的技术支持。

2. 因地施材，量身定制

2018年3月27日GE公司宣布与广东粤电新会发电有限公司签订了新会天然气发电项目（以下简称"新会项目"）热电联产一期1、2号燃机长期维护服务协议。考虑到南方高温期长、空气湿度大，对燃机效率影响较大，通用电气发电服务为新会项目部署了热效率分析和优化系统（Emap），可以实时监测全厂、机组乃至透平、压气机以及一些主要辅机的效率，随时反馈问题，提出针对性建议。同时，智慧信号（Smart-Signal）实时预测电厂各项指标，结合全球历史数据以及智能学习功能，对电厂运行情况进行判断。当实际监测到的数据与预判情况差别较大时，系统就会发出预警信号，提醒工作人员防患于未然，减少非计划停机情况发生。

8.3.5　启示

1. 增强创新能力

通用电气坚信通过创新来实现差异化能力是利润唯一来源，也是未来投资者青睐公司的唯一原因，更是服务化转型制胜的重要法宝。

2. 承担企业社会责任

为让用户更好地体验产品，企业应追求可持续发展。"绿色创想"是通用电气的旗舰业务战略，旨在为市场开发使用更少能源和资源的产品，同时降低本公司自身运营中能源和水资源消耗。另外，通用电气通过开发新技术、支持系统和提供解决方案，以及创建更加健康的工作场所并影响员工的生活方式等措施，为可持续的医疗服务做出贡献。

8.4 嘉谷科技：无人机打药，多类型服务化

8.4.1 基本情况

南京嘉谷初成通信科技有限公司（以下简称“嘉谷科技”）成立于 2013 年 4 月，是一家使用无人机打药，提供植保飞防专业服务的新型公司。在刚成立的两年时间里，嘉谷科技先后在安防、教育、医疗、工业自动化和农业等多领域给各合作伙伴开发出多款智能化系统产品。嘉谷科技通过与一家无人机公司合作地面站，开始深入了解无人机行业的广大市场需求，并通过实地调研，确定在农业部门率先发展。目前主要开展如下业务：农业技术开发、技术转让、技术咨询、技术服务；农业、林业机械销售及租赁；农业病虫害防治服务等。

嘉谷科技自成立以来，发展迅速，取得一系列的成绩。2014 年，安防无人机配套的便携式无人机地面站完成测试，嘉谷科技进入出货应用阶段。2015 年，嘉谷科技开始研发植保无人机，并组建了无人机植保作业队为农户提供植保服务。2016 年，嘉谷科技的植保无人机走向成熟，大批量出货，同时植保服务市场逐渐打开，服务量持续攀升。2017 年，嘉谷科技继续丰富植保无人机产品线，推出能适应山地果树作业的新型植保无人机，扩大了市场应用。同时，植保服务通过两年积累了一批忠实的客户，从单纯提供无人机打药服务，转变成农药提供加打药服务的组合服务模式。这说明嘉谷科技极具发展潜力，目前已获得 17 项软件著作权、3 项实用新型专利、1 项外观专利。另有 19 项发明专利、10 项实用新型专利已申报。

8.4.2 服务化表现

嘉谷科技通过提供无人机等农机作业管理平台以及相关智能硬件，建立农业大数据平台，主导中国的农业耕作市场，主要是通过集成化、智能化和租赁化三种服务化模式造福农业部门。

1. 集成化

嘉谷科技结合自身丰富实战经验，根据各公司的实际情况“量身定制”合适的方略，提供一体化解决方案。表现为农药公司和农机公司提供植保无人机整体解决方案的深度定制，包括植保无人机产品、管理云平台的搭建、运营服务体系的建立等。

2. 智能化

嘉谷科技成立植保无人机服务队，使用自产的植保无人机为广大农户提供无人机打药服务，根据地形和作物的区别按亩收费，农户在打药季来临之前会提前在嘉谷科技的运营平台上发布打药需求，平台根据任务量和作物类型、距离等智能化选择合适的植保服务队前往进行植保服务。

3. 租赁化

在进行植保无人机产品销售的同时，为了加速推进无人机植保服务行业的发展，嘉谷科技还在本地试运行了植保无人机租赁业务，选取有合作基础的农场主和服务型组织，试点开展低门槛的租赁业务，整机采用按亩和按时间的租赁模式，使合作伙伴能够大力加大服务力量，扩大服务区域和规模。

8.4.3　成功因素

嘉谷科技经过短短几年时间的努力，成为现在拥有植保飞防专业服务团队、先进的植保作业系统的农业服务商，标志着嘉谷科技在不断摸索和前进，走出适合嘉谷科技发展的多类型服务化道路。

8.4.3.1　服务化成效

1. 业务及产品构成

根据表 8 -2，对于主要业务及其收入占比，嘉谷科技在 2015—2017 年间，农业机械业务收入占比呈明显的快速下降趋势，3 年时间下降了 40%；相反，农事服务收入占比呈上升趋势，上升了 25%；2017 年新增了农资销售业务，收入占比为 15%。对于主要产品及其收入占比，植保无人机收入占比由 2015 年的 95% 下降到 2017 年的 45%；植保服务收入占比由 2015 年的 5% 上升到 2017 年的 30%；2017 年新增农药销售，其收入占比为 25%。这说明嘉谷科技重视服务化转型发展，服务化发展不仅取得成效，而且表明富有发展前景。

表 8 -2　　嘉谷科技 2015—2017 年的主营业务收入及占比

年份	主要业务名称及其收入占比			主要产品名称及其收入占比		
	业务 1	业务 2	业务 3	产品 1	产品 2	产品 3
2015	农业机械 90%	农事服务 10%	—	植保无人机 95%	植保服务 5%	—
2016	农业机械 80%	农事服务 20%	—	植保无人机 86%	植保服务 14%	—
2017	农业机械 50%	农事服务 35%	农资销售 15%	植保无人机 45%	植保服务 30%	农药销售 25%

2. 人员构成和服务业务收入情况

根据表 8 -3，可以发现嘉谷科技规模不断扩大，员工人数从 2015 年的 35 人扩张到 2017 年的 72 人。其中，在 2015—2017 年间，从事服务业务人数占比呈显著的上升趋势，由 14. 28% 上升到 29. 16%。另外，主营业务收入逐年提高，也反映了嘉谷科技服务化成效显著，主营业务收入由 2015 年的 1353 万元上升到 2017 年的 4431 万元。其中，服务业务收入占主营业务收入的比重由 2015 年的 5% 上升到 2017 年的 55%。这都说明了嘉谷科技的服务化发展道路可行。

表 8－3　　嘉谷科技 2015—2017 年的人员构成和服务业务收入情况

年份	员工人数（人）	服务业务人数占比（%）	主营业务收入（万元）	服务业务收入占主营业务收入的比重（%）
2015	35	14. 28	1353	5
2016	49	22. 44	2812	14
2017	72	29. 16	4431	55

8. 4. 3. 2　服务化成功的因素

1. 不断钻研与摸索，获取真实可靠的资料

通过对江苏、安徽、山东、河南、湖北、河北、内蒙古、新疆等地上万个公司的调研，田间地头的观察和农户的交流，嘉谷科技深切感受到我国农业对科技的需求。

嘉谷科技成立植保无人机服务队之后，直接为农户提供无人机植保服务。大部分研发人员都下到农田，多的半年以上，少的也至少 15 天。他们非常专注地去了解农业里各种细节和需求，在解决飞行稳定、精准等问题后，开始解决与农药的配合能力，飞行速度、喷射半径、药滴大小，除了需要算法，还需要实地作业经验的不断调整。

2. 善于抓住用户需求，具备专业知识

嘉谷科技判断无人机继消费领域后最先爆发的会是农业。首先它低空飞行，只有 2 ~ 3米距离进行作业；其次是田间没人，安全隐患较小；最后这是个利国利民的事业，所以政策会迎来利好。

3. 具有优秀的团队，不断提高服务质量

嘉谷科技在最初验证和试运营的阶段，遇到很多的问题，例如无人机故障太多，导致效率低下。嘉谷科技员工不辞辛苦、互相鼓舞，作业效率越来越高，服务流程越来越合理，农户也越来越认可嘉谷科技的品牌。

8. 4. 4　问题与挑战

8. 4. 4. 1　存在的问题

嘉谷科技在具体的无人机植保服务过程中，碰到过诸多难题。主要表现如下。

1. 农户的不信任

农户对无人机植保的效果持怀疑态度，多数需要为其提供免费服务进行效果验证后才会接受。

2. 地理环境的约束

种植地块不规则、不连片、障碍物过多，影响作业的效率，嘉谷科技需要不断通过高精度定位技术、智能航线飞行、避障模块的添加来逐渐地减少以上诸多影响因素。

另外，天气、环境等诸多不可控因素经常会打乱正常的植保日程安排，需要通过预先的天气查询、现场的安全管控来减少以上带来的影响。

3. 缺乏合理用药方案

农户提供的农药有时并没有对症下药，且时有用量不明确、安排日期不合理等问题，造成嘉谷科技的植保服务效果不理想，进而对无人机植保的效果产生曲解。嘉谷科技通过和农药厂的合作，针对实地病虫害发病状况，选取合理的用药方案，确定适宜的植保窗口期，还为农户提供包药服务，确保植保效果。

4. 植保无人机缺乏行业规范

政府相应主管部门应加快植保无人机的检测标准的制定、配套的法律法规体系的出台，加大植保无人机在全国范围内购置补贴的力度和广度以及统防统治项目的覆盖面，让更多农户和植保防治组织能够减少投入成本，进而扩大整个社会的无人机植保服务能力。

8.4.4.2 存在的挑战

1. 建设无人机植保服务平台

中国有18亿亩的可耕种用地，加上经济类作物，服务市场的规模将近2000亿元，但现实的情况是持续扩大的无人机植保服务市场的需求并没有很好的平台和机构能响应和满足，以广大农场主和种植大户为代表的植保服务需求方和各植保无人机防治组织之间存在明显的信息不对称，作业不成体系，无法形成有效监管。基于此，嘉谷科技将继续扩大无人机植保服务平台的建设，通过打造标准化的服务体系、完善的运营管理监督平台促进该新兴市场的快速发展和行业的规范化，以此实现企业的社会责任。

2. 共建良好的运行环境

嘉谷科技正逐步深化无人机植保服务体系的建设，在标准化平台的完善的运作过程中，也碰到了诸多的问题和障碍，希望得到政府相应主管部门、行业组织、科研机构和专家学者的大力支持。

8.4.5 启示

嘉谷科技从2013年4月成立以来，不断摸索和前进，从最初提供智能化系统产品，到在植保无人机行业取得一系列进展，对于其他领域（农业、林业、物流、警用、电力等）在无人机运用上进行效仿有重要意义。主要有以下两方面的启示。

1. 不断创新的精神

为了减少在植保服务过程中的服务成本，让利于农户，嘉谷科技规范无人机植保作业的流程，涉及地形地块信息、天气信息、病虫害发病预警等多项大数据的应用。

2. 服务三农的初心

深化无人机植保服务体系建设的过程中，需要大量资金来进行系统产品的持续升级、市场的扩大推广和规范化团队的建设，嘉谷科技欢迎大家共同参与到这个伟大的农业生产革命事业中来。服务三农，不忘初心。

第三部分

促进制造业服务化的政策建议

9 制造业服务化的可行路径与主要障碍

9.1 服务化是制造业实现转型升级的可行路径

当前，无论是发达国家还是发展中国家的制造业都面临新的矛盾与约束，突出表现为资源稀缺、环境脆弱、要素成本上升、贸易摩擦和争端加剧等。中国制造业的发展，面临国际国内两大压力的冲击。在国际上，全球金融危机后，为重振制造业，实现制造业的复兴，美国推出了“再工业化”，以及提出制造业回流，德国也提出了“工业 4.0”，美欧意图通过培育新兴产业与扶持传统产业并举（周大鹏，2016），稳固其制造业的国际地位，这无疑对中国制造业形成新的挑战。在国内，制造业发展面临环境资源约束、外需萎缩制约、劳动力红利消失等传统增长模式难以为继的问题，中国制造业需要重新审视其竞争优势，寻求新的经济增长点。制造业服务化是制造业新一轮发展的重要途径。

9.1.1 制造业服务化是适合中国国情的发展道路

改革开放四十年，中国工业增加值呈快速增长状态，由 1978 年的 1621.5 亿元增长到 2016 年的 247860.1 亿元。这说明虽然我国制造业发展起点低，但不可否认，中国制造业经过几十年的发展，已经形成相对健全的工业体系，而且目前国内自然资源、物质资本、劳动力要素、知识要素等相对充裕，满足制造业服务化各生产和服务环节的需求。与此同时，随着物质生活水平的提高，人们更多关注产品相关的附加服务所带来的效用，以及追求个性化产品等。中国具有庞大的人口规模，所以制造业服务化有巨大的市场需求。因此，当前中国的经济和社会环境可以满足制造业服务化需求端和供给端发展的条件。并且实现制造业服务化转型的成本相对较低，基础良好，也更加适合中国经济新常态的国情。

9.1.2 制造业服务化是提升制造业全球竞争力的关键

针对当前制造业发展的内外环境夹击，美国和欧洲等地已掀起制造业服务化浪潮，制造业服务化已成为各国抢占经济利润最高点的重要举措。制造业服务化是中国制造业摆脱传统依赖加工和组装获取低廉利润的历史的关键时刻，紧抓历史发展机遇，并为有条件的制造业企业进行大刀阔斧的服务化转型，为企业注入新的活力，成为提升制造业全球竞争力的重要武器。这有助于制造业实现以加工组装为主向“制造 + 服务”转型，从单纯出售商品向出售“产品 + 服务”转变，提高中国制造业企业的全要素生产率、产品附加值、经营绩效和市场占有率，真正做到中国“制造”到“智造”的转变。同时有利于提高中国制造业在国际上的地位，增强话语权。

9.1.3 制造业服务化是中国应对发达国家挑战的有效途径

中国是“制造强国”，不是“智造强国”。随着劳动力红利消失，发达国家纷纷将劳动密集型的制造业转移到劳动力更加廉价的国家（地区），这不可避免地对中国制造业造成巨大冲击。在当前中国制造业依靠物质资源和廉价劳动力等带动经济发展的传统模式难以为继，因此，中国制造业实施服务化转型，增加“微笑曲线”两端的知识、技术和信息高附加值环节的比重，助力制造业企业获取价值链两端的高附加值环节，是应对发达国家挑战的有效方法之一，也是一条可持续发展的道路。

9.2 制造业服务化要克服的障碍

制造业企业实施服务化转型不仅有可观利益和带来新的生机，还会遭遇各种挑战和障碍。制造业服务化转型面临人员结构调整、原有生产设备的折旧处理、生产流水线的重新规划、管理层的大力支持、客户的开发和维护等问题，需要投入大量的金钱、时间和精力，还需要企业持之以恒的努力，不断克服服务化转型过程可能遇到的问题与障碍。因此，大多数制造业企业在服务化转型时会犹豫不决和相当缓慢谨慎。包括以下两方面。

9.2.1 服务化风险

企业对服务化风险的担忧，是出于对其长远发展的考虑，服务化转型是否成功将直接决定企业的命运。企业初次涉及服务业务，对服务业务不熟悉和缺乏相应的管理知识，服务化风险如下：

第一，企业和客户之间的信息不对称问题。Reiskin et al.（2000）认为信息不对称问题的存在，造成企业没有对消费者的消费倾向和偏好做出合理正确的判断，使得消费者对企业产品结构缺乏清晰认识和判断，因此企业的产品和管理服务等会滞销，企业将会面临资金紧张和库存积压等风险。

第二，业务更换的生产成本。制造业企业由原先加工制造业务转变为仓储物流、金融商务、解决方案、定制服务、智能服务、大数据分析等服务业务，这不仅要求企业对业务流程进行调整、机器设备更换、组织结构变动，还要求企业对行业发展具有前瞻性，投入大量的资金支持完成这些服务业务的更换。Fishbein et al.（2000）认为相对于原始的加工制造环节，增添新服务业务环节的高昂成本，会在短期增加企业总成本，不利于企业发展。

第三，现金流的脆弱性。传统物品销售与服务销售和物品服务捆绑销售不一致，"一手交钱，一手交货"，即完成所有交易，服务销售或者物品服务捆绑销售的完成需要一个漫长的过程，甚至直到物品的消耗殆尽方能终结。在这过程中，企业可能随着服务周期的完成，才能收回全部款项，这增加了企业资金周转困难和现金流脆弱等问题。Mont（2002）同样认为是现金流的问题，制造业服务化意味着从短期的物品销售转变为长期的物品服务捆绑，会增加企业现金流的不稳定性。

9.2.2 组织对变化的抵制

制造业服务化意味着企业内部人员结构调整和管理模式发生变化，因此如何有效地快速管理企业、解雇旧成员和招募新成员，将是制造业企业服务化成功转型的一大难题。尤其是对加工和组装的流水线工人的解雇，造成严重的失业问题，这一批工人又将如何安置，也将是一大社会难题。同时这无疑会遭到利益损害一方的坚决抵制，而且企业经理人基于自身职业生涯的考虑，更多看到的是企业短期发展的获利，会造成服务化转型的动力不足。尤其是国有企业，存在烦琐的层级管理、内部体制僵化、员工流动性差等问题，对于内部结构调整，实施服务化转型的难度更加大。

Schein（1996）和斯科特（2011）分析指出组织商业模式的变革或变化，必然在短期内引起组织在相当时间内的不适应，会遭到企业内部的部分管理层的坚决抵制，这会阻碍服务化转型的进程。Mathieu（2001）也认为服务化可能阻碍利益者和资源控制组的既得利益，使得企业利益既得者抵触进一步进行服务化进程。因此，如何有效协调服务化转型引起的利益损害一方和利益既得一方之间的相互抵触关系，也是企业内部需要面临的问题。Cook et al.（2006）指出向服务业务延伸，会引起企业的内部组织发生重大的变革，企业的人力资源也要进行相应的调整等。

10　促进制造业服务化发展的相关政策

10.1　相关政策的内容

随着制造业服务化概念深入人心，制造业企业紧抓时代发展机遇，试图通过服务化转型重获发展生机或实现可持续发展。在此背景下，工业和信息化部等政府部门出台了一系列促进制造业服务化发展的政策文件，这为科学指导制造业企业服务化转型，以及积极鼓励制造业企业服务化转型发挥了重要的作用。

10.1.1　国家层面

2015 年 5 月，国务院正式印发的《中国制造 2025》指出，中国制造要向高端化、智能化、绿色化、服务化发展。一是积极鼓励推动制造业服务化发展，研究制定促进制造业服务化发展的指导意见，实施制造业服务化行动计划。开展试点示范，引导和支持制造业企业延伸服务链条，从主要提供产品制造向提供产品和服务转变。二是积极鼓励制造业企业增加服务环节投入，发展个性化定制服务、全生命周期管理、网络精准营销和在线支持服务等。支持有条件的企业由提供设备向提供系统集成总承包服务转变，由提供产品向提供整体解决方案转变。三是积极鼓励优势制造业企业“裂变”专业优势，通过业务流程再造，面向行业提供社会化、专业化服务。支持符合条件的制造业企业建立企业财务公司、金融租赁公司等金融机构，推广大型制造设备、生产线等融资租赁服务。

2017 年 9 月 25—26 日，由工业和信息化部、广东省人民政府、中国工程院共同指导召开的首届中国服务型制造大会在广州举行。大会以“服务型制造与中国经济新动能”为主题，通过主旨演讲、专家论坛、地方座谈、企业对话、案例解读、专题培训等多种形式，为我国制造业服务化发展再添新里程碑。国家制造强国建设战略咨询委员会委员、中国社会科学院工业经济研究所所长黄群慧在主题报告中提出：发展制造业服务化需要几个着力点，第一，培育产业融合发展的观念，构建一体化的产业政策体系；第二，强化两化融合，提高信息技术支持能力；第三，树立产业性生态系统观念，加强制造服务平台建设；第四，寻找重点行业形成突破。

2018 年 5 月 3 日，工业和信息化部办公厅为贯彻落实《中国制造 2025》（国发

〔2015〕28 号）关于推动发展服务型制造，开展试点示范的相关部署，按照《发展服务型制造专项行动指南》（工信部联产业〔2016〕231 号）要求，发布了关于开展第二批服务型制造示范遴选工作的通知。工业和信息化部的示范遴选包括示范企业、示范项目、示范平台和示范城市四个类别，还强调了遴选原则、申报条件、遴选程序及要求。工业和信息化部通过确定服务型制造示范名单，并组织总结一批可复制、可推广的服务转型经验，带动全国服务型制造发展水平整体提升。

10. 1. 2　地方政府层面

上海市经济和信息化委员会在工业和信息化部指导下，先行开展了《服务型制造统计方法与评价指标研究》，初步研究并形成了制造业服务化的统计和评价指标体系。该指标体系对标国际趋势，结合上海发展现状，分析了国内外制造业服务化的发展情况，确定了上海制造业服务化的服务领域分类，包括系统解决方案服务、支持服务、定制服务、研发/设计服务、信息增值服务、网络化协同制造服务六大类，并初步研究形成了制造业服务化的统计指标和评价体系。

安徽省经济和信息化委员会、安徽省发展和改革委员会为促进制造业由传统制造向制造业服务化转变，研究制定了《安徽省发展服务型制造专项行动推进方案（2017—2020 年）》（皖经信产业〔2017〕100 号）。该行动方案以深化制造与服务协同发展为主线，以推进制造业服务化专项试点示范为抓手，推动制造业由加工组装为主向“制造 + 服务”转型，从单纯出售产品向出售“产品 + 服务”转变。围绕以下重点任务展开，一是加快制造业创新设计发展；二是推广个性化定制服务；三是发展总集成总承包服务；四是发展产品全生命周期管理服务；五是优化供应链管理；六是发展网络化协调制造；七是支持服务外包发展；八是推行合同能源管理；九是引导发展融资租赁服务；十是培育智能服务新能力。从经验、模式、财务成果等多个角度全面评价制造业服务化效果，积极探索示范企业、示范项目、示范平台考核评价体系，通过考核总结经验，推广先进模式。

福建省经济和信息化委员会、福建省教育厅、福建省财政厅为推进制造业与服务业融合发展，培育发展制造业服务化新模式、新业态中的智力支撑和产业推广公共服务机构，促进福建省制造业提质增效和转型升级，联合制定了《福建省服务型制造公共服务平台培育和扶持实施细则》（闽政办〔2017〕29 号）。该平台是以加快产业转型升级为目标，为制造业企业服务化转型提供管理咨询、业务拓展、创新设计、信息技术、应用推广、人才培训、产业研究等服务的行业性、区域性公共服务平台。

福建省经济和信息化委员会为提高福建省制造业服务化整体发展水平，研究制定了《福建省服务型制造示范企业培育和扶持实施细则》（闽政办〔2017〕152 号）。明确福建省发展制造业服务化的支持重点包括：一是总集成总承包；二是个性化定制；三是在线支持与诊断服务；四是全生命周期管理；五是制造业主辅分离；六是其他。

该细则还明确了申报示范企业应符合的条件、申请材料、受理过程、称号奖励等内容。

湖北省经济和信息化委员会决定开展第二批省级服务型制造示范创建工作，总体要求为突出成效、注重创新和鼓励融合。第二批省级服务型制造示范创建的重点将聚焦供应链管理、产品全生命周期管理、总集成总承包服务和信息增值服务等领域，按照企业自主申报，地方经信部门推荐的原则，择优选择一批有一定特色和示范效应的示范企业、示范项目和示范平台。

江苏省经济和信息化委员会为深入开展制造业服务化发展的专项行动，加快制造与服务融合发展，推动制造企业向价值链高端攀升，提高全省制造业服务化整体发展水平，决定开展2018年度江苏省服务型制造示范企业申报工作。主要内容有：一是积极鼓励制造企业顺应发展趋势，从主要提供产品向提供产品和服务转变，扩展面向产品全生命周期的增值服务，加快实现从生产加工向材料供应、研发设计、品牌建设、管理服务、营销推广等环节延伸；二是推动服务化模式创新，不断增加服务要素在投入和产出中的比重，创新多种形式“产品+服务”经营模式；三是实现企业在服务中收益、在服务中增值、在服务种创新，形成制造与服务相互支撑、相互促进的发展格局。

佛山市人民政府印发的《佛山市国民经济和社会发展第十三个五年规划纲要》（佛府〔2016〕33号），明确提到佛山要依托制造业的产业基础，争取成为中国制造一线城市、广东民营经济第一大市、珠西装备制造业龙头城市，同时要努力成为创新驱动先锋城市、传统产业转型升级典范城市、产业金融中心城市、制造业服务化领头城市。佛山市服务外包行业协会于2014年12月进行了国内外制造业服务化发展现状与趋势分析。前期工作的积累，对于佛山市打造制造业服务化的示范城市具有重要意义。

聊城市经济和信息化委员会等政府部门就“加快推进信息化与工业化深度融合，引导制造业向智能制造和服务型制造转型升级”提出以下意见。重点围绕在信息技术集成应用综合创新、基于物联网的智能制造、服务型制造和生产性服务与制造融合四个方面展开工作。对于制造业服务化方面，选择已形成较成熟服务产品和服务模式的智能产品生产制造企业，培育其积极参加“智慧城市”的建设，提供“智慧交通”“智慧医疗养老”等整体解决方案和服务运营平台，发展在线检测、实时监控、远程诊断、在线维护、位置服务等新业态，创新产业模式和产业形态，实现向制造业服务化转型升级。

10.2　政策启示

10.2.1　积极引领行动

政府应积极鼓励制造业企业以服务化转型为重要发展桥梁，在全国范围内积极开展制造业服务化活动，中央政府在地方政府、政府在企业面前等发挥好积极引领的作用。一是强化创新设计引领。鼓励竞争性领域优势的制造业企业建立独立自主的设计研发机构，加快培育第三方设计企业，面向制造业开展专业化、智能化、高端化服务；二是营造良好生态环境。政府通过建设创新设计的公共服务平台，支持设计领域共性关键技术的大力研发，全面推广应用先进设计方法，为制造业企业服务化转型提供便利与支持。

10.2.2　强化组织保障

在国家制造强国建设领导小组的统一战略领导下，国家各政府部门与地方政府应逐渐健全政策体系、建立法律法规、密切部门分工协作、加强宣传推广、落实各项工作，还应动态跟踪制造业服务化发展的新态势，及时协调解决制造业服务化的矛盾与问题，全面落实专项行动各项任务。一是工业和信息化部要加大统筹协调各地方加强制造业服务化的力度；二是各地工业和信息化主管部门要会同有关部门结合当地发展阶段和产业实际制订推进制造业服务化发展的具体方案，抓好工作落实；三是还应做到积极发挥行业组织在建设公共服务平台、推广行业的先进经验、协调跨领域合作等方面的作用，调动社会各方力量，全力推进制造业服务化发展。

10.2.3　完善平台支撑

一是推动完善信息基础设施建设，加强信息宽带网络建设和改造，政府通过创建一批面向制造业的专业服务平台，瞄准企业价值链高附加值环节，完善仓储物流、研发设计、产业技术基础、协同制造、定制化服务、品牌管理、供应链管理、全生命周期管理、信息增值服务和融资租赁等领域的公共服务，支撑制造业企业提升服务创新能力；二是大力发展一批综合服务平台，鼓励地方政府部门加大对综合服务平台的支持力度，完成相应配套工作与任务，形成完整的支撑服务提下，优化公共服务体系，创新服务企业手段，有效提升重点区域、重要领域的公共服务水平。

10.2.4　开展示范推广

一是为促进制造业企业服务化转型，工业和信息化部以及地方政府展开了一系列的服务型制造示范遴选工作、服务型制造示范企业申报工作、服务型制造示范企业培育和扶持工作等，为其他制造业企业提供示范作用；二是政府通过有效整合汇集制造业服务化的专家资源，建立制造业服务化专家库，深入产业园区和重点企业开展巡访、咨询和诊断服务，不断深化企业和社会对制造业服务化的认识。并且，大力支持相关机构发布《中国制造业服务化发展蓝皮书》，加深企业对制造业服务化的认识度。

10.2.5　加快人才培养

一是加快高端化、复合型人才的培养和引进，建设“经营管理人才 + 专业技术人才 + 技能人才”的制造业服务化人才发展体系。政府通过依托重点人才培养的工程，加大制造业服务化领域人才培养力度；二是政府通过资金扶持，大力支持制造业企业与研究机构加强合作，开展有针对性的服务化人才培训；三是政府还应积极鼓励行业组织积极搭建国际交流平台，提高人才流动的便利化水平；四是探索通过服务外包、项目合作等形式，提升制造业服务化人才的国际视野与专业能力，以及拓宽人才引进渠道，加大国际高端人才引进力度，不断强化对高端人才的服务能力。

11 企业实现制造业服务化的相关举措

11.1 优化组织结构

由传统制造业向制造业服务化转型的过程中，企业的服务功能、业务内容、业务流程及内部联系等将发生较大改变，因此企业在向服务化转型过程中应调整相应的组织功能、匹配相应的组织结构，从而更好地适应服务化变化。具体表现在以下三方面。

一是组织机构及其功能要聚焦核心服务业务，突出创新与服务功能。组织机构的调整要摒弃传统的服务于生产制造业务的发展模式，树立与制造业服务化转型路径和拓展方向相适应的组织机构发展模式。企业组织机构的核心内容是以促进企业服务化转型，保证服务业务顺利开展，维护服务业务内容的日常运行，确保服务业务经营取得成效。

二是组织构成要素及其结合关系要具有集成性。制造业企业通过有效整合企业内部的组织资源和组织要素、优化内部联系，在企业内部形成资源共享、匹配合理、精干高效、合理运行、整体优化的流程型有机组织。这样有利于提高制造业服务化效率，企业服务业务资源的快速运行，减少业务间的协调成本。

三是资源配置要突出重点。制造业企业的业务涉及广泛，既有传统的制造业务，也有新型的服务业务，与此同时服务业务内容也繁杂多样。企业组织对业务内容应有所侧重发展，做到主辅分明，对次要业务给予简要扶持，着重在增强服务功能、优化关键流程、提升核心竞争力等方面优化资源配置。

11.2 完善相关配套设施

企业正常运行和生产离不开相配套的机器设备和装备等设施，配套设施是企业赖以生存发展的重要基础，企业配套设施应随企业业务内容的变化而变化。制造业企业在为服务业务内容完善配套设施时，需要注意以下两点。

一是企业需明确制造业务和服务业务的所需配套设施的差别。由于制造业务和服务业务千差万别，两者对企业资源和要素的诉求不一致。制造业务更多需求的是机器设备、简单劳动力、物资资源、矿产能源和生产流水线等投入，发展服务业务同样需要先进的机器设备作为运行支撑，如持久钟表产品全生命周期管理的用户终端设备设置了传感器，差别在于服务业务需要的是高精密的技术和信息机器设备。另外，企业的服务业务还需要其他相配套设施来共同完成业务的正常开展。

二是企业需依据自身情况，“量身定制”配套设施。企业需要根据服务模式提供相配套的设施，定制化模式、租赁化模式、集成化模式、智能化模式和组合模式对配套设施的需求不一致。这需要企业依据自身业务发展情况，合理完善机器、设备、物资、人力等资源。如金邦达不断完善相配套设施，保障智能服务化顺利运行。并且企业应当结合现有的物资资源和设施情况，做出合理的调整，避免资源和物质的浪费，实现资源和效率的最大限度的配合。

11.3 准确把握市场时机

随着经济全球化的加快和以增值服务作为商业核心的时代到来，各制造业行业应具有灵敏的市场嗅觉和市场前瞻性，对行业未来发展能做出正确预判，加强企业的服务模式转型，对企业业务结构进行升级。这对企业制订中长期发展规划具有重要意义。

一是企业需要不断更新知识库，掌握行业发展动态。制造业企业不仅需要关注经营绩效，还要关注行业的未来发展趋势，及时调整业务内容与发展方向。企业可以通过不断参加学习、培训与交流，以及到其他行业观摩学习，形成企业自身对行业的判断。另外，企业迅速转型升级，可以分得初进市场的一杯羹，对成为行业的领军企业具有重要意义。

二是企业在服务化过程中，需集中精力发展核心业务。制造业企业的服务业务内容种类多样，需要企业投入大量的物质资本和人力发展，这在一定程度上折耗企业财力物力，而且不利于企业的长远发展。因此，企业应在众多的服务业务中，集中企业资源发展最具有市场前景的核心服务业务。

11.4 注重科技创新与研发投入

科技创新和研发投入被视为企业发展潜力的指标，各制造业企业应加大研发投入，聚焦自主创新，促进服务化转型，以研发创新作为制造业企业服务化转型成功的重要保障。

一是企业成立智库，为企业研发创新提供“智力保障”。企业为保障充足的知识来源，促进企业研发和创新，可以成立技术研发中心、重点实验室和科研工作站等。如蒙娜丽莎成立了科学技术委员会，汇集国内一流的行业知名专家和智库人才，并召开年度科学技术大会。企业通过研发创新，将专利成果转化为新技术、新产品，确保企业的技术优势。但需要注意的是这只适用于财力和物力雄厚的企业。

二是加大研发队伍的建设，为企业提供便利服务。企业在知识、技术和信息等前瞻性行业领域持续研发投入，以客户需求和前沿技术驱动创新，使企业始终处于行业前沿，引领行业发展。另外，随着人们越来越注重生活质量与品质，企业需要在绿色环保和健康、优质服务方面加大创新研发，有利于提高客户对企业产品的信任和拥护度。

11.5 强化人才队伍建设

制造业企业的服务业务具有高技术、高知识、高附加值的特征，需要高层次人才相配套。企业通过培训员工和引进人才，为制造业服务化转型做好充分准备，确保服务内容高效率开展。

一是开展企业员工培训和观摩学习。企业应当每年组织技术和骨干人员“走出去”，到世界一流企业参观学习、交流，为企业培养经验丰富、专业知识基础扎实的研发人才，为企业培育一批既懂得市场营销又懂得技术服务的复合型人才。企业还应建立起完善的人才引进、培养和激励约束的制度体系。

二是“产学研”相结合。制造业企业通过与高校和政府对接，借助政府的扶持，利用高校的科研知识和成果，转化为企业所需的技术产品。需要对现有制造业的整体产业链，包括供应链、工厂、物流、设备等各个软硬件环节进行全面升级，实现产、学、研全产业链的通力合作。

参考文献

[1] 芮明杰. 产业经济学 [M]. 上海：上海财经大学出版社，2014.

[2] 叶裕民. 中国城市化之路——经济支持与制度创新 [M]. 北京：商务印书馆，2011.

[3] 简新华，余江. 中国现阶段的重工业发展 [J]. 发展经济学研究，2012 (12)：48－64.

[4] 上海市经济和信息化委员会，上海科学技术情报研究所. 2016 世界制造业：重点行业发展动态 [M]. 上海：上海科学技术文献出版社，2016.

[5] 魏作磊，陈丽娴. 中国服务业发展物化消耗的国际比较——基于 1995—2011 年间的投入产出分析 [J]. 经济学家，2014 (9)：96－102.

[6] 周大鹏. 服务化——制造业的创新之路 [M]. 上海：上海社会科学院出版社，2016.

[7] 陈丽娴. 生产性服务业对制造业出口竞争力的促动效应研究——基于中间投入视角的分析 [J]. 上海经济研究，2016 (2)：3－11.

[8] 王丹，郭美娜. 上海制造业服务化的类型、特征及绩效的实证研究 [J]. 上海经济研究，2016 (5)：94－104.

[9] 刘继国，李江帆. 国外制造业服务化问题研究综述 [J]. 经济学家，2007 (3)：119－126.

[10] 方涌，贺国隆. 制造业服务化研究述评 [J]. 工业技术经济，2014 (4)：36－43.

[11] 孙林岩. 服务型制造——理论与实践 [M]. 北京：清华大学出版社，2009.

[12] 孙林岩，杨才君，张颖. 中国制造企业服务转型攻略 [M]. 北京：清华大学出版社，2011.

[13] 何哲，孙林岩，朱春燕. 服务型制造的概念、问题和前瞻 [J]. 科学学研究，2010，28 (1)：53－60.

[14] 肖挺，刘华. 中国服务业制造化的产业绩效分析 [J]. 软科学，2013 (8)：15－19.

[15] 袁博. "互联网＋"背景下的服务业制造化研究 [J]. 区域经济评论，2016 (6)：66－71.

［16］植草益．微观规则经济学［M］．北京：经济科学出版社，1996.

［17］郑明高．产业融合发展研究［D］．北京：北京交通大学，2010.

［18］迈克尔·波特．竞争优势［M］．陈小锐，译．北京：华夏出版社，1997.

［19］刘斌，魏倩，吕越，等．制造业服务化与价值链升级［J］．经济研究，2016（3）：151－162.

［20］蔺雷，吴贵生．制造业发展与服务创新：机理、模式与战略［M］．北京：科学出版社，2008.

［21］邹安全，刘军，杨望成，等．集成化视角下钢铁物流流程再造与应用［M］．北京：中国财富出版社，2017.

［22］斯科特．组织理论——理性、自然与开放系统的视角［M］．北京：中国人民大学出版社，2011.

［23］简兆权，刘晓彦，令狐克睿，等．制造业服务化理论与广东实践研究［M］．北京：科学出版社，2017.

［24］简兆权，伍卓深．制造业服务化的路径选择研究——基于微笑曲线理论的观点［J］．科学学与科学技术管理，2011，32（12）：137－143.

［25］安筱鹏．制造业服务化路线图：机理、模式与选择［M］．北京：商务印书馆，2012.

［26］王晶，贾国柱，张人千，等．制造业服务化案例研究［M］．北京：机械工业出版社，2015.

［27］NEELY A，BENEDETINNI O，VISNJIC I. The servitization of manufacturing：further evidence［C］．The 18th European Operations Management Association Conference，2011.

［28］VANDERMERWE S，RADA J. Servitization of business：adding value by adding services［J］．European Management Journal，1988，6（4）：314－324.

［29］WHITE A L，STOUGHTON M，FENG L. Servicizing：the quiet transition to extended product responsibility［R］．Boston：Tellus Institute，1999.

［30］REISKIN E D，WHITE A L，KAUFFMAN JOHNSON J，et al. Servicizing the chemical supply chain［J］．Journal of Industrial Ecology，2000（3）：19－31.

［31］FISHBEIN B，MCGARRY L S，DILLON P S. Leasing：a step toward producer responsibility［M］．NY：INFORM，2000.

［32］MAKOWER J. The clean revolution：technologies from the leading edge［C］．Global Business Network World view Meeting，2001.

［33］TOFFEL M W. Contracting for servicizing［D］．Boston：Harvard business school，2002.

［34］SZALAVETZ A. Tertization of manufacturing industry in the new economy：Experiences in Hungarian Companies［D］．Hungarian Academy of Sciences Working Papers，2003.

[35] MANZINI E, VEZZOLI C. A strategic design approach to develop sustainable product service systems: examples taken from the "environmentally friendly innovation" Italian prize [J]. Journal of Cleaner Production, 2003, 11 (8): 851 -857.

[36] BAINES T S, LIGHTFOOT H, BENEDETTINI O, et al. The adoption of servitization strategies by UK - based manufacturers [J]. Proceedings of the Institution of Mechanical Engineers, Part B: Journal of Engineering Manufacture, 2010, 224 (5): 815 -829.

[37] MALHOTRA A. Firm strategy in converging industries: an investigation of US commercial bank responses to US commercial - investment banking convergence [D]. University of Maryland, College Park, 2001.

[38] PANZAR J C, WILLIG R D. Economies of scope [J]. The American Economic Review, 1981, 71 (2): 268 -272.

[39] ARNDT SVEN W, KIERZKOWSKI H. Fragmentation: new production patterns in the world economy [M]. Oxford: Oxford University Press, 2001.

[40] MATHIEU V. Service strategies within the manufacturing sector: benefits, costs and partnership [J]. International Journal of Services Industry Management, 2001, 12 (5): 451 -475.

[41] BROWN S W. The move to solutions providers [J]. Marketing Management, 2000, 9 (1): 10 -11.

[42] VAN LOOY B, GEMMEL P, VAN DIERDONCK R. Services management: an integrated approach [M]. Harlow: Pearson Education Limited, 2003.

[43] MONT O. Drivers and barriers for shifting towards more service - oriented businesses: analysis of the PSS field and contributions from Sweden [J]. The Journal of Sustainable Product Design, 2002, 2 (3 -4): 89 -103.

[44] SCHEIN E H. Culture: the missing concept in organization studies [J]. Administrative Science Quarterly, 1996: 229 -240.

[45] COOK M B, BHAMRA T A, LEMON M. The transfer and application of products services system: from academia to UK manufacturing firm [J]. Journal of Clearner Production, 2006, 14 (17): 1454 -1465.